Merit und der ägyptische Gott

2

Yukari Sakai
Story & Arrangement: **Fuyu Tsuyama**

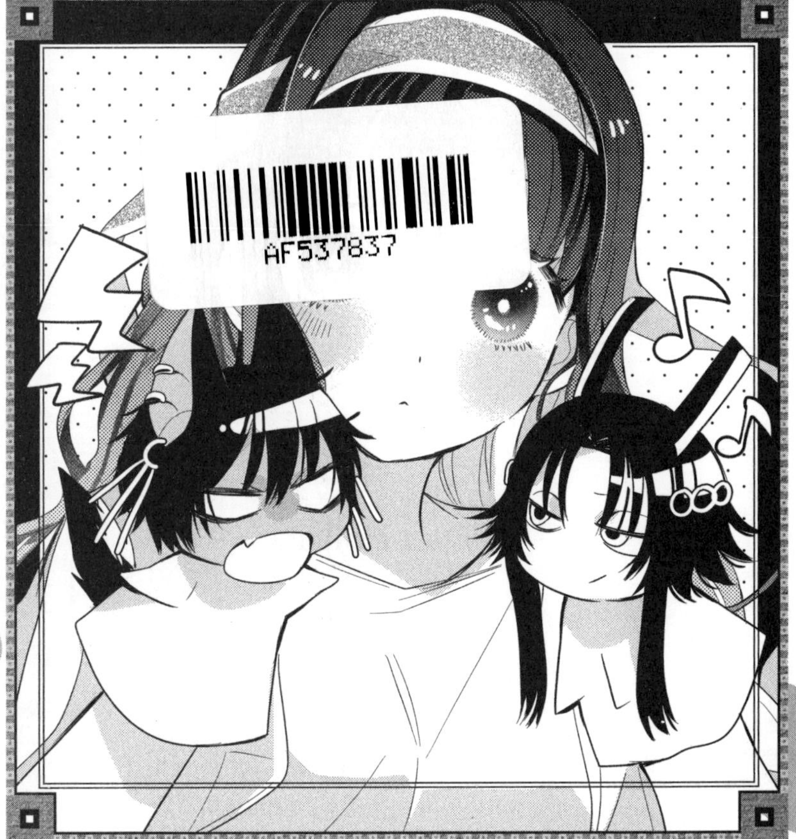

AF537837

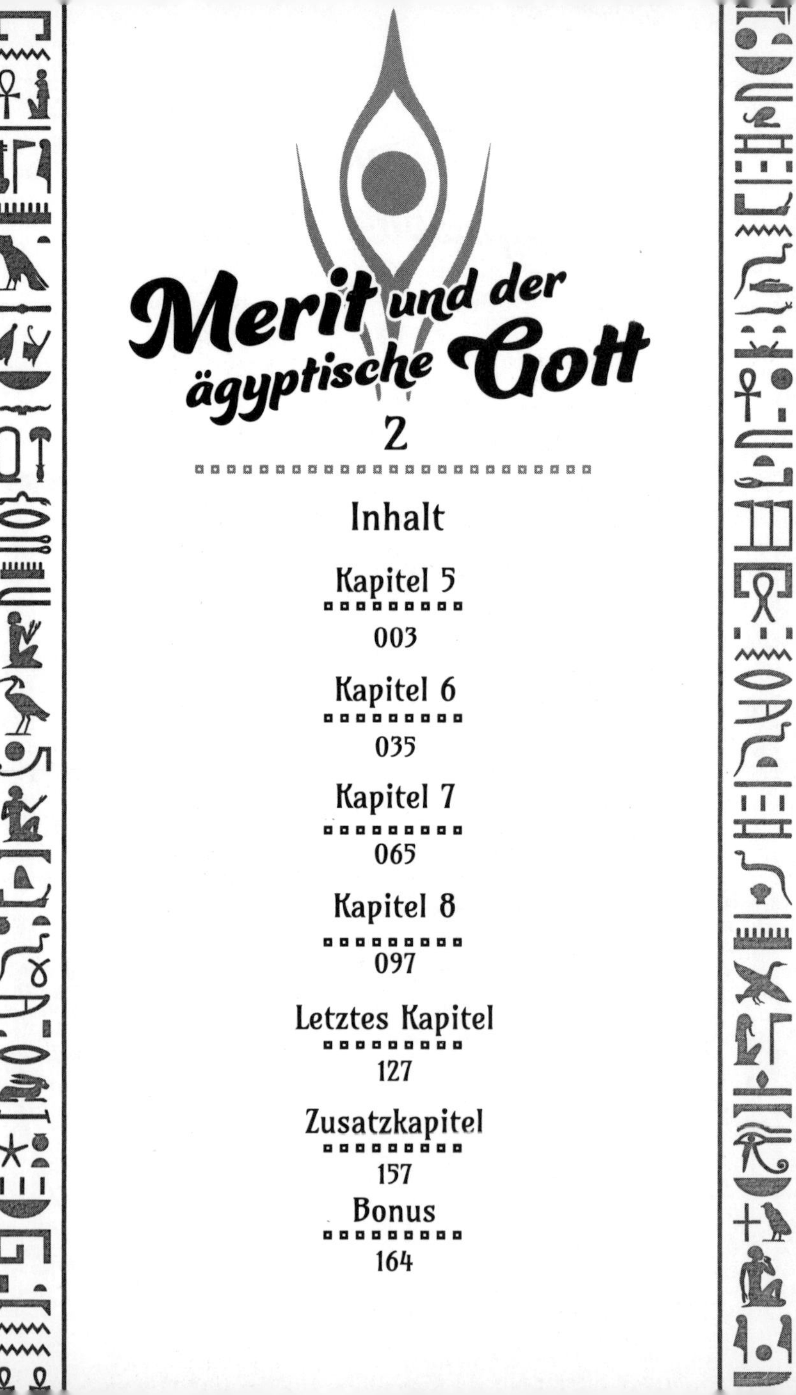

Merit und der ägyptische Gott 2

Inhalt

Kapitel 5
003
Kapitel 6
035
Kapitel 7
065
Kapitel 8
097
Letztes Kapitel
127
Zusatzkapitel
157
Bonus
164

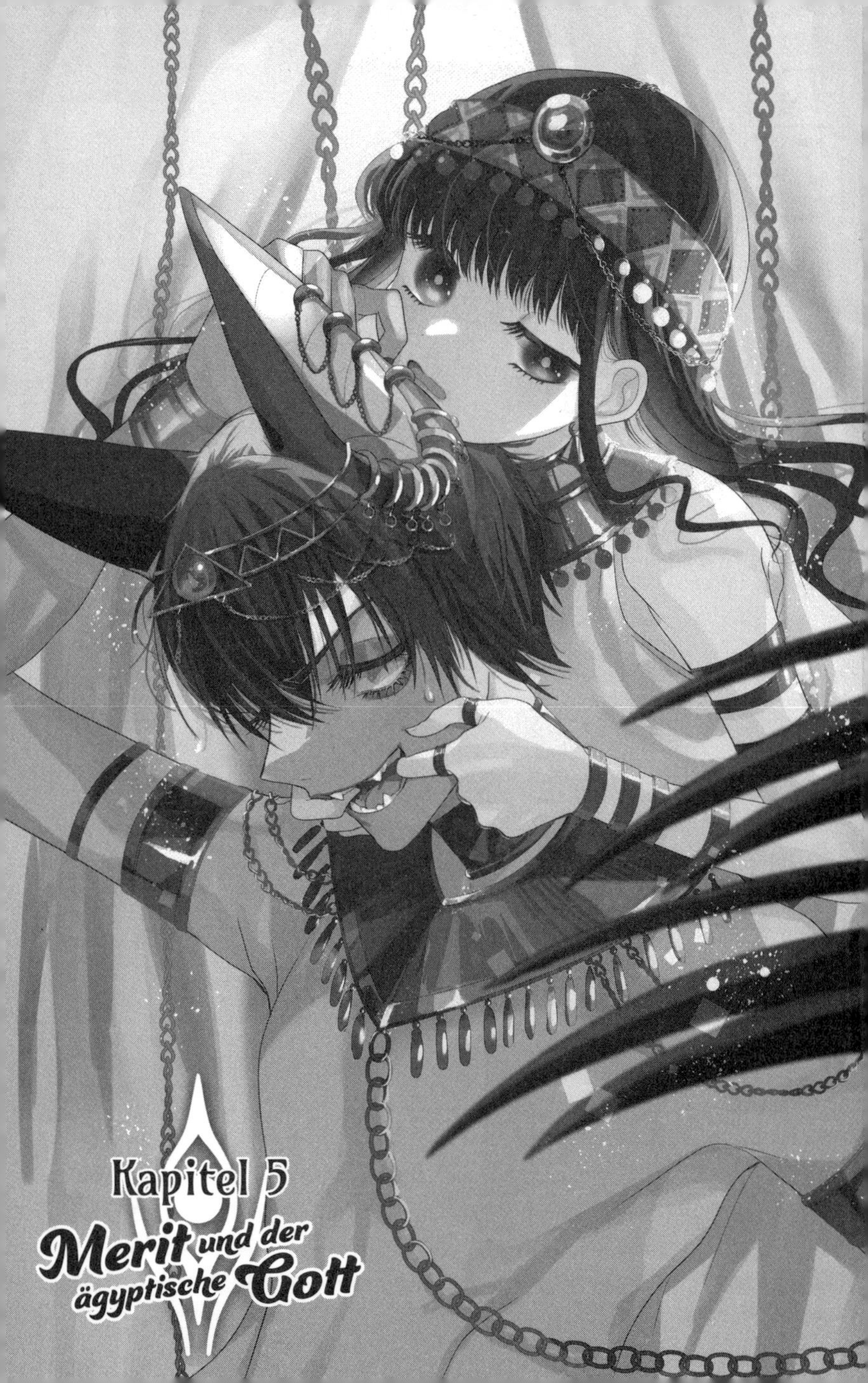
Kapitel 5
Merit und der ägyptische Gott

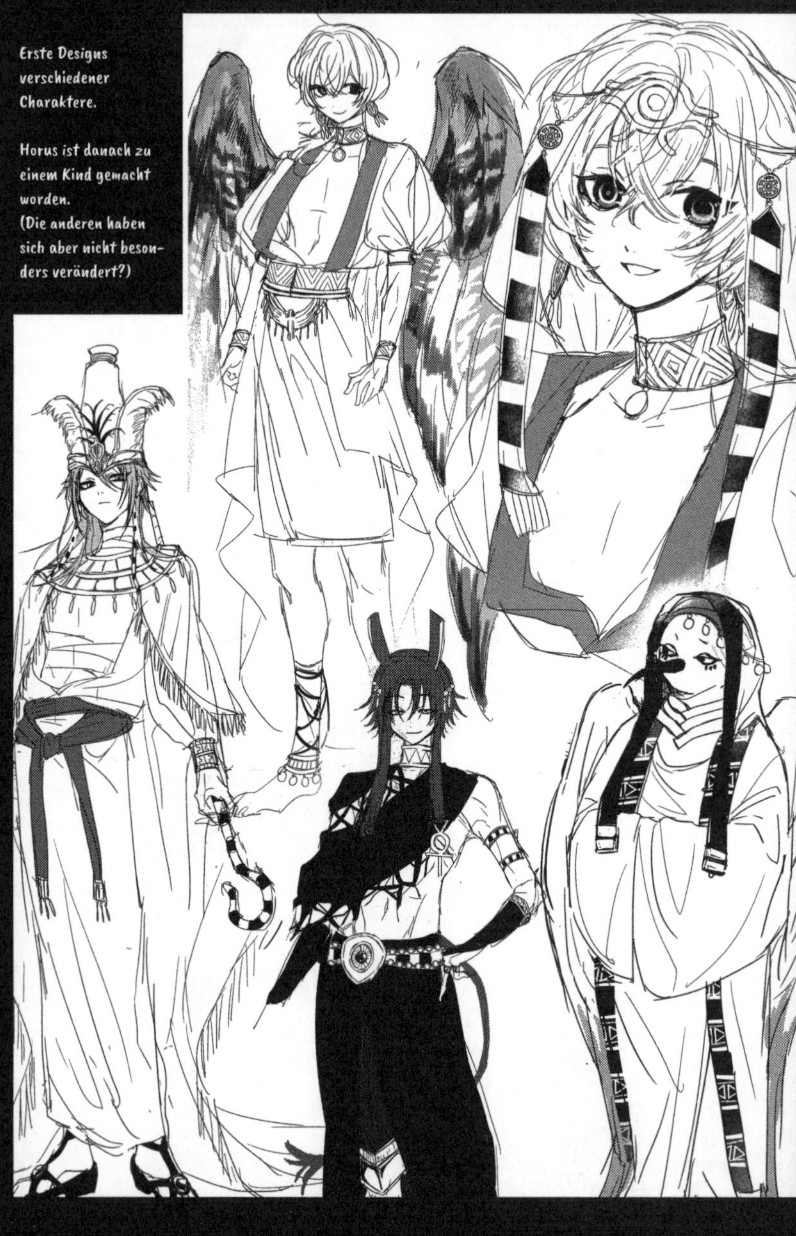

Erste Designs verschiedener Charaktere.

Horus ist danach zu einem Kind gemacht worden.
(Die anderen haben sich aber nicht besonders verändert?)

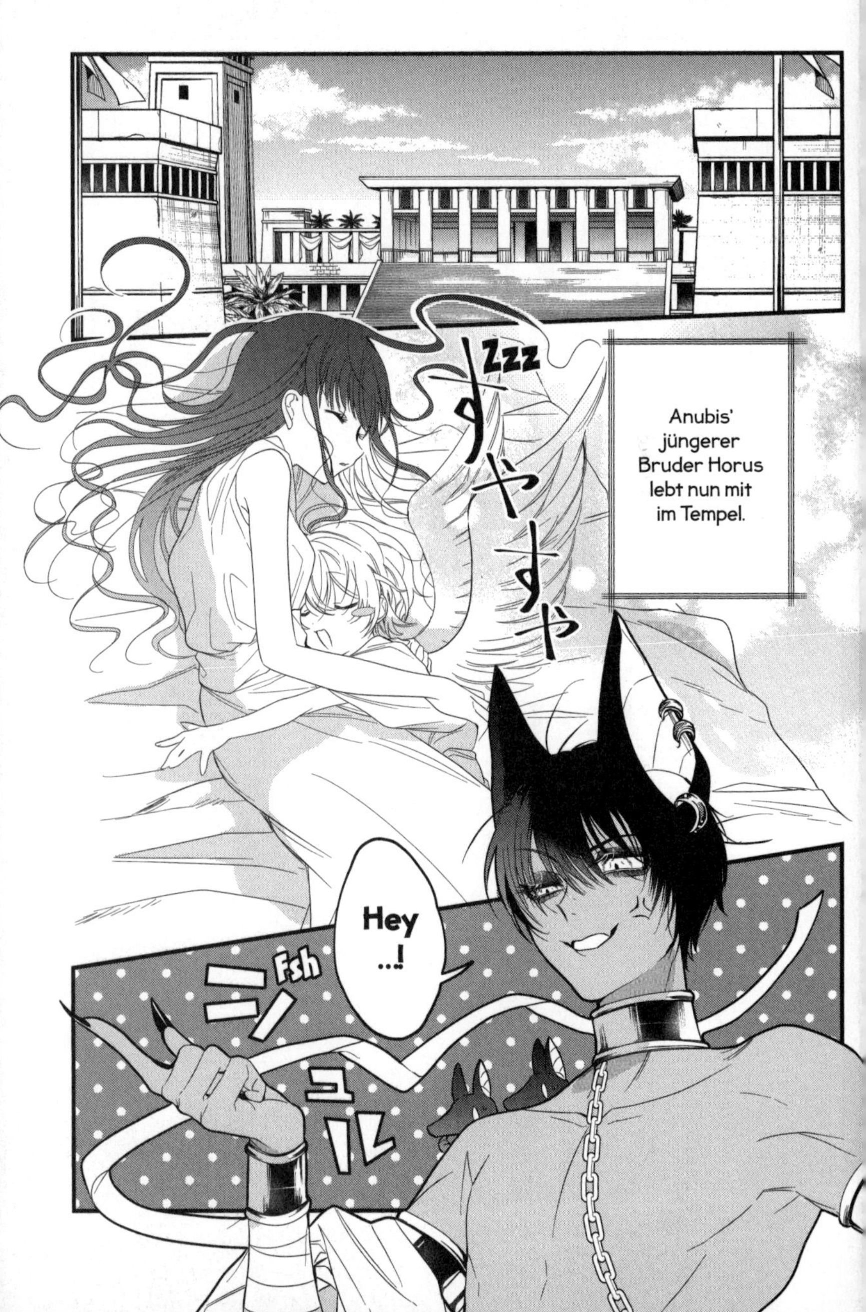
Anubis' jüngerer Bruder Horus lebt nun mit im Tempel.
Zzz
すやすや
Hey ...!
Fsh
ニュル

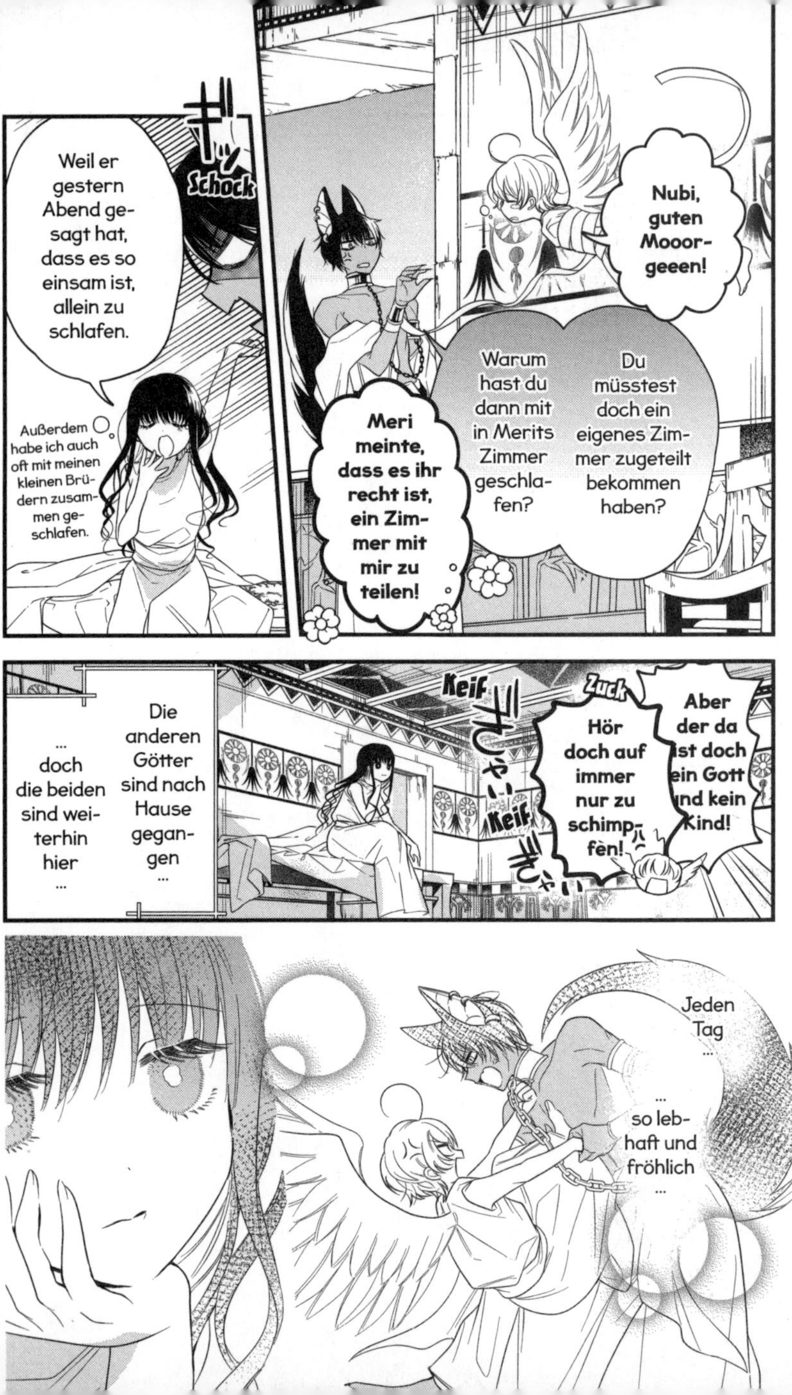

Nubi, guten Mooorgeeen!

Du müsstest doch ein eigenes Zimmer zugeteilt bekommen haben?

Warum hast du dann mit in Merits Zimmer geschlafen?

Meri meinte, dass es ihr recht ist, ein Zimmer mit mir zu teilen!

Schock

Weil er gestern Abend gesagt hat, dass es so einsam ist, allein zu schlafen.

Außerdem habe ich auch oft mit meinen kleinen Brüdern zusammen geschlafen.

Aber der da ist doch ein Gott und kein Kind!

Zuck

Hör doch auf immer nur zu schimpfen!

Keif

Keif

Die anderen Götter sind nach Hause gegangen ...

... doch die beiden sind weiterhin hier ...

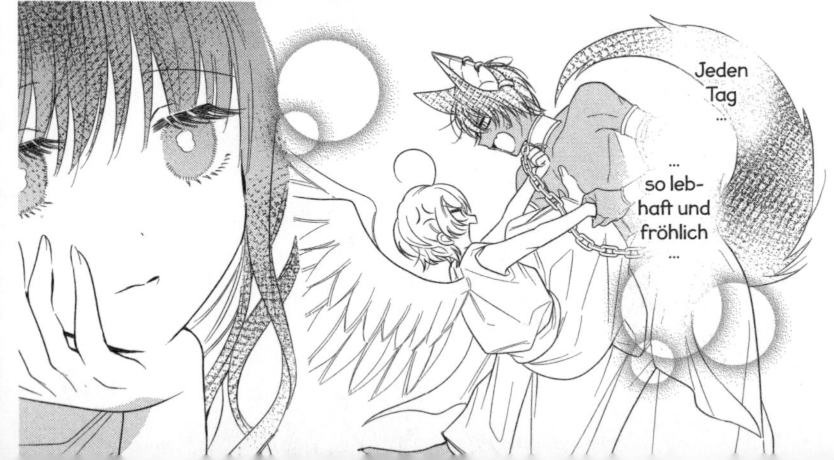

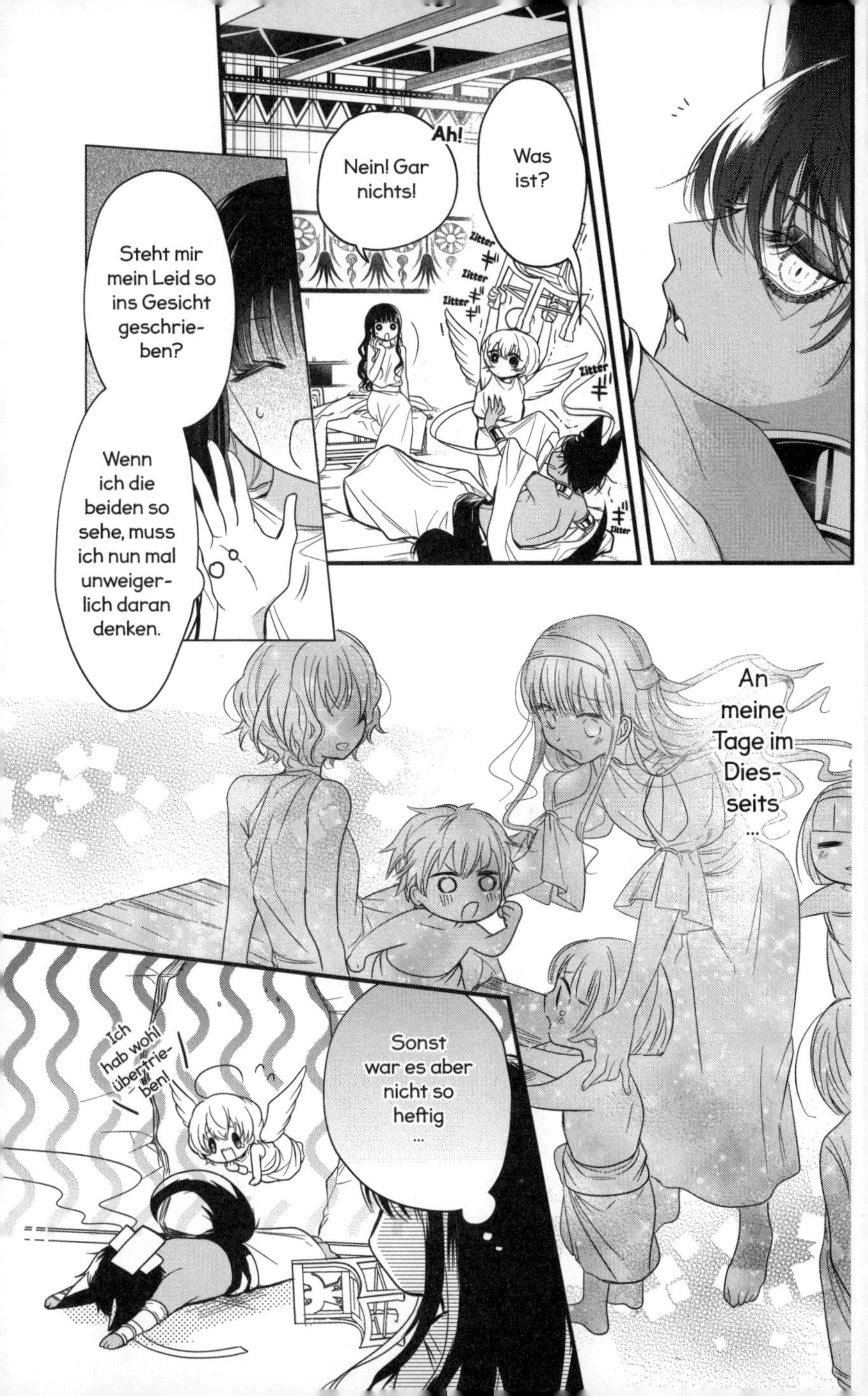
Was ist?
Ah!
Nein! Gar nichts!
Zitter
Zitter
Zitter
Zitter
Zitter
Steht mir mein Leid so ins Gesicht geschrieben?
Wenn ich die beiden so sehe, muss ich nun mal unweigerlich daran denken.
An meine Tage im Diesseits ...
Sonst war es aber nicht so heftig ...
Ich hab wohl übertrieben!

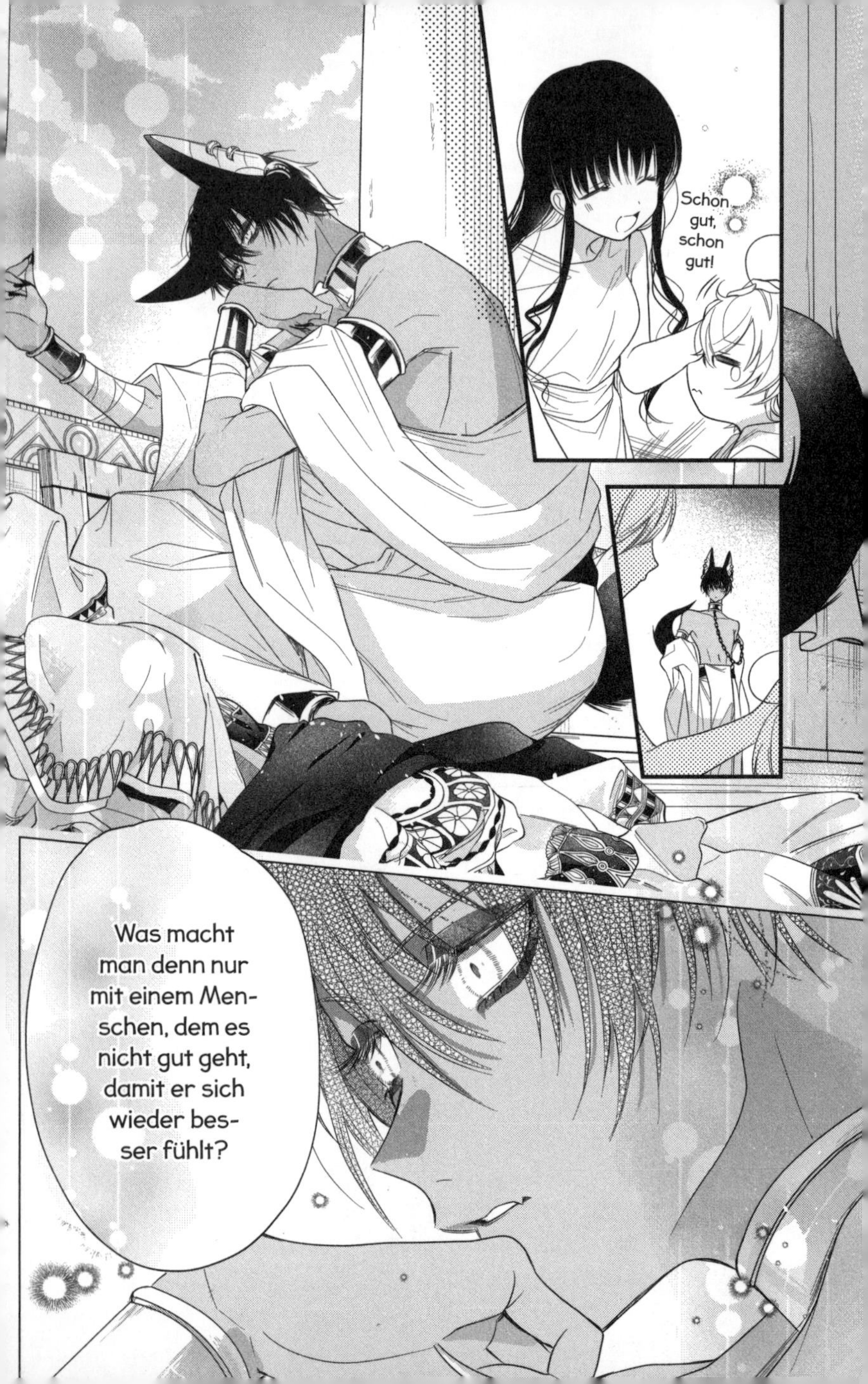
Schon gut, schon gut!
Was macht man denn nur mit einem Menschen, dem es nicht gut geht, damit er sich wieder besser fühlt?

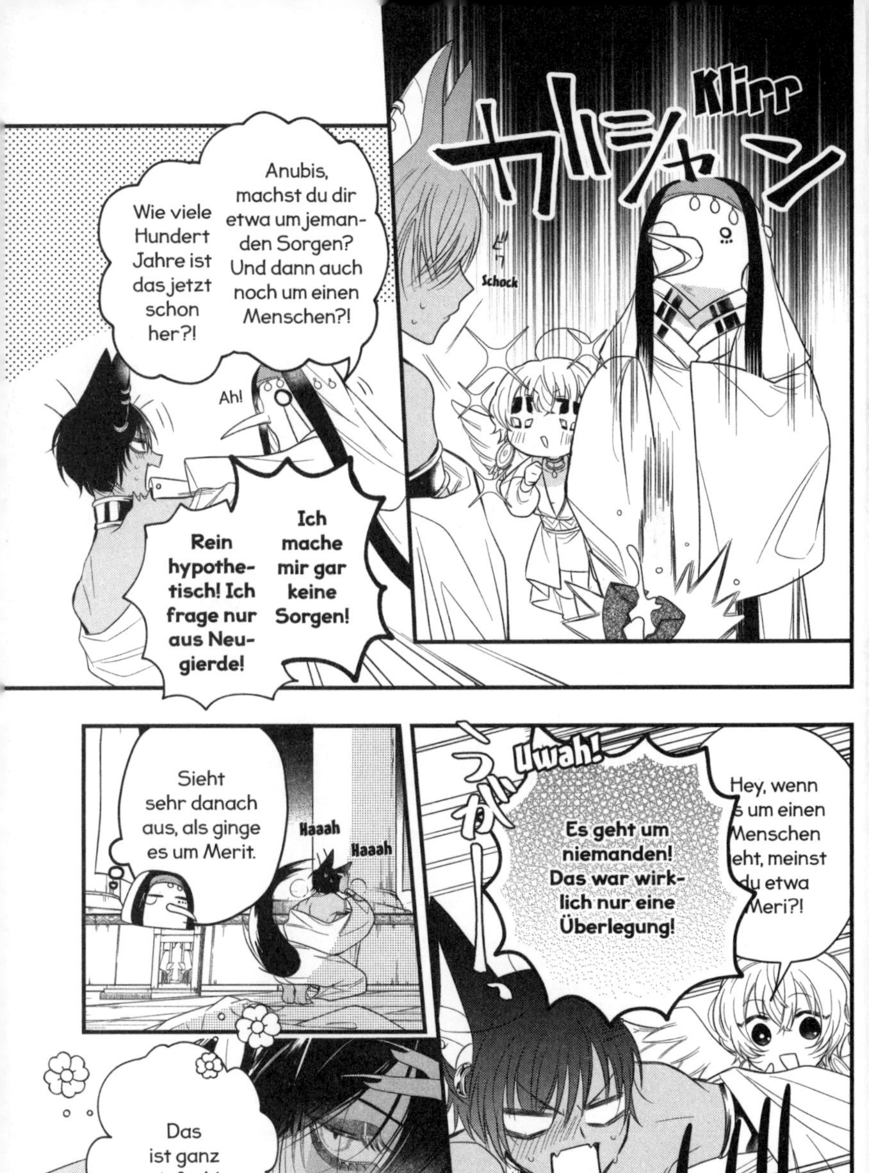
Klirr
Schock
Anubis, machst du dir etwa um jemanden Sorgen? Und dann auch noch um einen Menschen?!
Wie viele Hundert Jahre ist das jetzt schon her?!
Ah!
Ich mache mir gar keine Sorgen!
Rein hypothetisch! Ich frage nur aus Neugierde!
Hey, wenn es um einen Menschen geht, meinst du etwa Meri?!
Uwah!
Es geht um niemanden! Das war wirklich nur eine Überlegung!
Schubs
Haaah
Haaah
Sieht sehr danach aus, als ginge es um Merit.
Das ist ganz einfach!

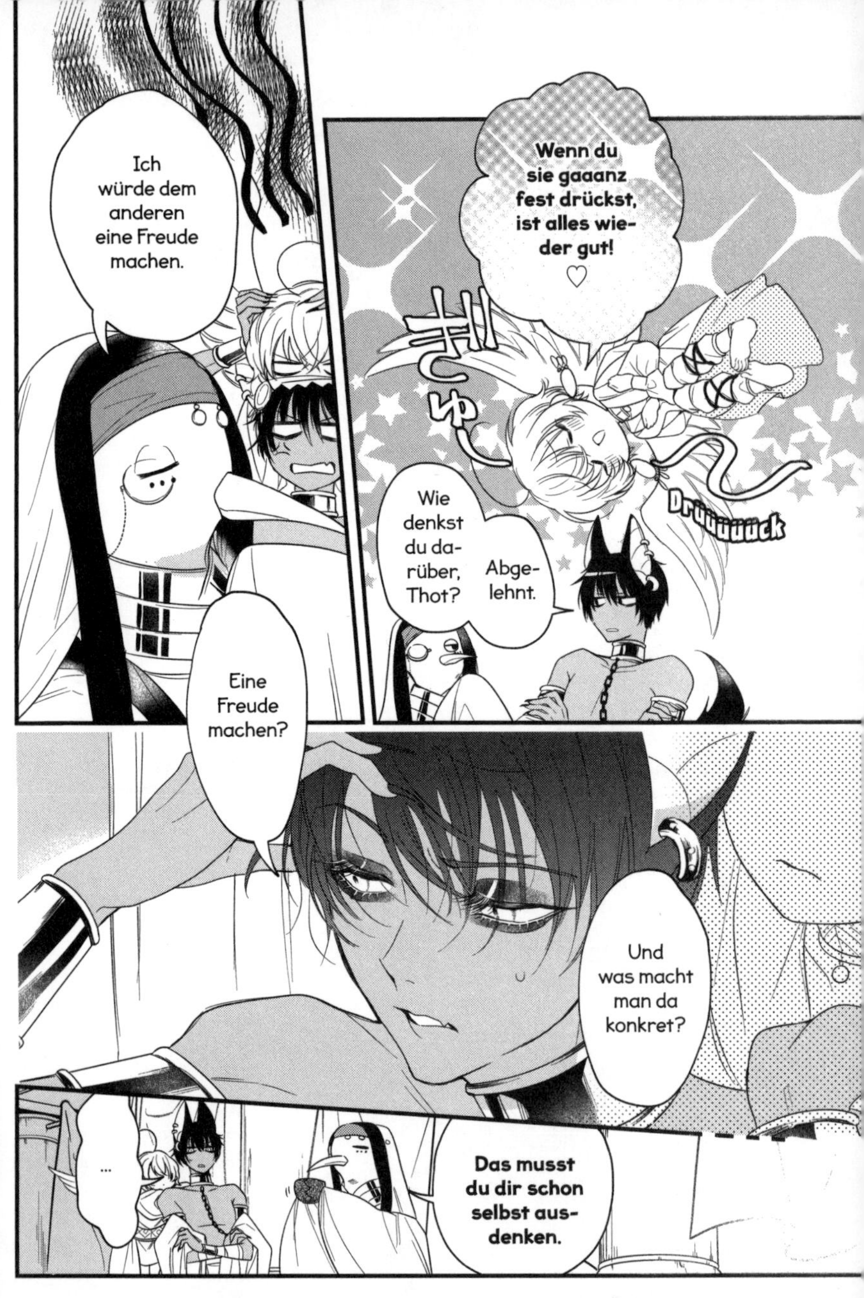
Ich würde dem anderen eine Freude machen.
Wenn du sie gaaanz fest drückst, ist alles wieder gut! ♡
Drüüüüück
Wie denkst du darüber, Thot?
Abgelehnt.
Eine Freude machen?
Und was macht man da konkret?
Das musst du dir schon selbst ausdenken.
...

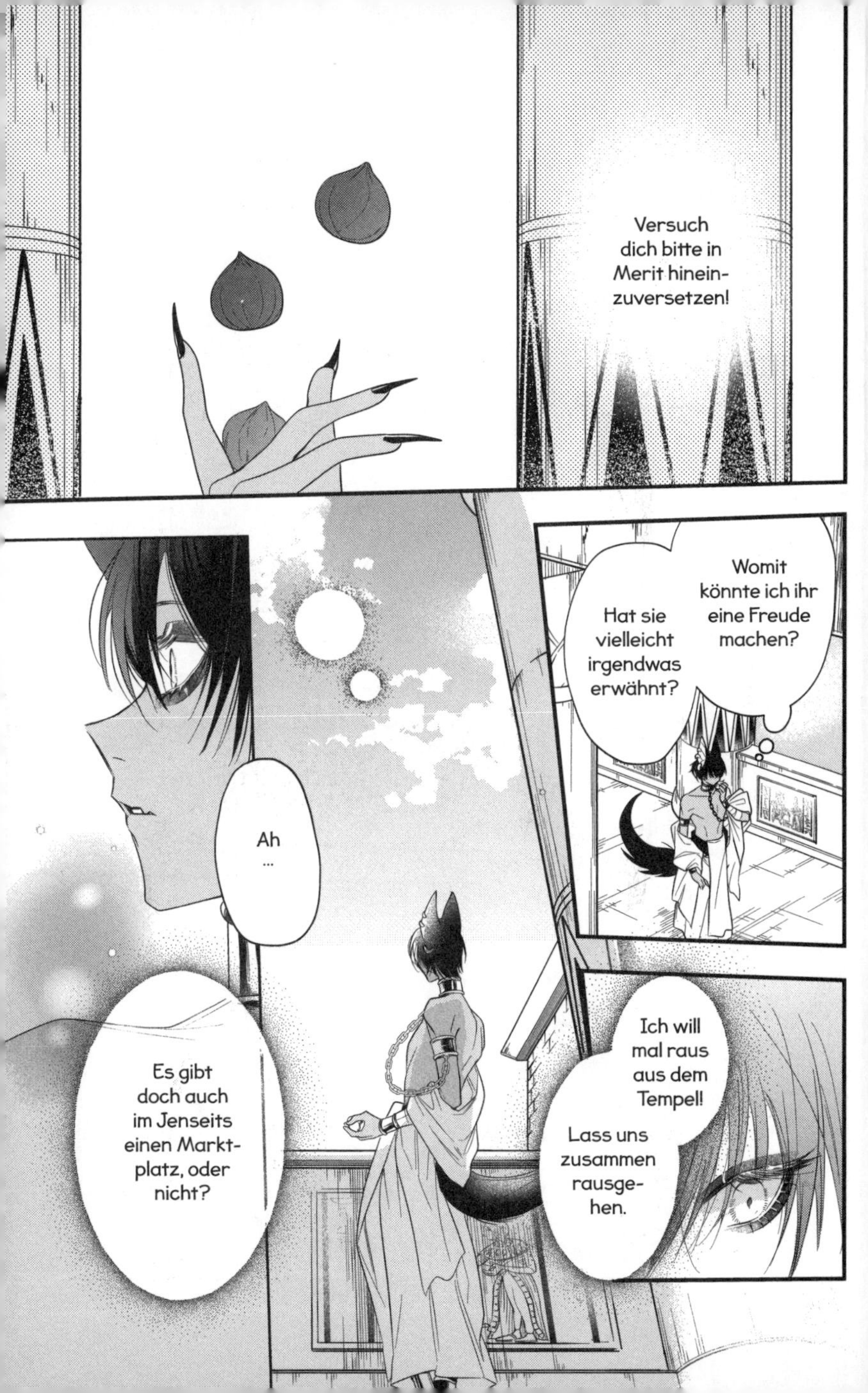
Versuch dich bitte in Merit hineinzuversetzen!
Womit könnte ich ihr eine Freude machen?
Hat sie vielleicht irgendwas erwähnt?
Ah ...
Ich will mal raus aus dem Tempel!
Lass uns zusammen rausgehen.
Es gibt doch auch im Jenseits einen Marktplatz, oder nicht?

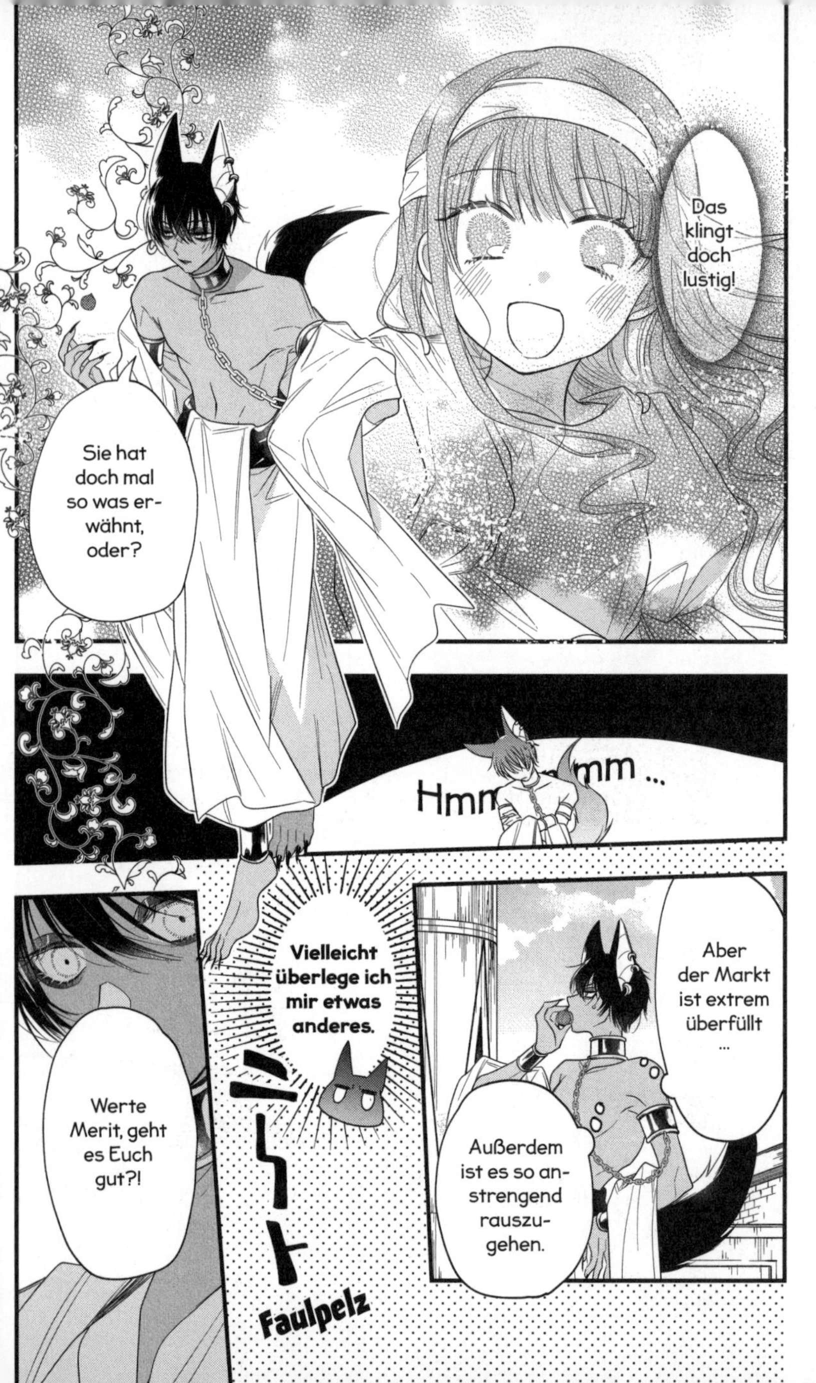
Das klingt doch lustig!
Sie hat doch mal so was erwähnt, oder?
Hmm ... mm ...
Aber der Markt ist extrem überfüllt ...
Außerdem ist es so anstrengend rauszugehen.
Vielleicht überlege ich mir etwas anderes.
Faulpelz
Werte Merit, geht es Euch gut?!

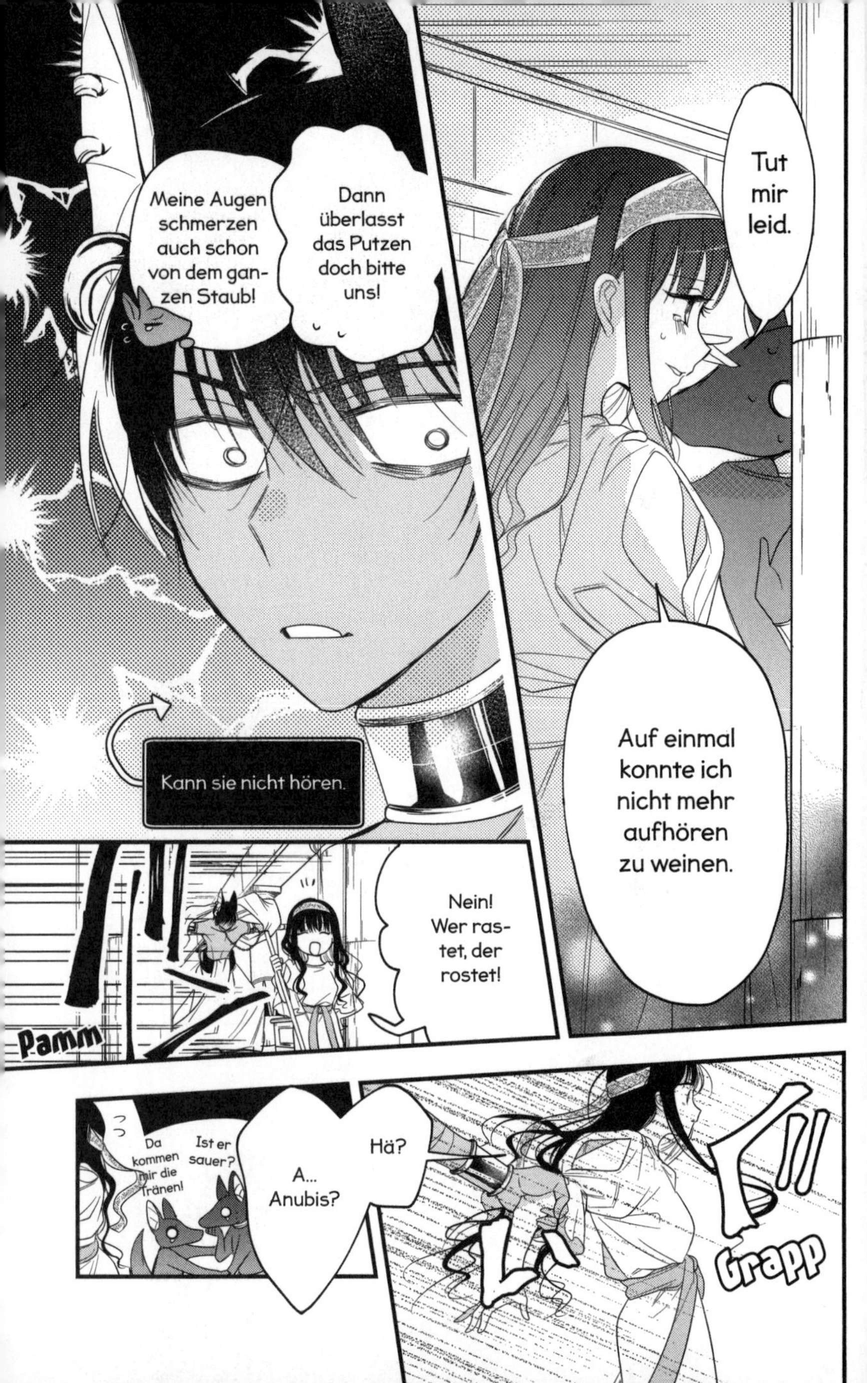

Tut mir leid.
Dann überlasst das Putzen doch bitte uns!
Meine Augen schmerzen auch schon von dem ganzen Staub!
Auf einmal konnte ich nicht mehr aufhören zu weinen.
Kann sie nicht hören.
Nein! Wer rastet, der rostet!
Pamm
Grapp
Hä?
A... Anubis?
Ist er sauer?
Da kommen mir die Tränen!

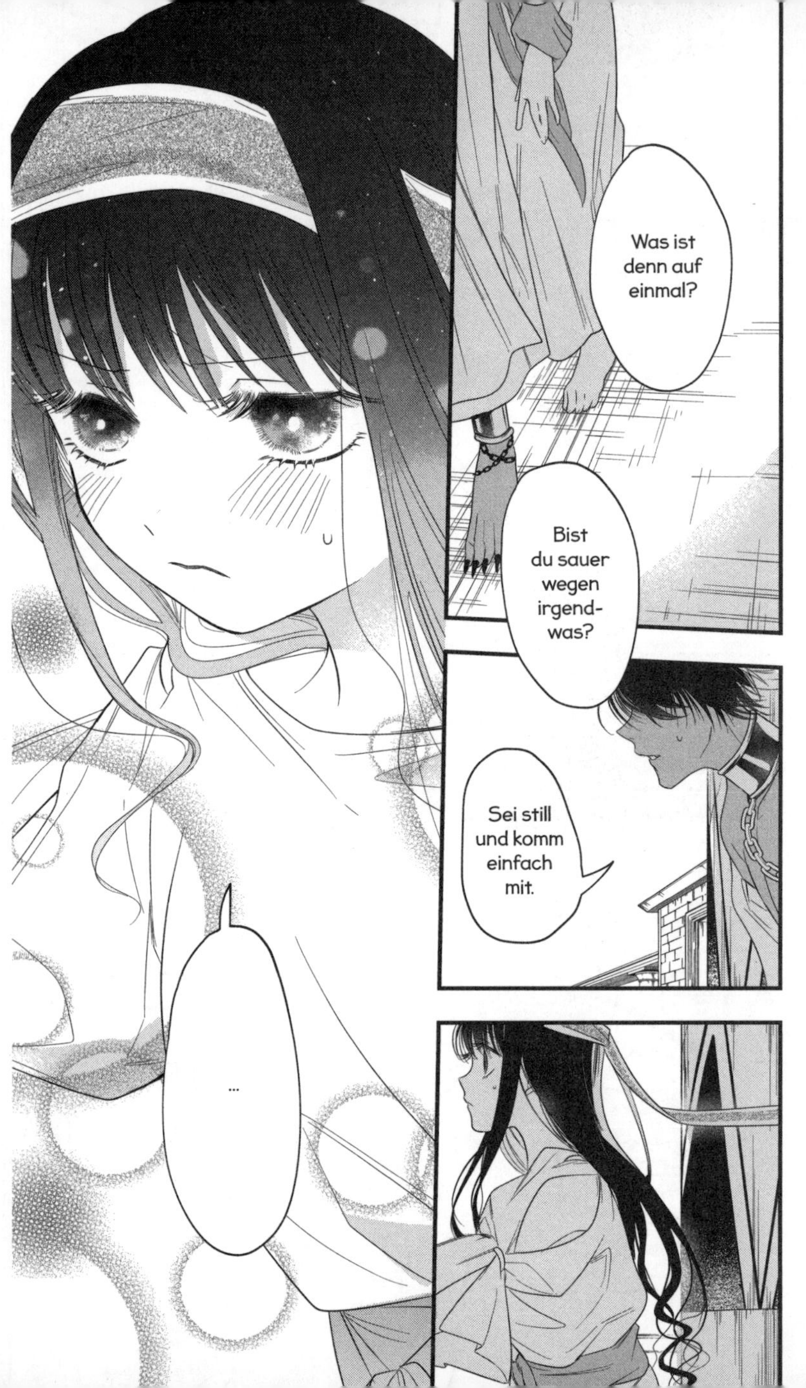
Was ist denn auf einmal?
Bist du sauer wegen irgend-was?
Sei still und komm einfach mit.
...

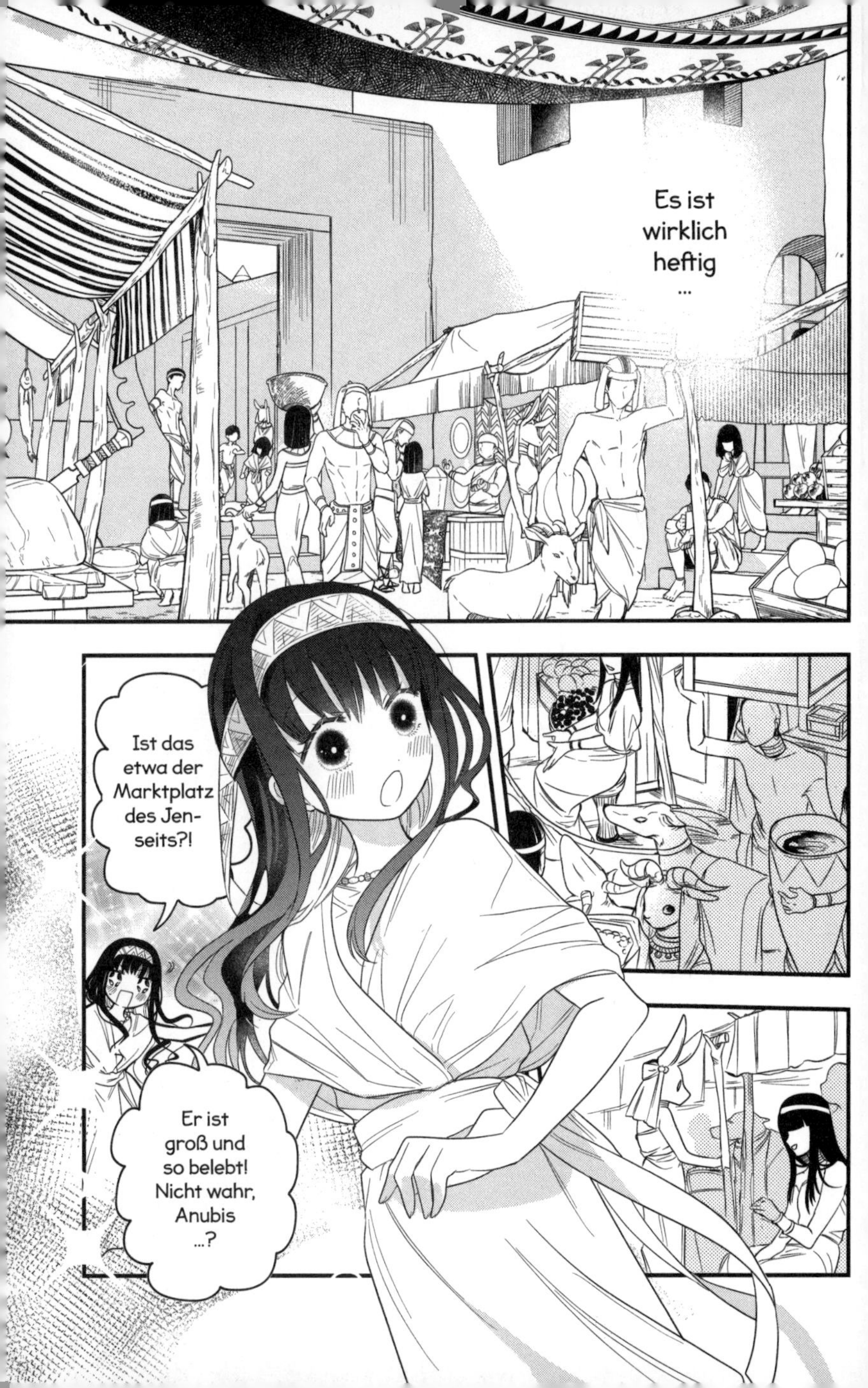
Es ist wirklich heftig ...
Ist das etwa der Marktplatz des Jen-seits?!
Er ist groß und so belebt! Nicht wahr, Anubis ...?

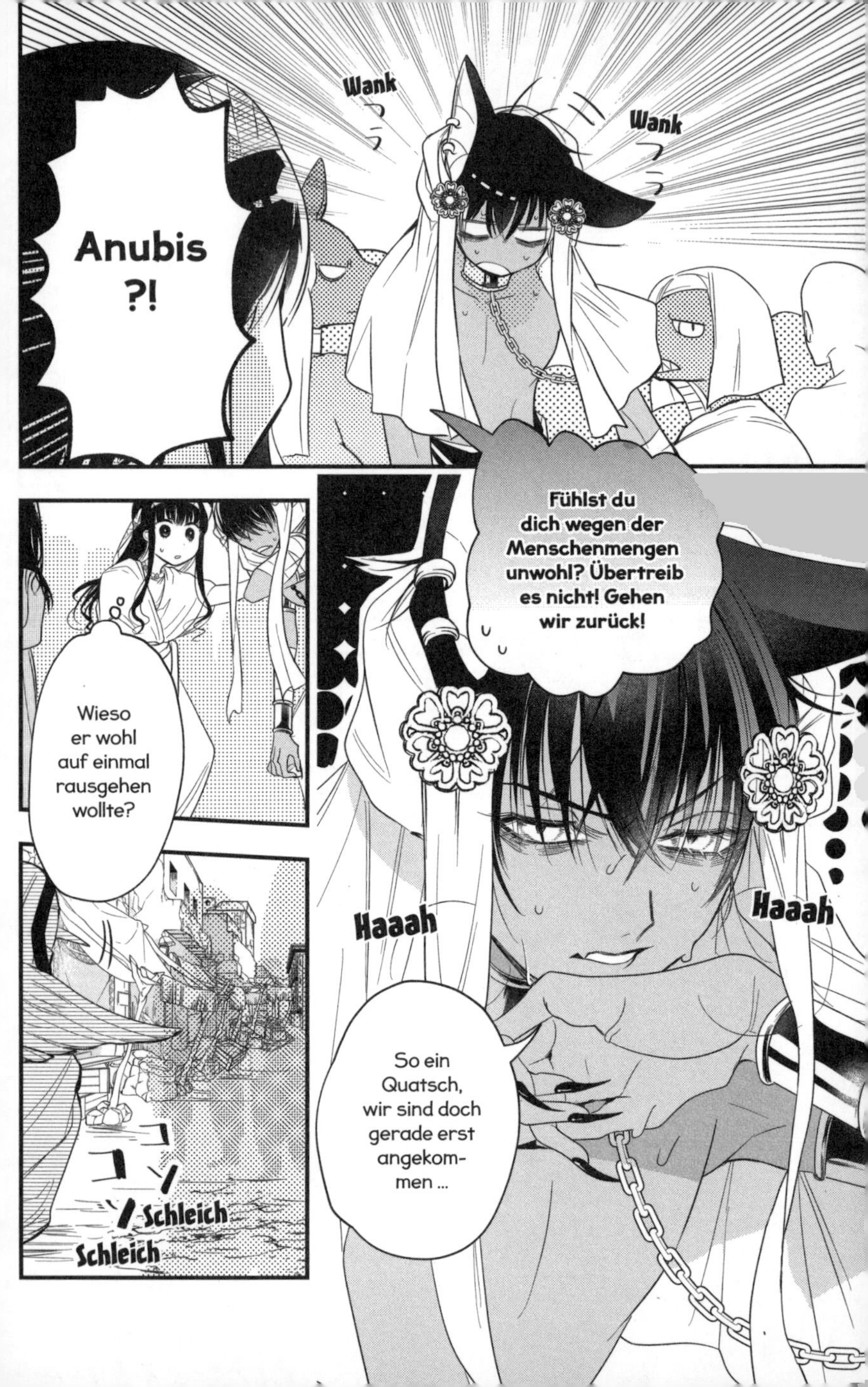
Wank
Wank
Anubis ?!
Fühlst du dich wegen der Menschenmengen unwohl? Übertreib es nicht! Gehen wir zurück!
Haaah
Haaah
So ein Quatsch, wir sind doch gerade erst angekom-men ...
Wieso er wohl auf einmal rausgehen wollte?
Schleich
Schleich

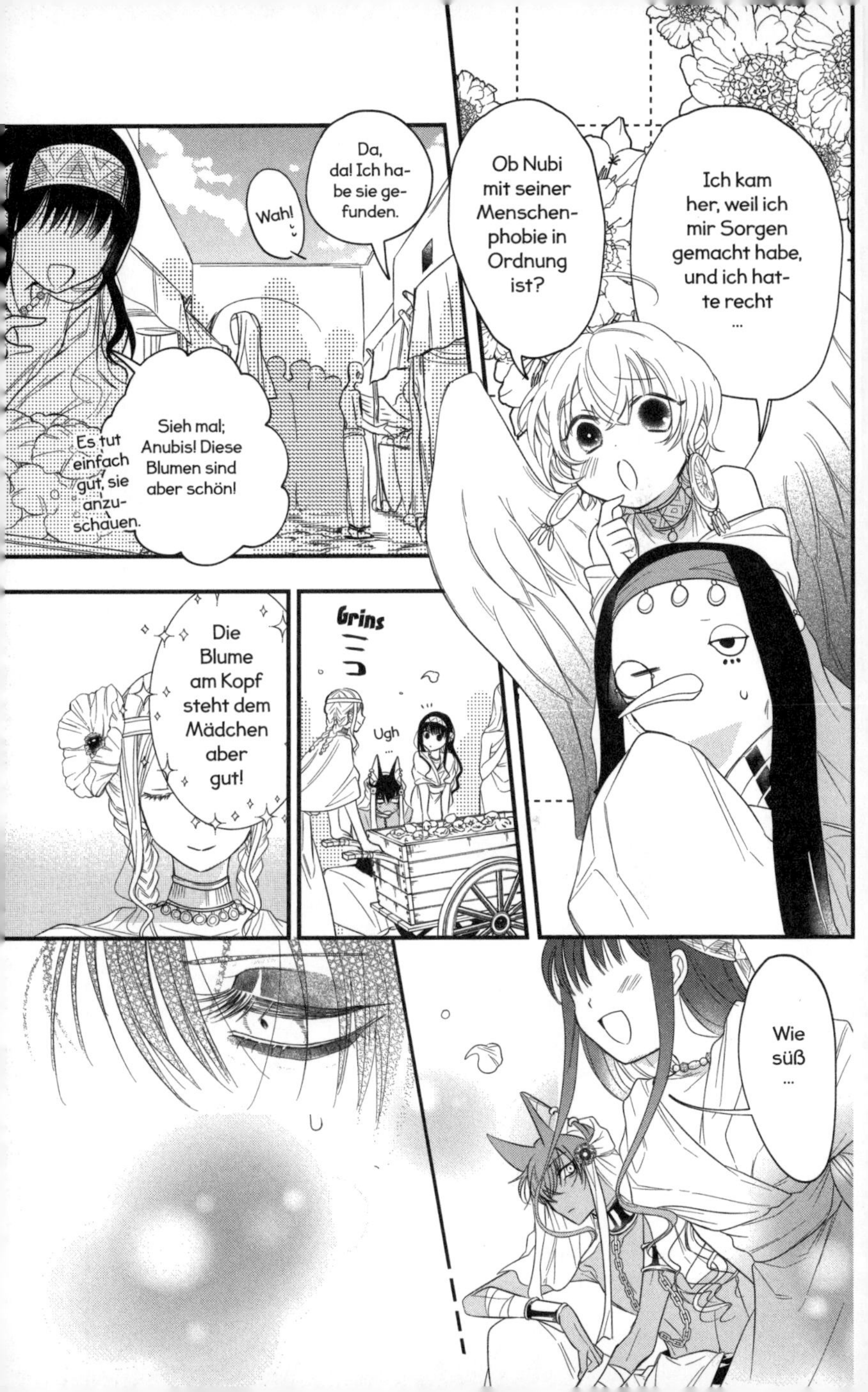
Ich kam her, weil ich mir Sorgen gemacht habe, und ich hatte recht ...
Ob Nubi mit seiner Menschenphobie in Ordnung ist?
Da, da! Ich habe sie gefunden.
Wah!
Sieh mal; Anubis! Diese Blumen sind aber schön!
Es tut einfach gut, sie anzuschauen.
Grins
Ugh ...
Die Blume am Kopf steht dem Mädchen aber gut!
Wie süß ...

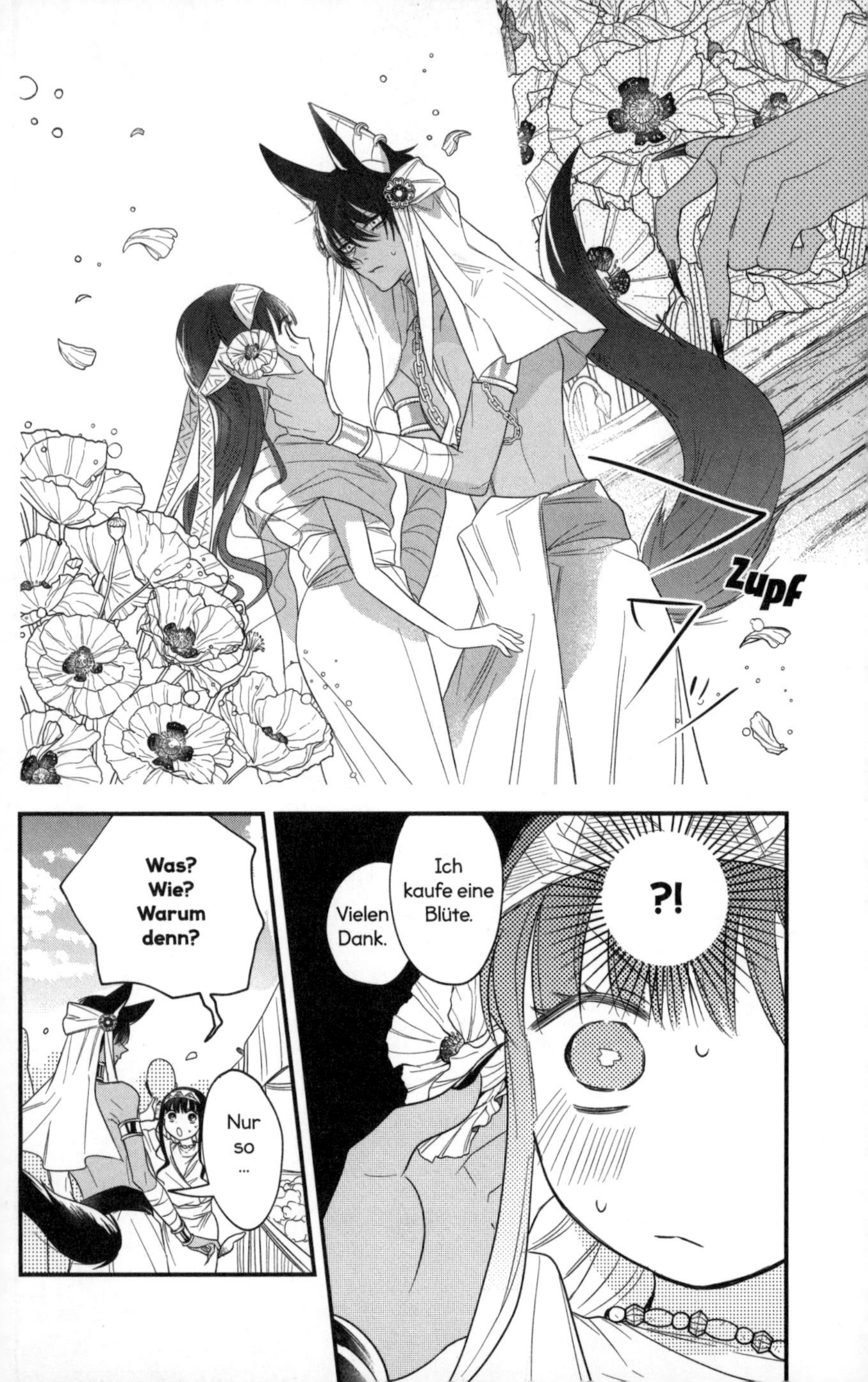

Zupf
?!
Ich kaufe eine Blüte.
Vielen Dank.
Was? Wie? Warum denn?
Nur so …

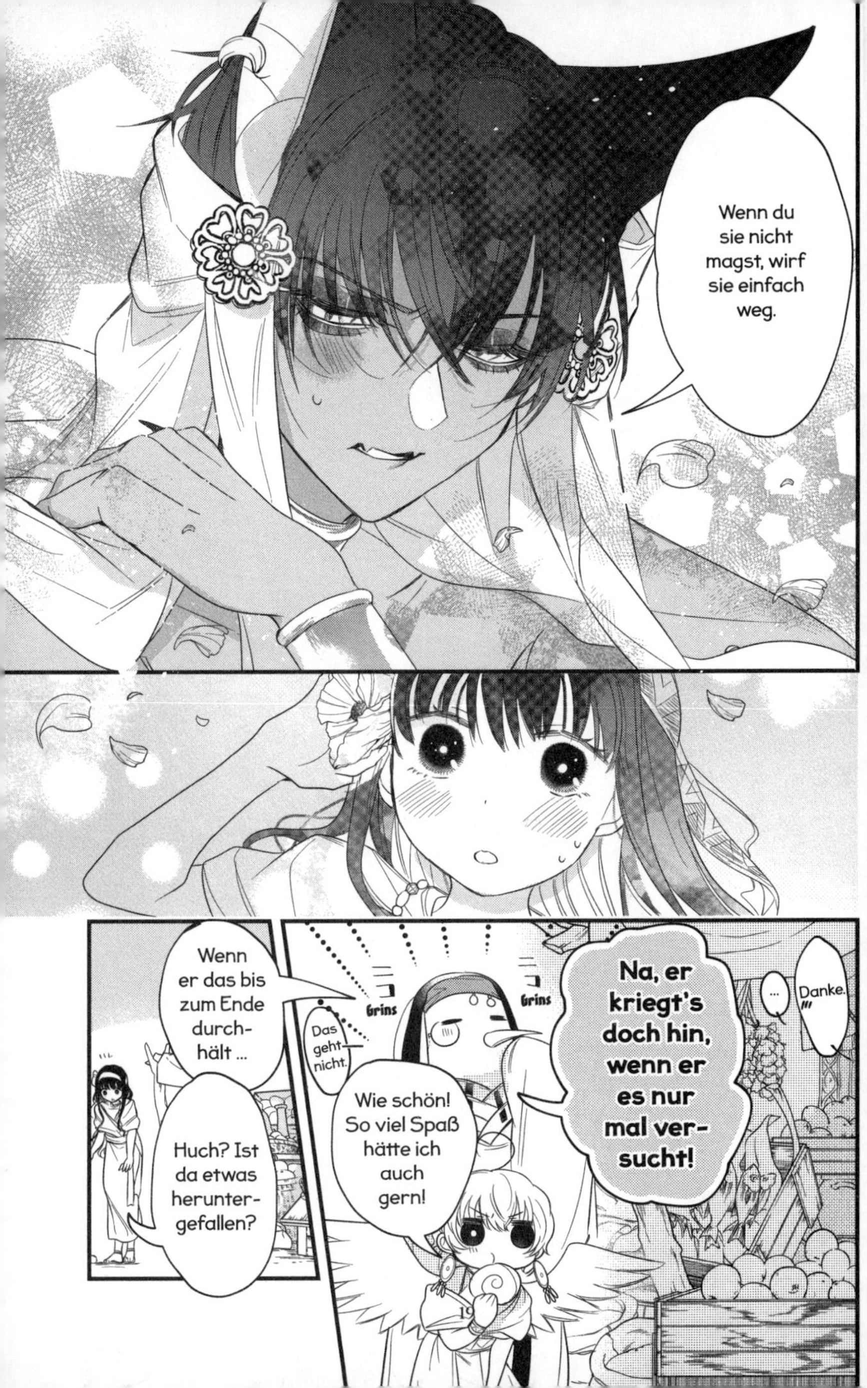
Wenn du sie nicht magst, wirf sie einfach weg.
...
Danke.
Na, er kriegt's doch hin, wenn er es nur mal versucht!
Grins
Grins
Das geht nicht.
Wie schön! So viel Spaß hätte ich auch gern!
Wenn er das bis zum Ende durchhält ...
Huch? Ist da etwas heruntergefallen?

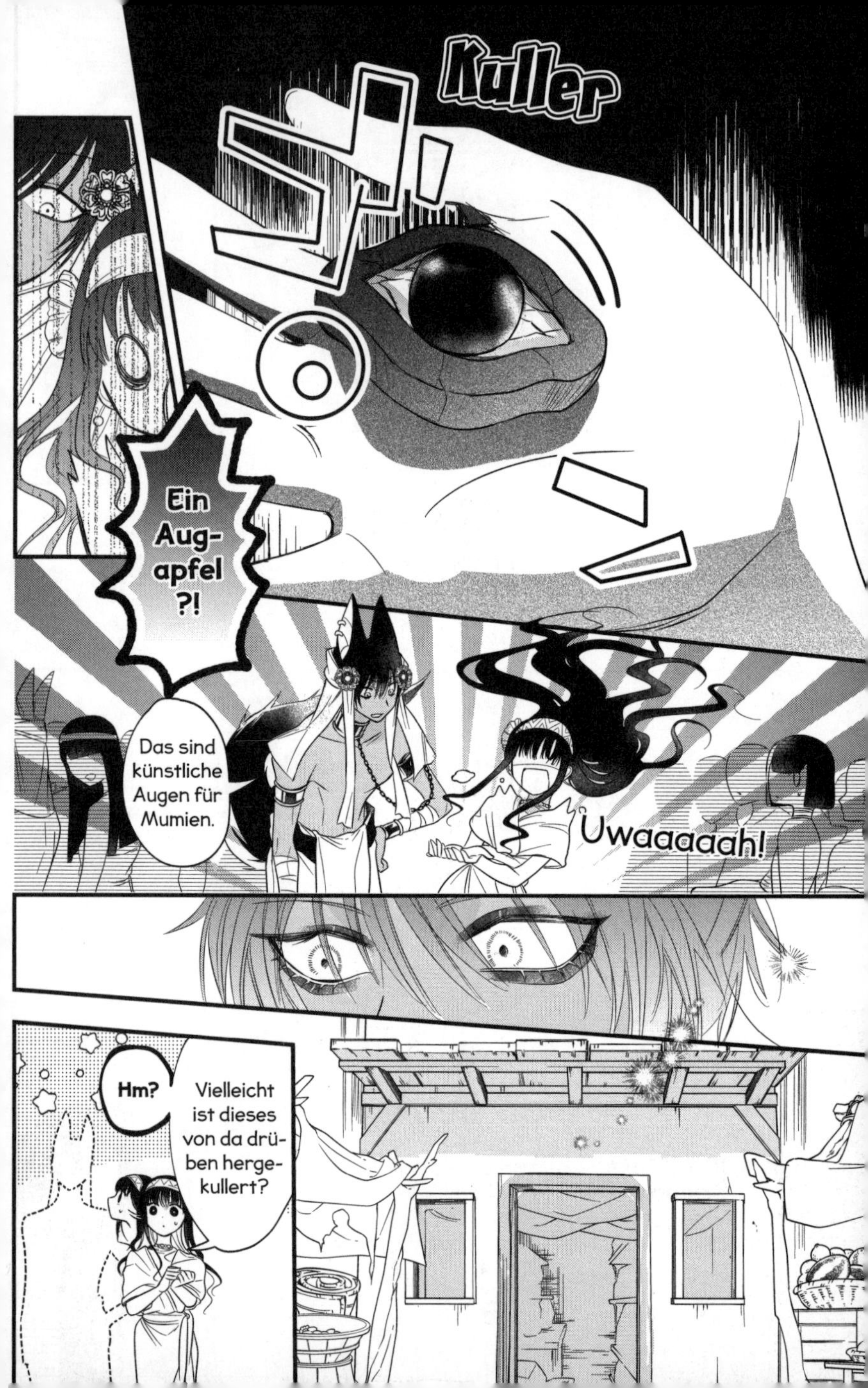
Kuller
Ein Aug-apfel ?!
Das sind künstliche Augen für Mumien.
Uwaaaaah!
Hm?
Vielleicht ist dieses von da drüben hergekullert?

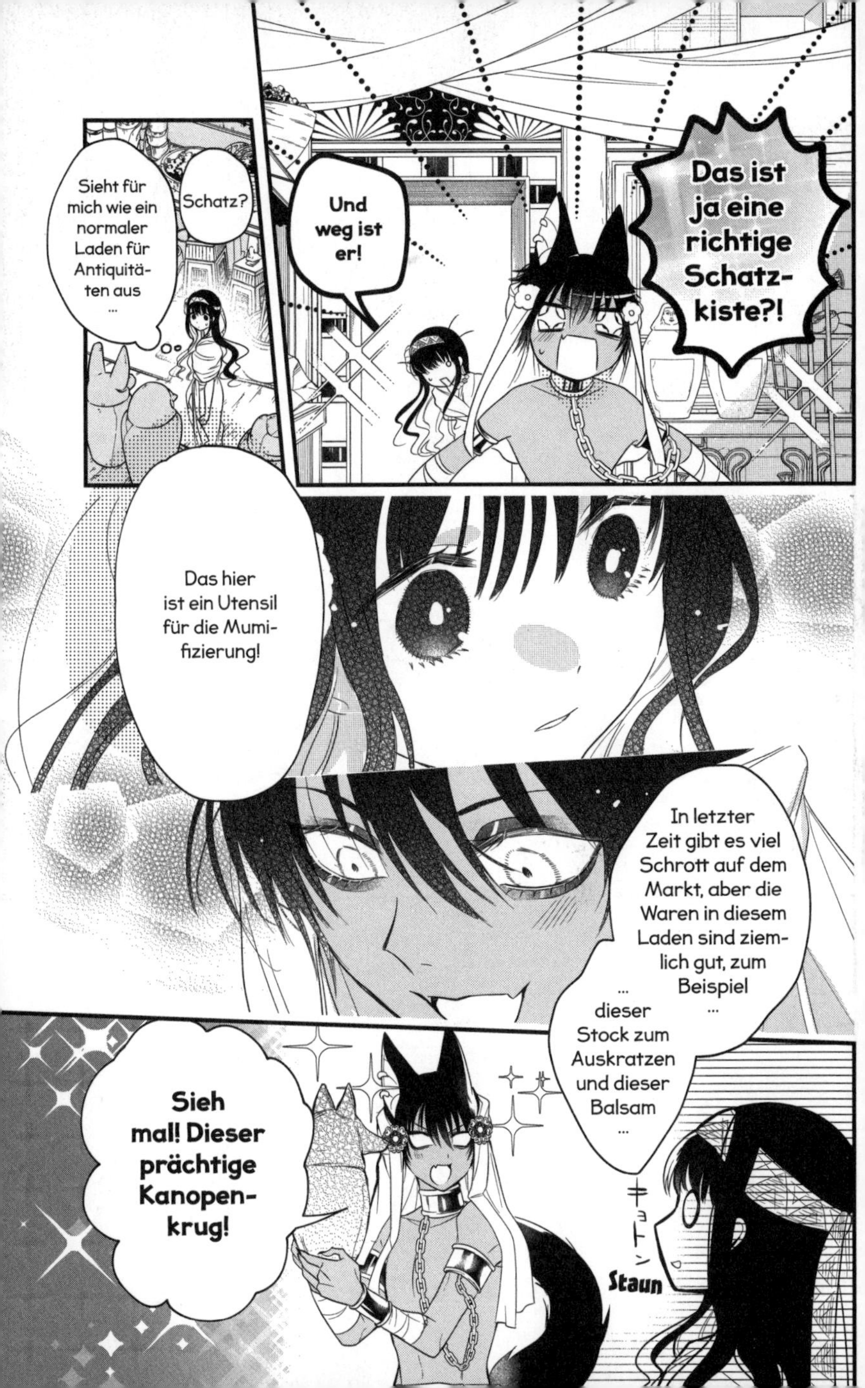
Das ist ja eine richtige Schatz-kiste?!
Und weg ist er!
Schatz?
Sieht für mich wie ein normaler Laden für Antiquitä-ten aus ...
Das hier ist ein Utensil für die Mumi-fizierung!
In letzter Zeit gibt es viel Schrott auf dem Markt, aber die Waren in diesem Laden sind ziem-lich gut, zum Beispiel ...
... dieser Stock zum Auskratzen und dieser Balsam ...
Staun
Sieh mal! Dieser prächtige Kanopen-krug!

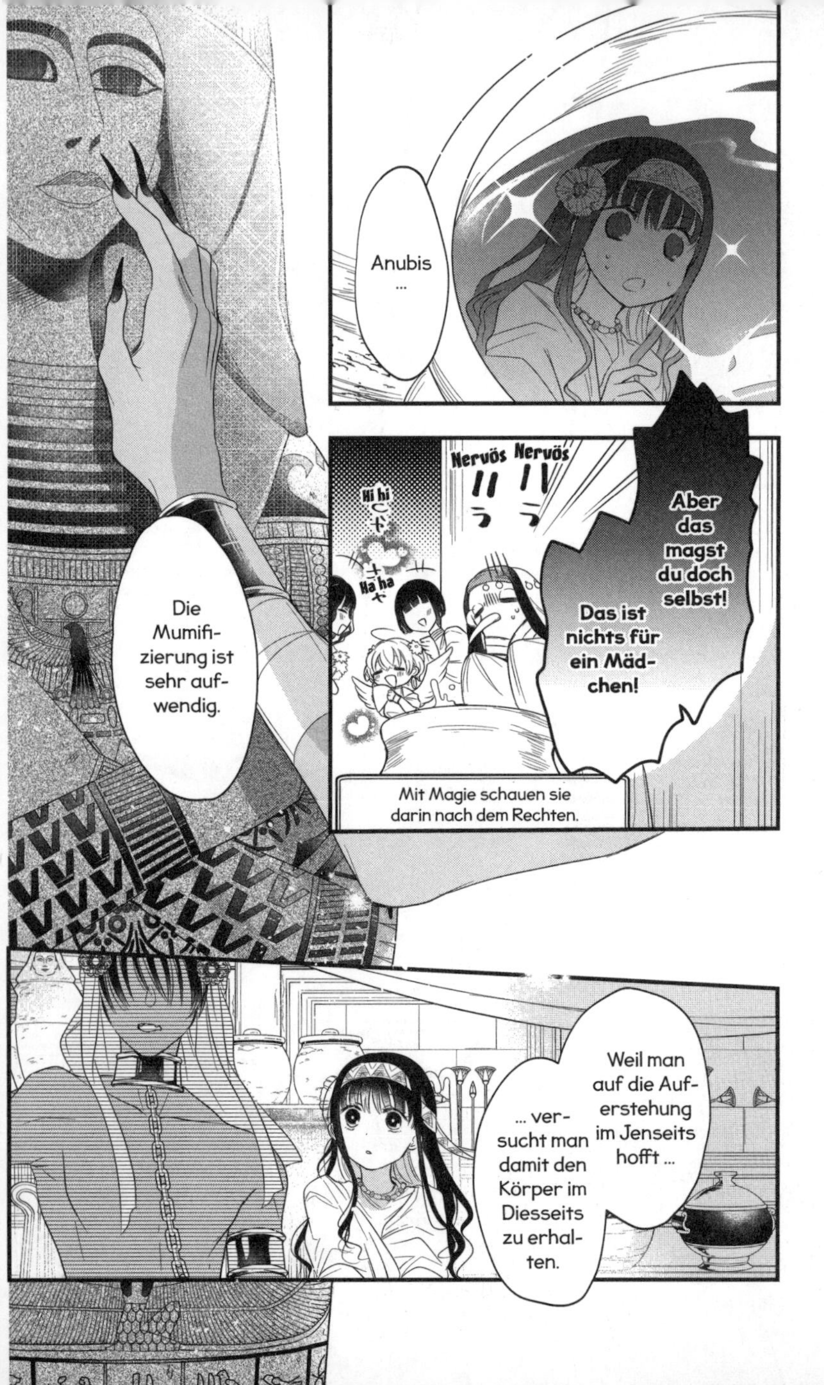
Anubis …
Aber das magst du doch selbst!
Das ist nichts für ein Mädchen!
Nervös Nervös
Hi hi
Ha ha
Mit Magie schauen sie darin nach dem Rechten.
Die Mumifizierung ist sehr aufwendig.
Weil man auf die Auferstehung im Jenseits hofft …
… versucht man damit den Körper im Diesseits zu erhalten.

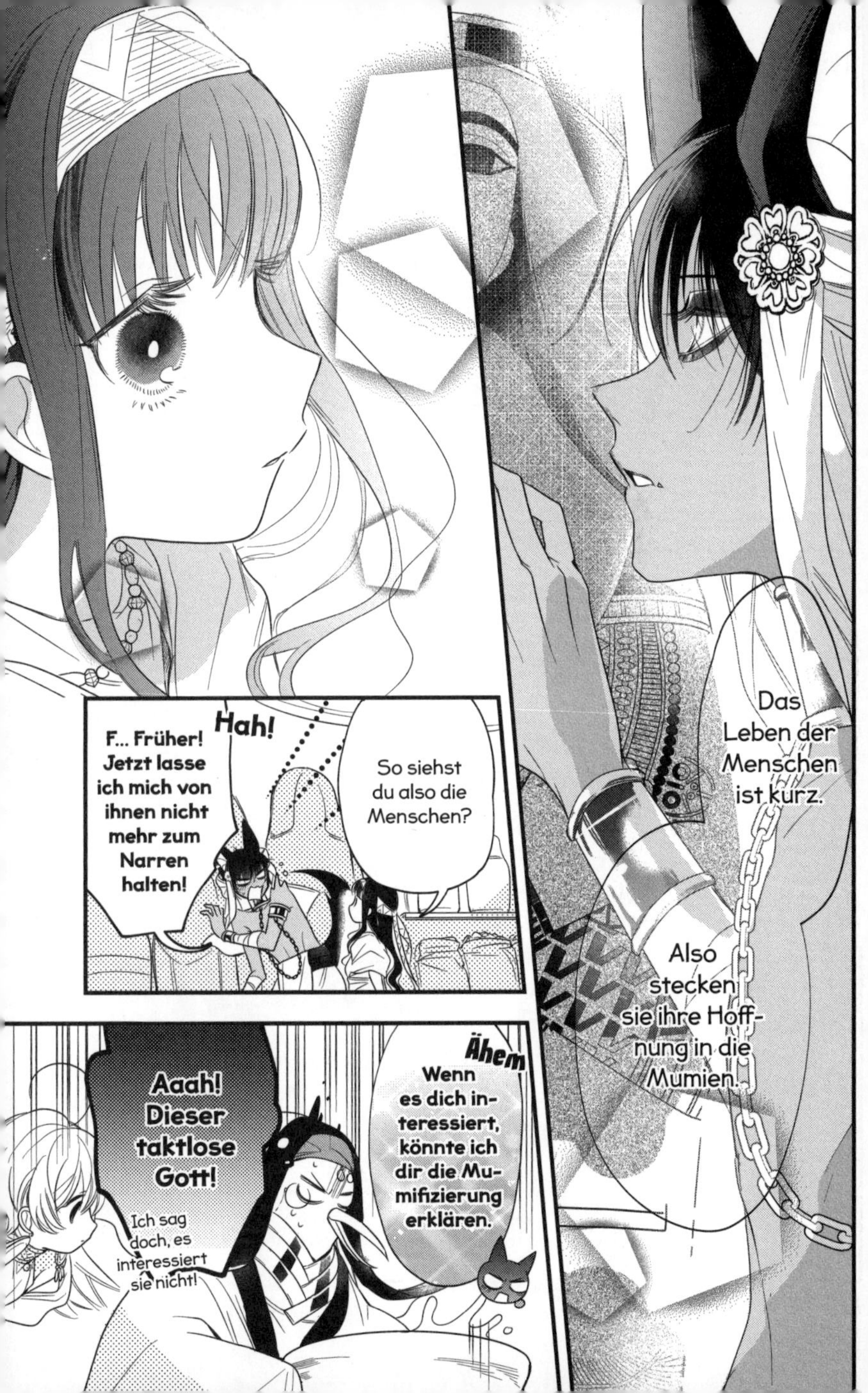
Das Leben der Menschen ist kurz.
Also stecken sie ihre Hoffnung in die Mumien.
So siehst du also die Menschen?
Hah!
F... Früher! Jetzt lasse ich mich von ihnen nicht mehr zum Narren halten!
Ähem
Wenn es dich interessiert, könnte ich dir die Mumifizierung erklären.
Aaah! Dieser taktlose Gott!
Ich sag doch, es interessiert sie nicht!

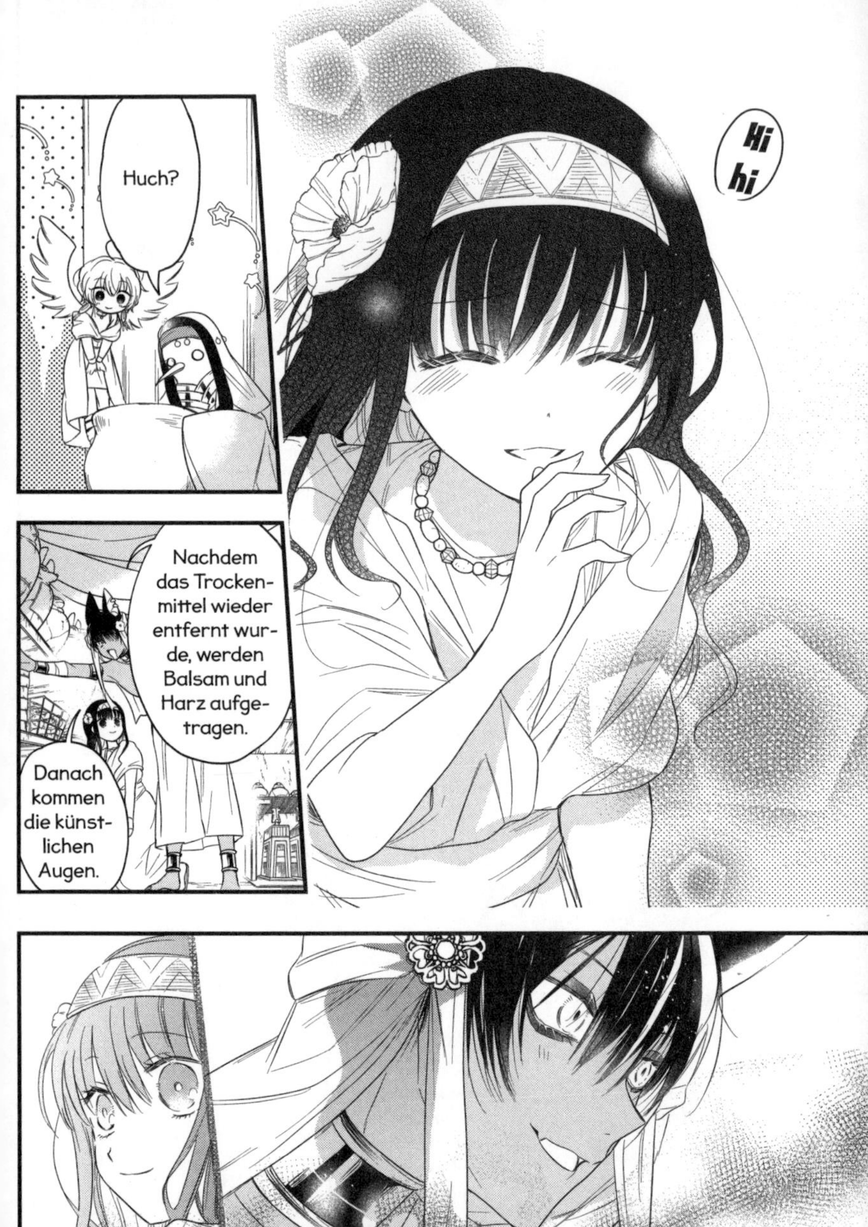
Hi hi
Huch?
Nachdem das Trockenmittel wieder entfernt wurde, werden Balsam und Harz aufgetragen.
Danach kommen die künstlichen Augen.

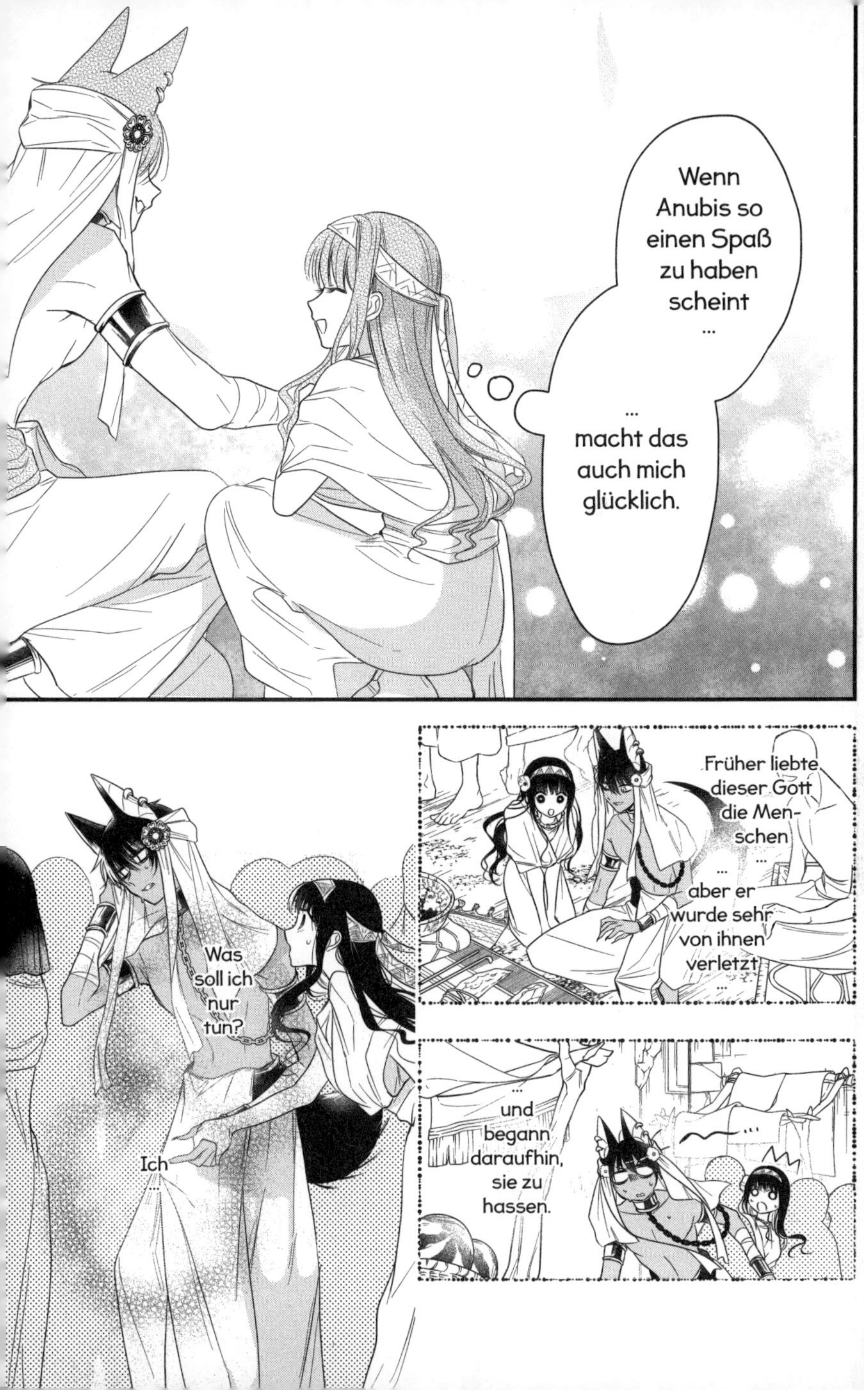

Wenn Anubis so einen Spaß zu haben scheint …

… macht das auch mich glücklich.

Früher liebte dieser Gott die Menschen …

… aber er wurde sehr von ihnen verletzt …

… und begann daraufhin, sie zu hassen.

~…

Was soll ich nur tun?

Ich …

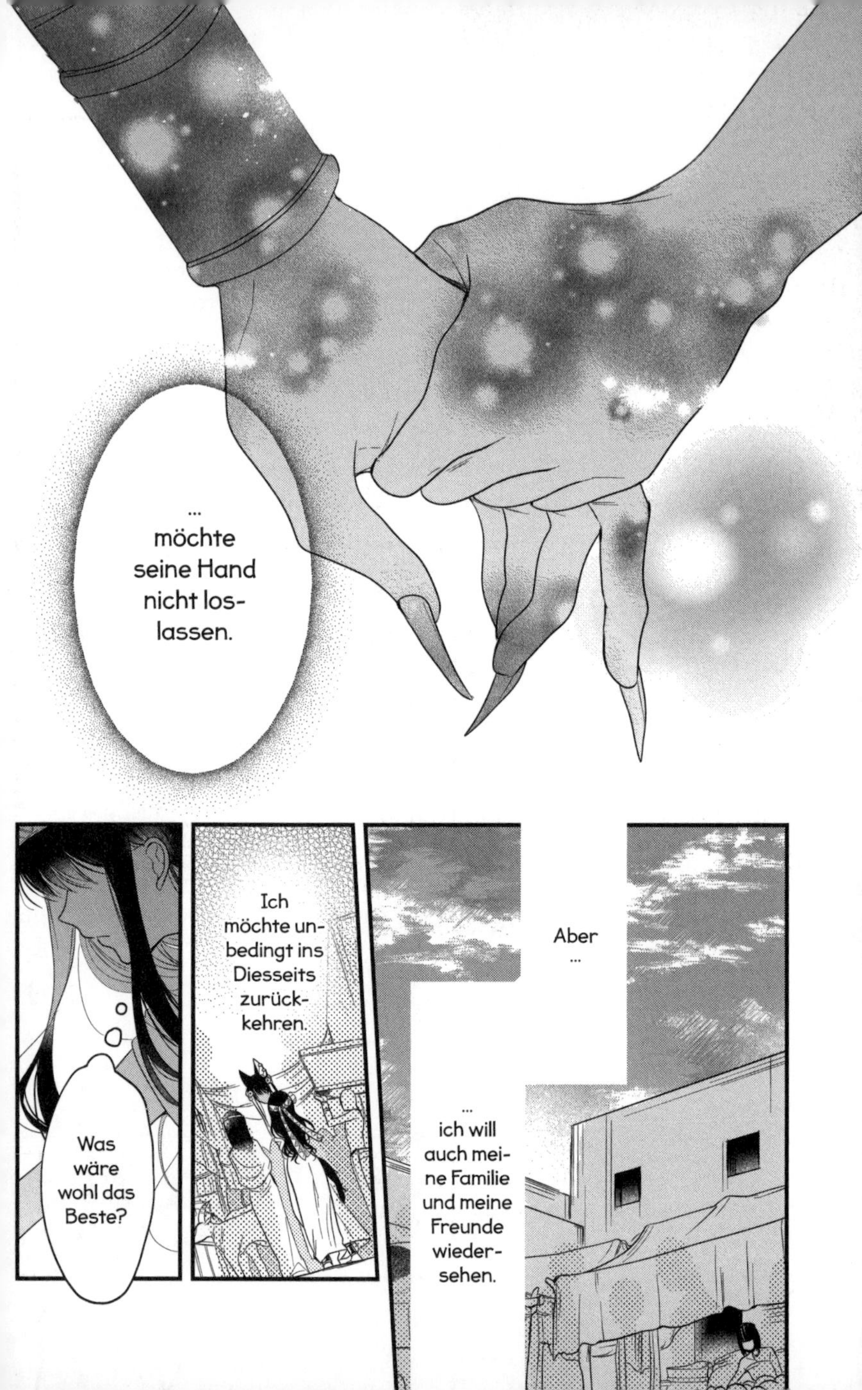
... möchte seine Hand nicht los-lassen.
Aber ...
... ich will auch mei-ne Familie und meine Freunde wieder-sehen.
Ich möchte un-bedingt ins Diesseits zurück-kehren.
Was wäre wohl das Beste?

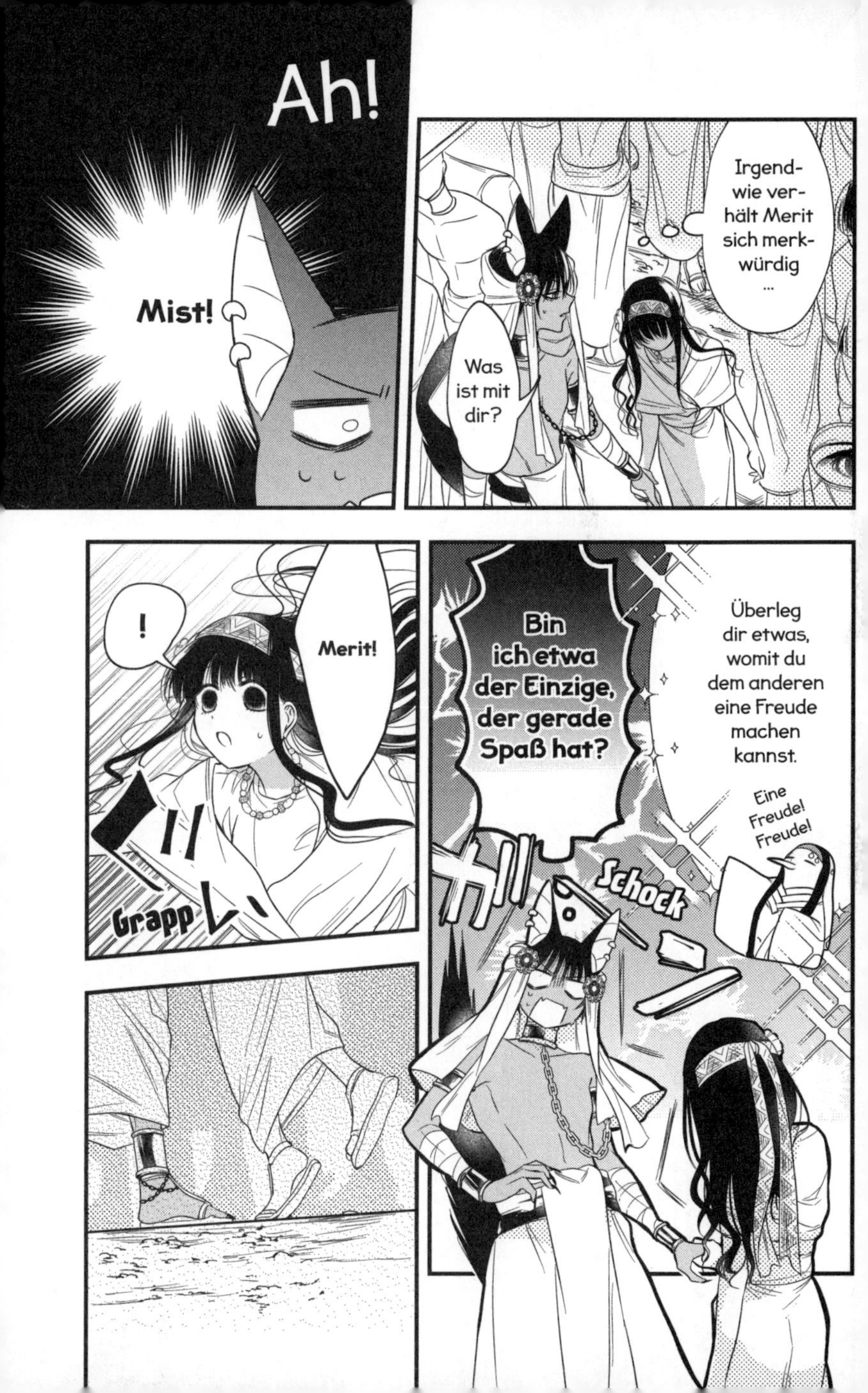

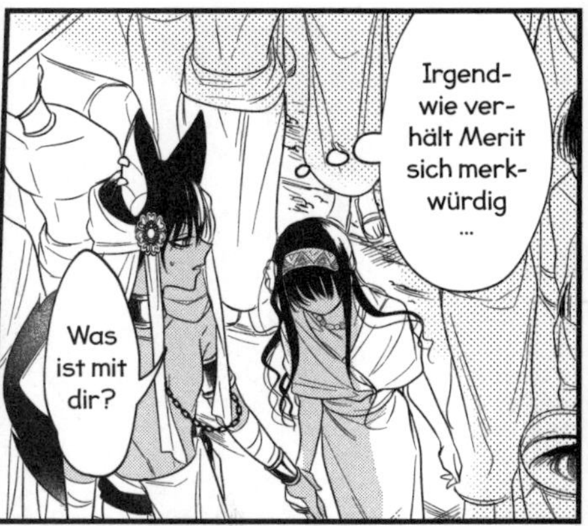

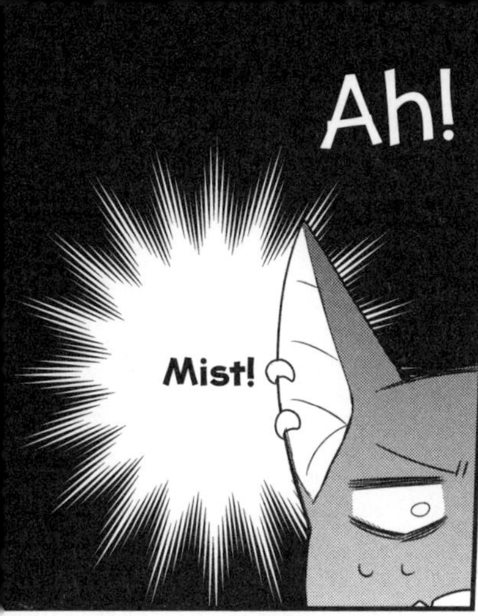

Bin ich etwa der Einzige, der gerade Spaß hat?

Überleg dir etwas, womit du dem anderen eine Freude machen kannst.

Eine Freude! Freude!

Schock

Merit!

!

Grapp

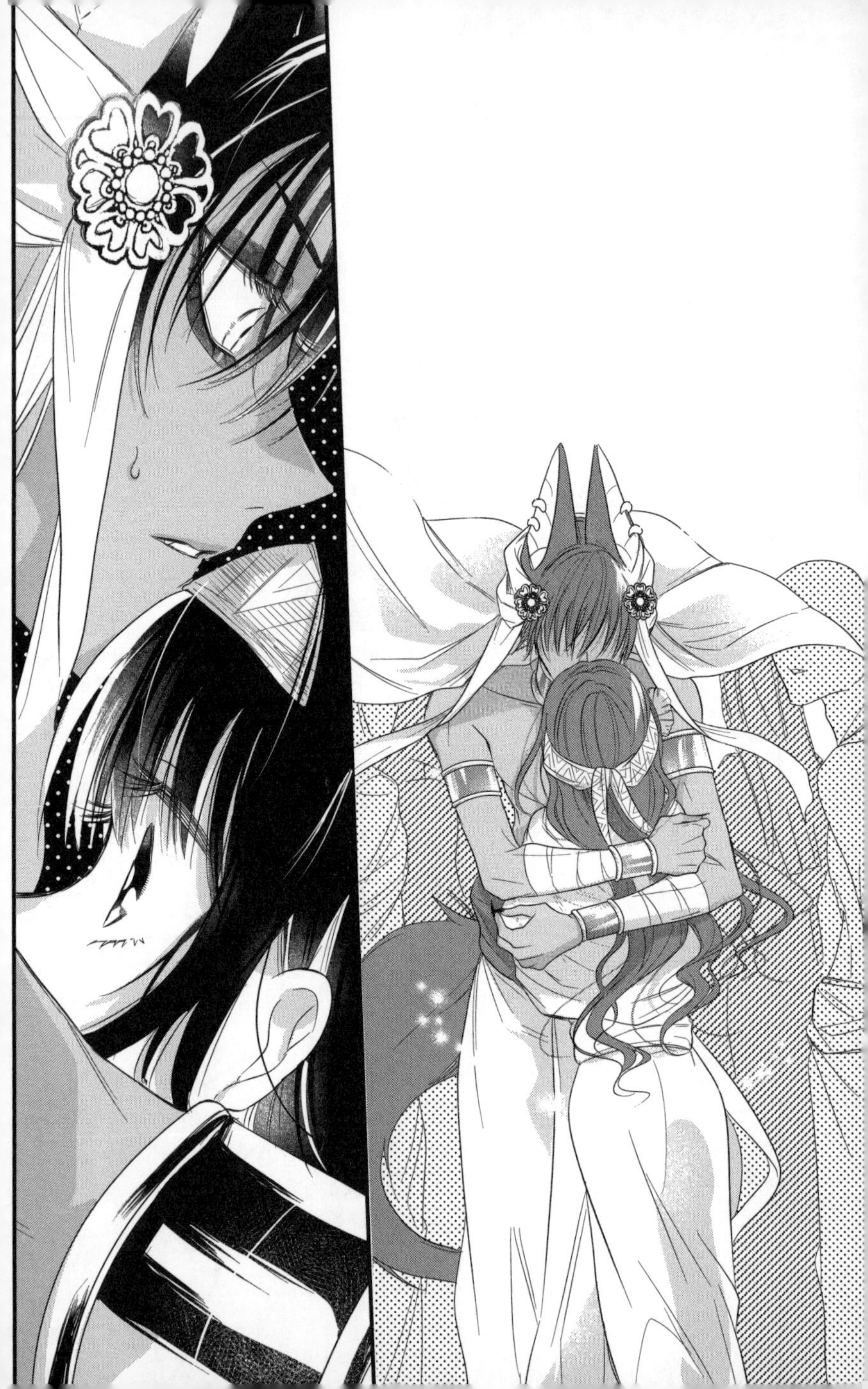

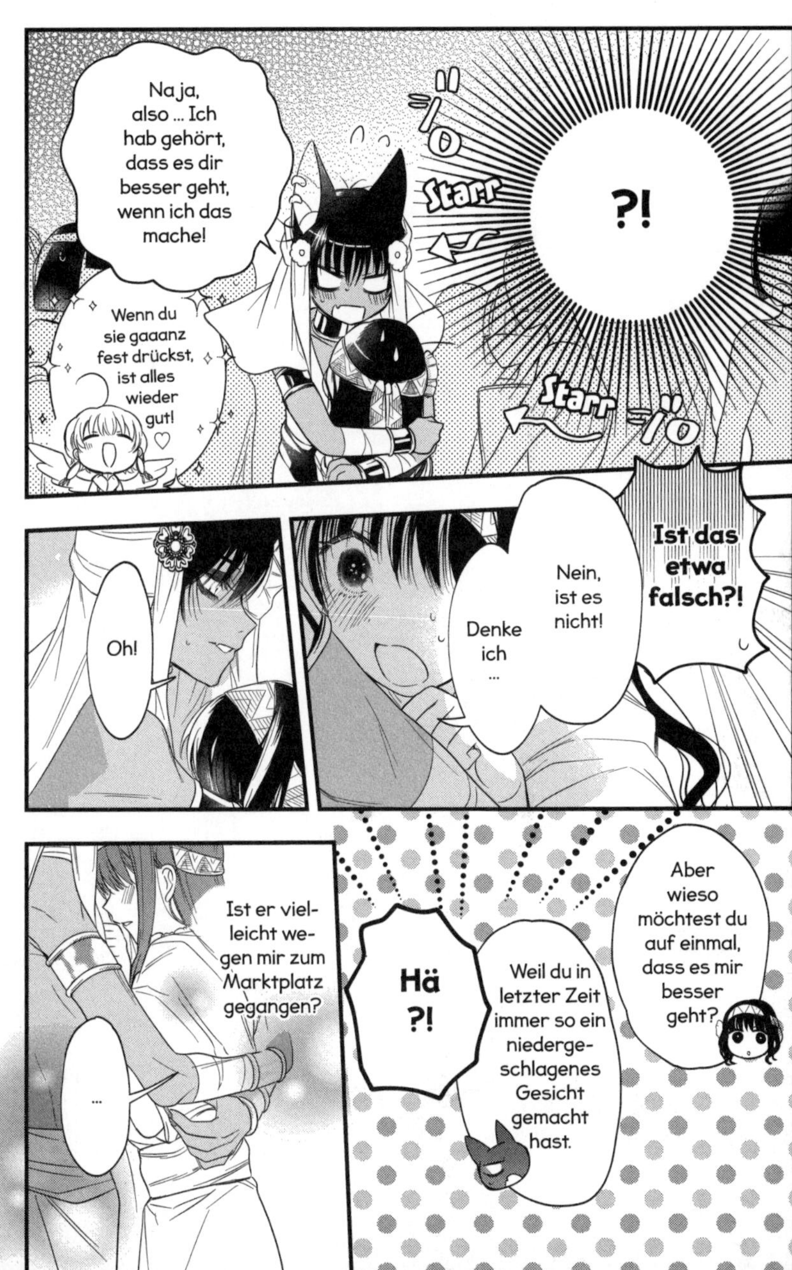
?!
Starr
Starr
Na ja, also ... Ich hab gehört, dass es dir besser geht, wenn ich das mache!
Wenn du sie gaaanz fest drückst, ist alles wieder gut! ♡
Ist das etwa falsch?!
Nein, ist es nicht!
Denke ich ...
Oh!
Aber wieso möchtest du auf einmal, dass es mir besser geht?
Weil du in letzter Zeit immer so ein niederge-schlagenes Gesicht gemacht hast.
Hä ?!
Ist er viel-leicht we-gen mir zum Marktplatz gegangen?
...

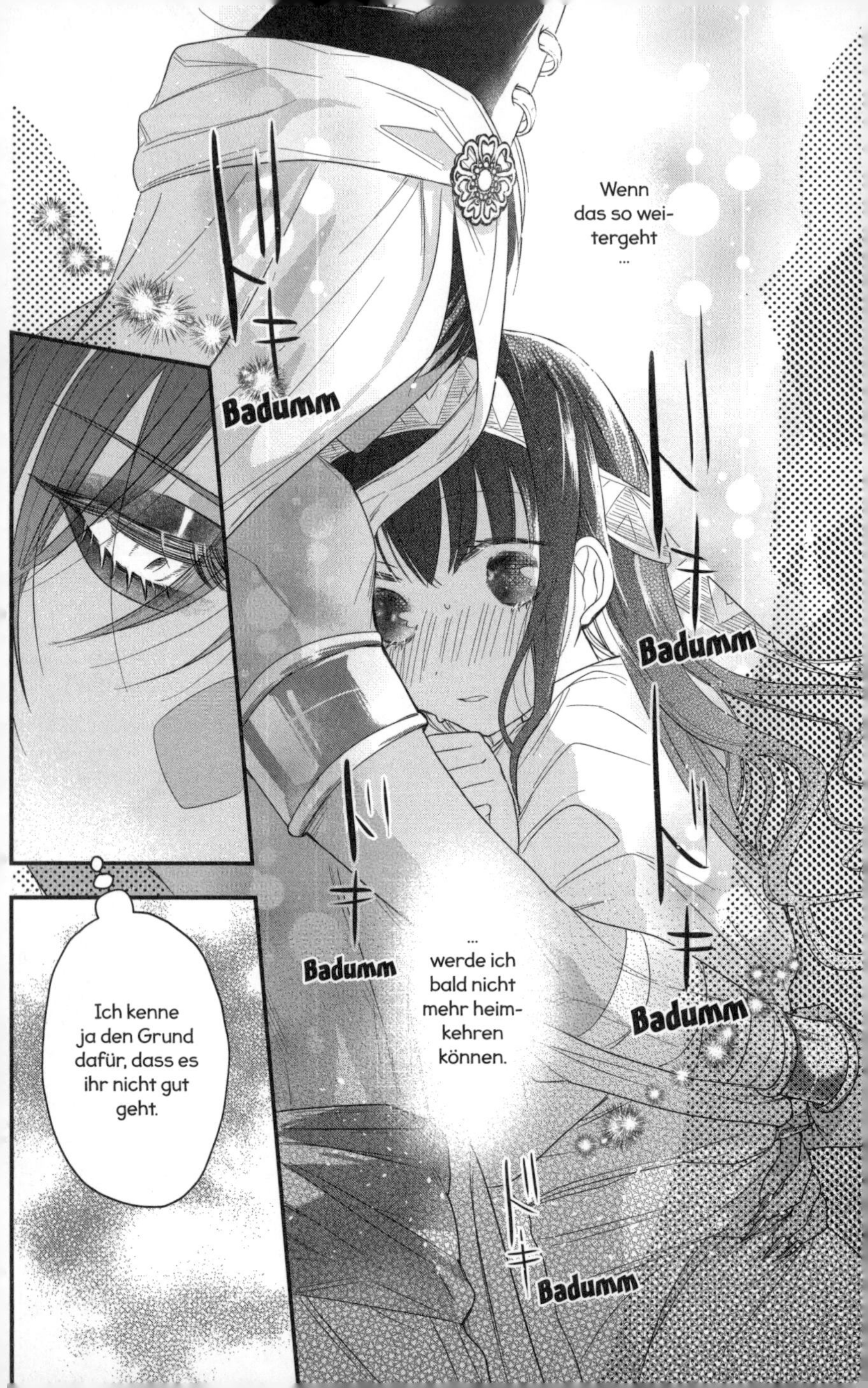
Wenn das so wei- tergeht ...
Badumm
Badumm
Badumm
... werde ich bald nicht mehr heim- kehren können.
Badumm
Ich kenne ja den Grund dafür, dass es ihr nicht gut geht.
Badumm

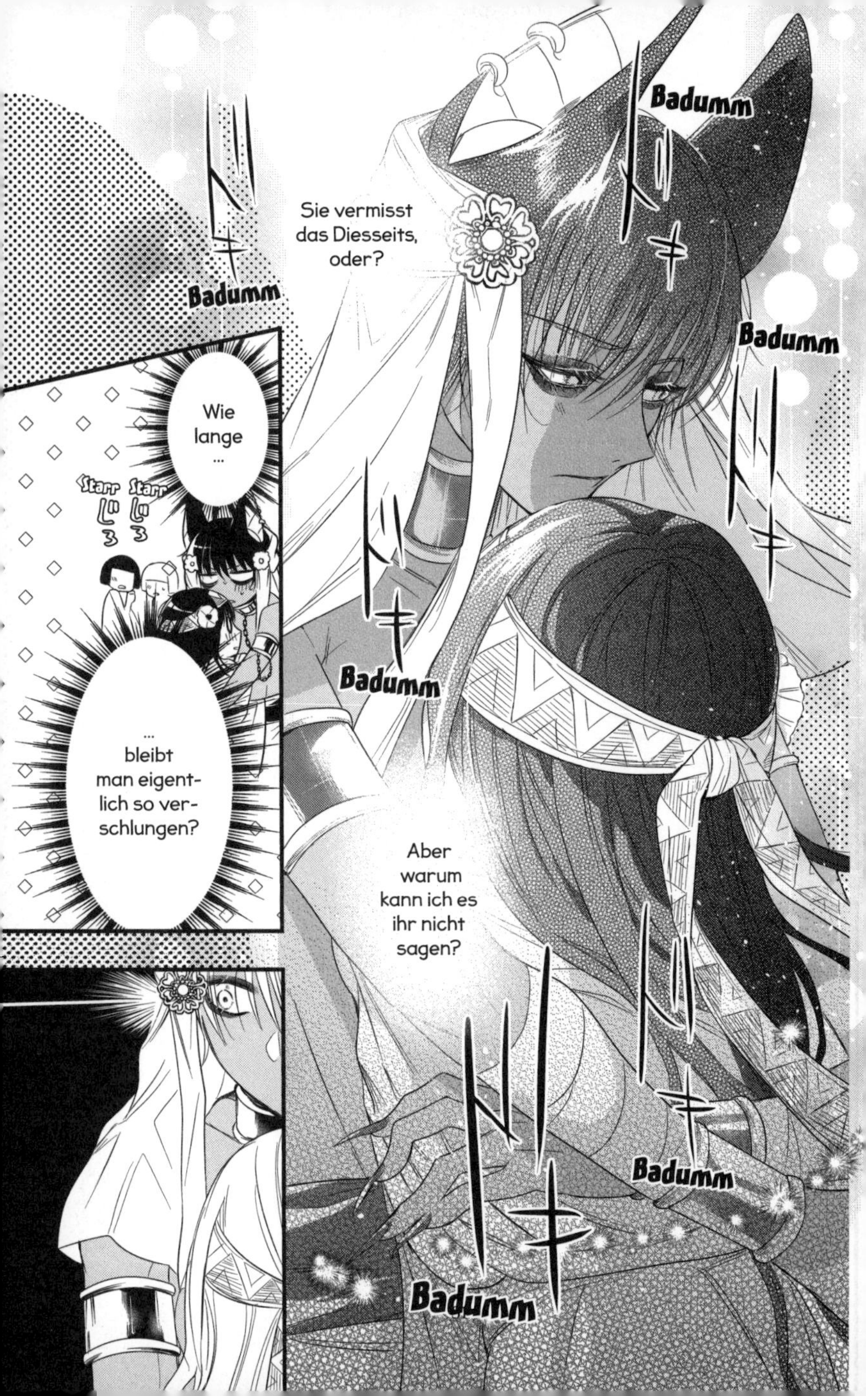
Badumm
Sie vermisst das Diesseits, oder?
Badumm
Badumm
Aber warum kann ich es ihr nicht sagen?
Badumm
Badumm
Badumm
Wie lange ...
Starr Starr
... bleibt man eigentlich so verschlungen?

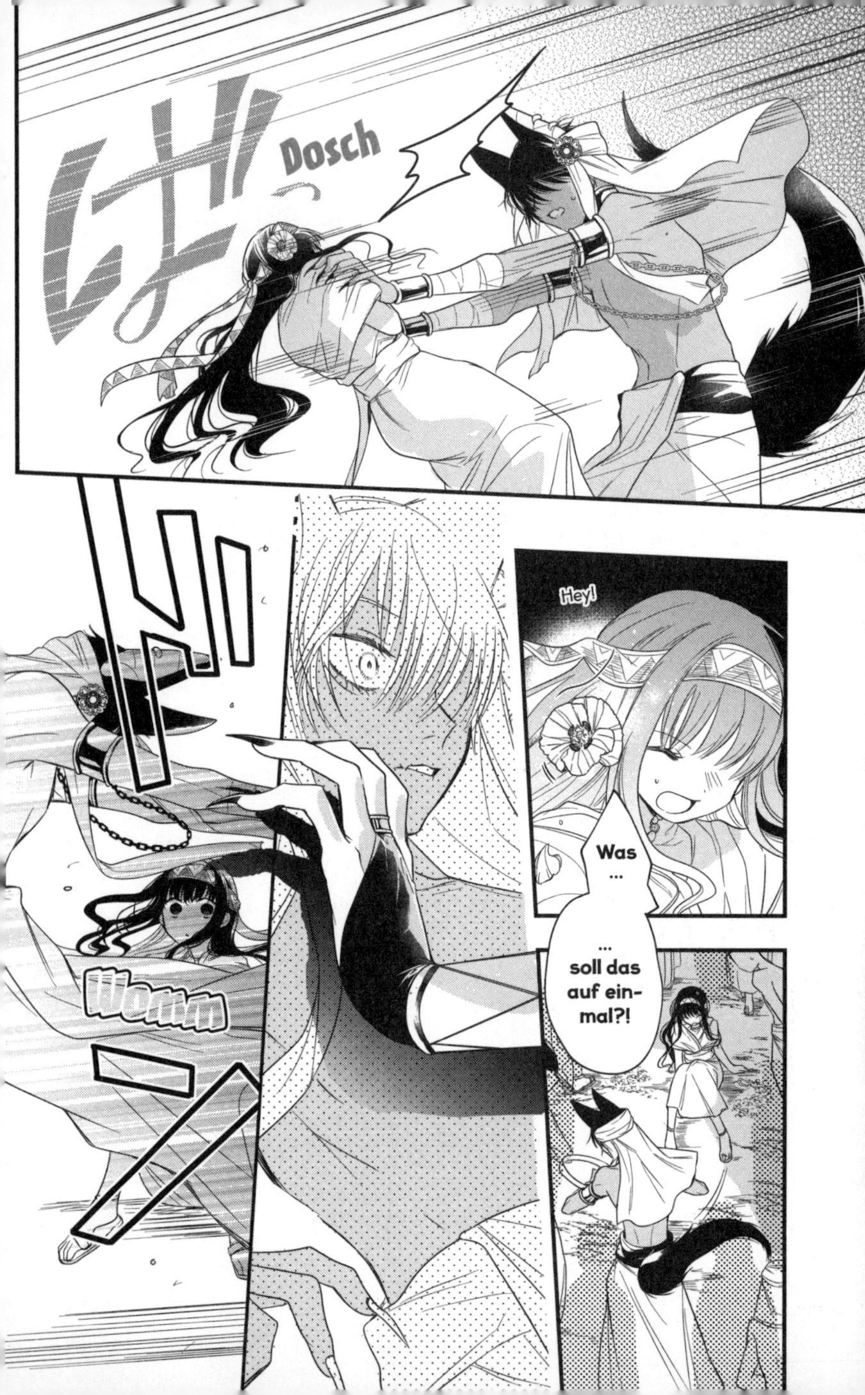
Dosch
Hey!
Was ...
... soll das auf ein-mal?!
Womm

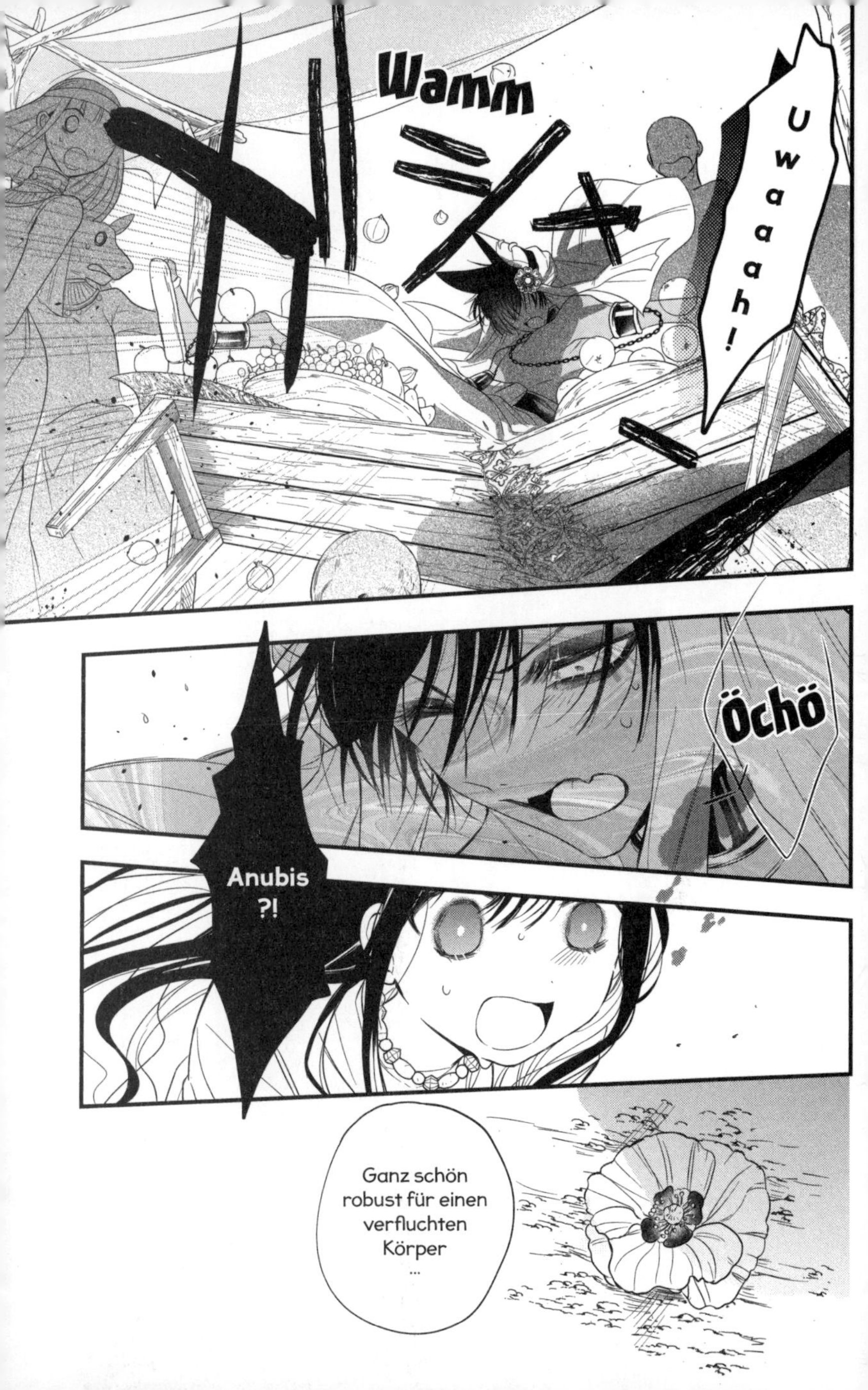
Uwaaaah!
Wamm
Öchö
Anubis ?!
Ganz schön robust für einen verfluchten Körper ...

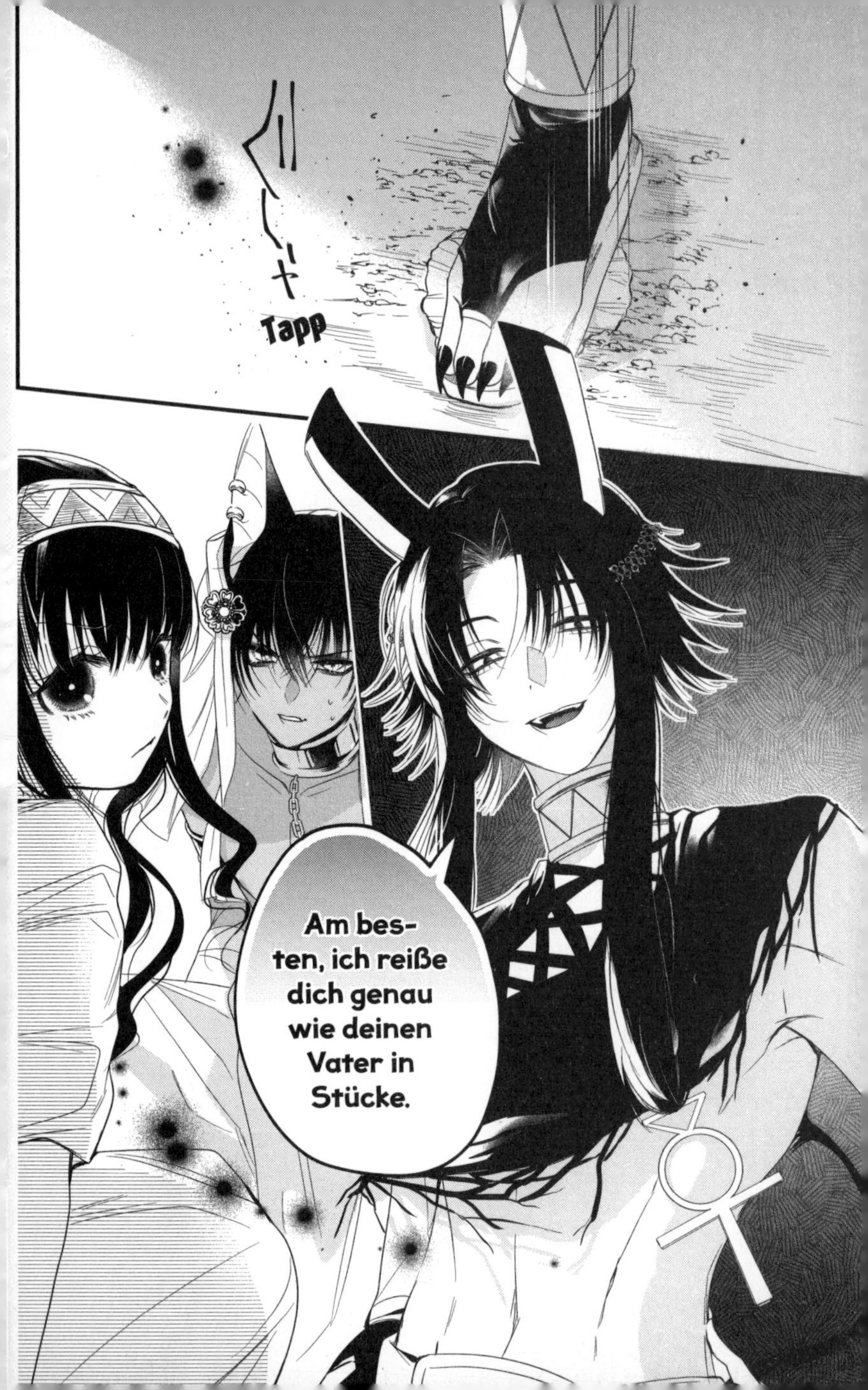
Tapp
Am besten, ich reiße dich genau wie deinen Vater in Stücke.

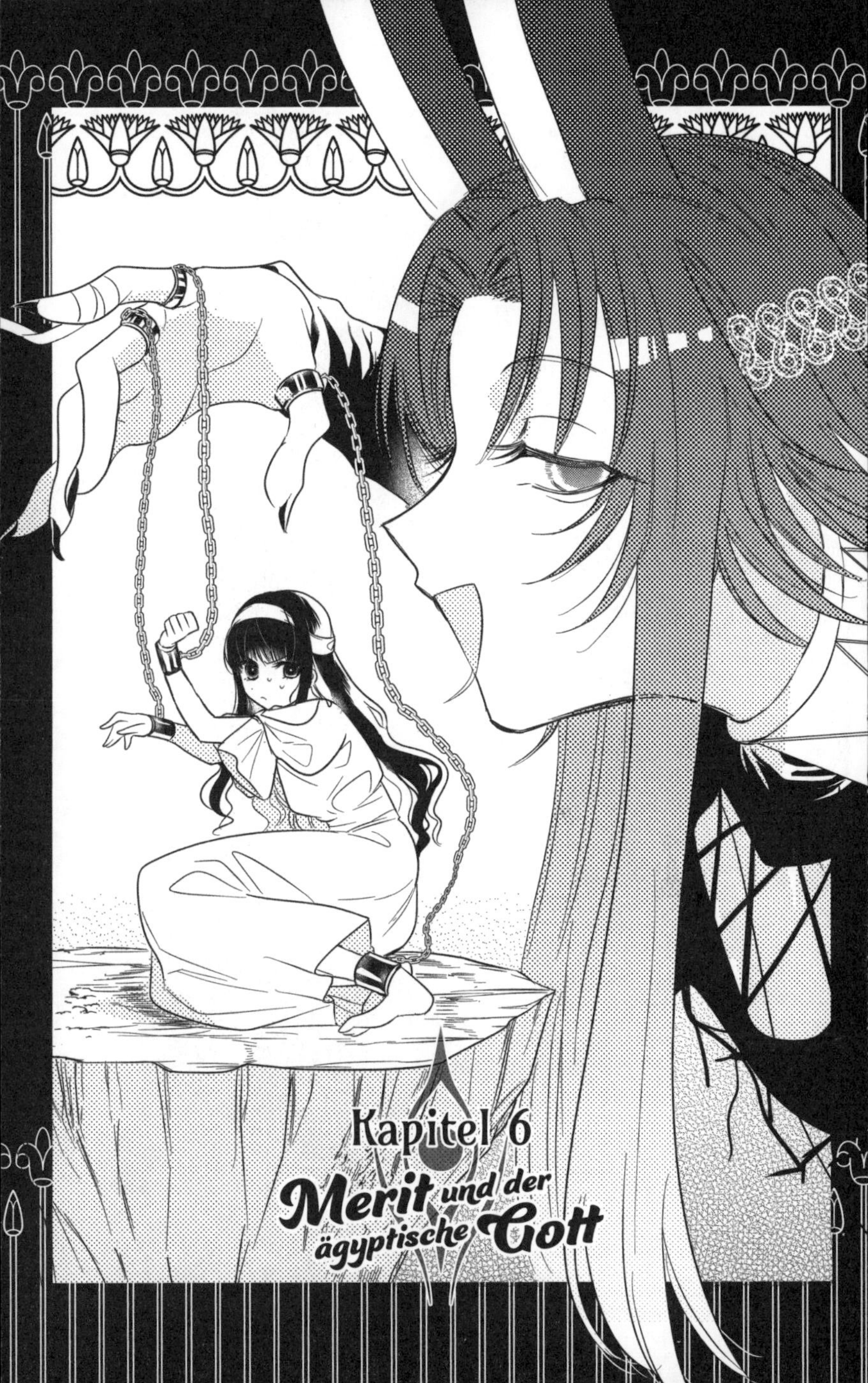
Kapitel 6
Merit und der ägyptische Gott

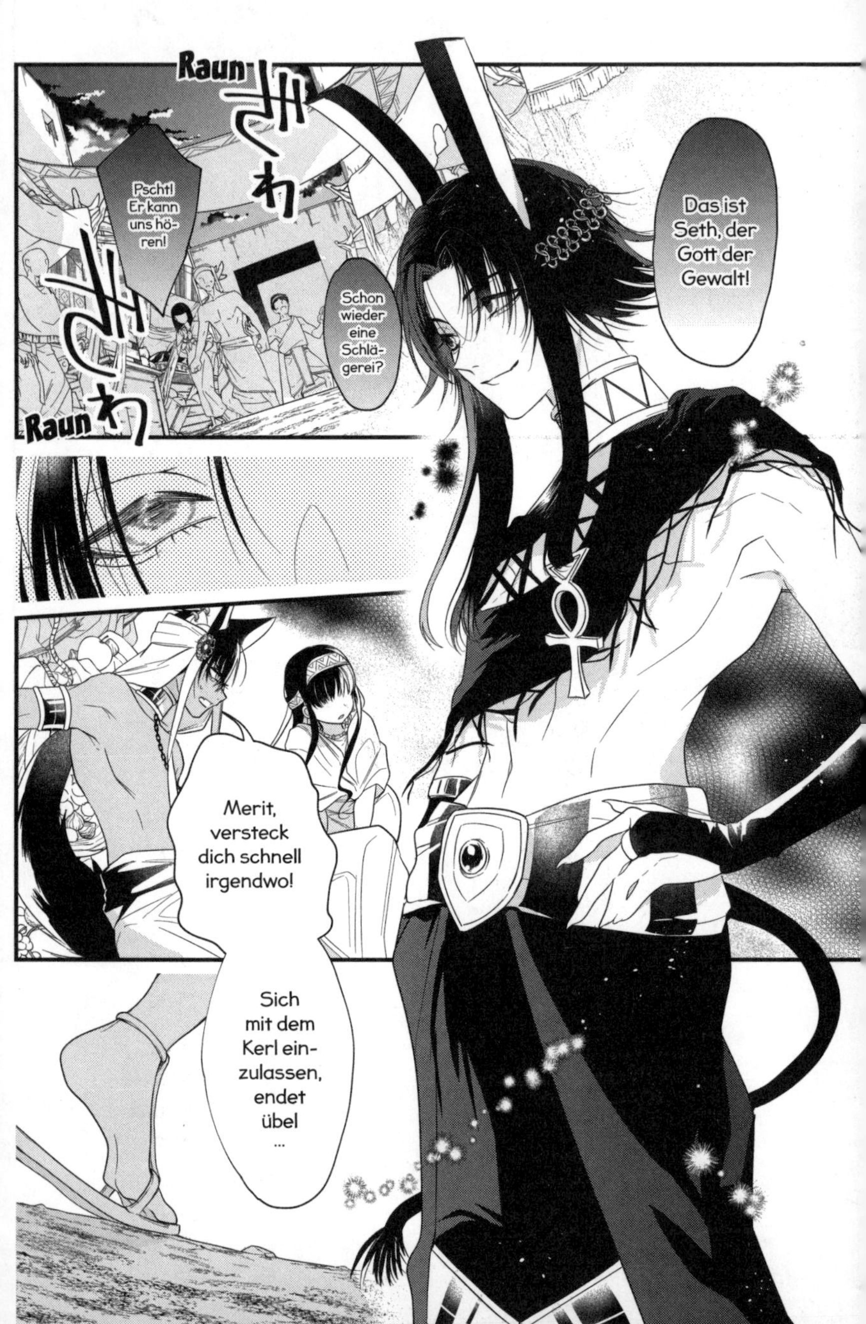
Das ist Seth, der Gott der Gewalt!
Schon wieder eine Schlägerei?
Pscht! Er kann uns hören!
Raun
Raun
Merit, versteck dich schnell irgendwo!
Sich mit dem Kerl einzulassen, endet übel ...

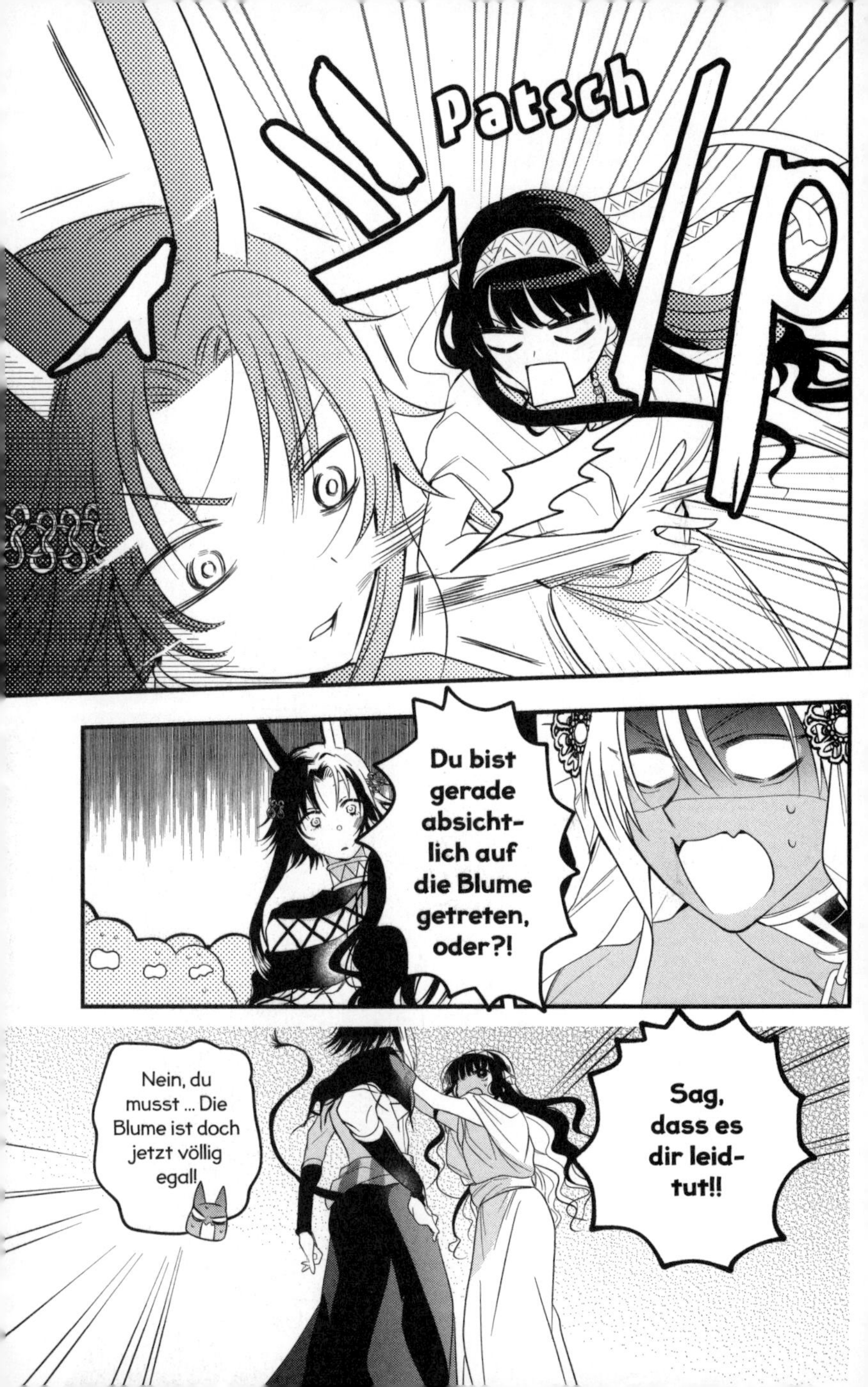
Patsch
Du bist gerade absichtlich auf die Blume getreten, oder?!
Sag, dass es dir leidtut!!
Nein, du musst ... Die Blume ist doch jetzt völlig egal!

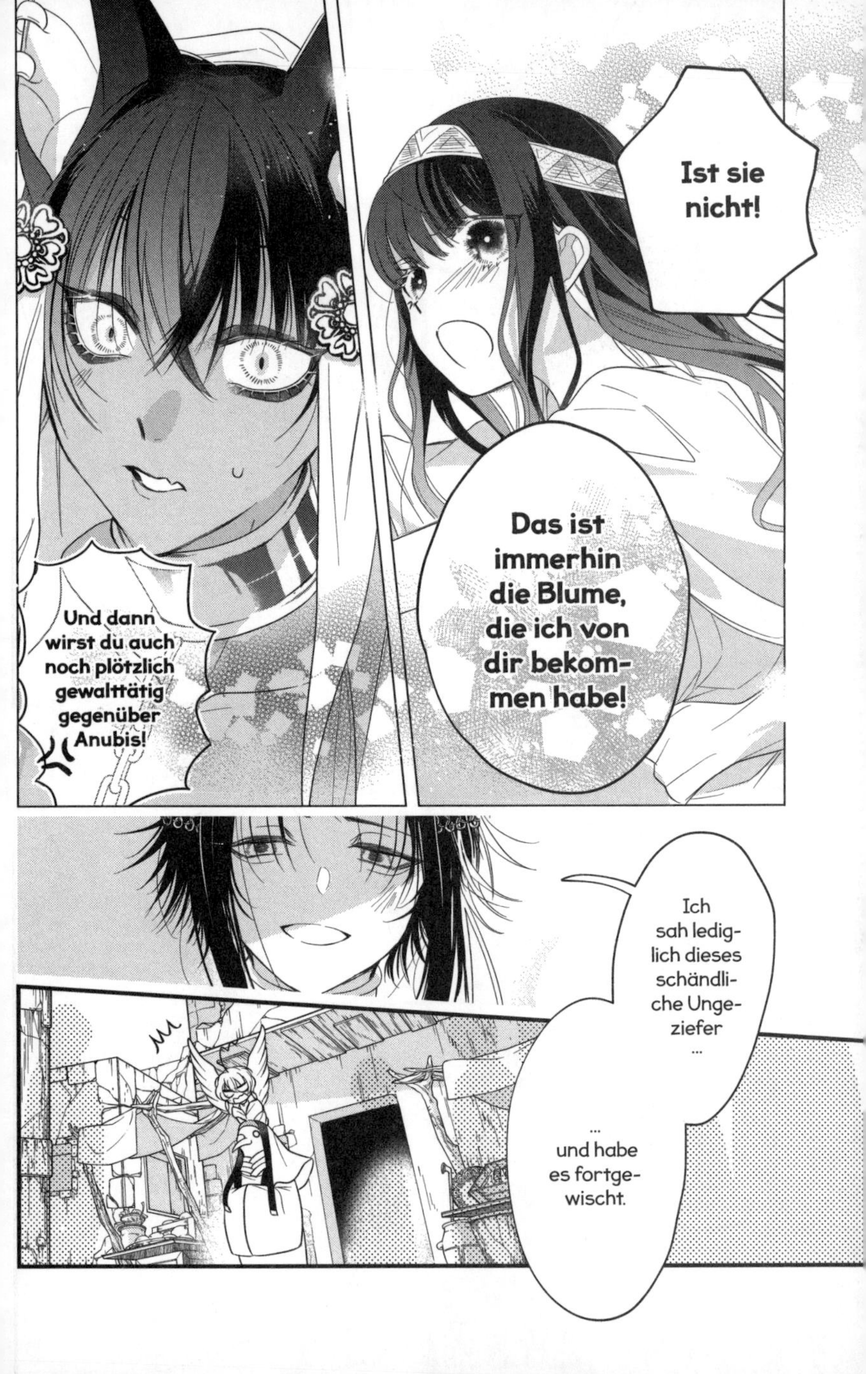
Ist sie nicht!
Das ist immerhin die Blume, die ich von dir bekommen habe!
Und dann wirst du auch noch plötzlich gewalttätig gegenüber Anubis!
Ich sah lediglich dieses schändliche Ungeziefer …
… und habe es fortgewischt.

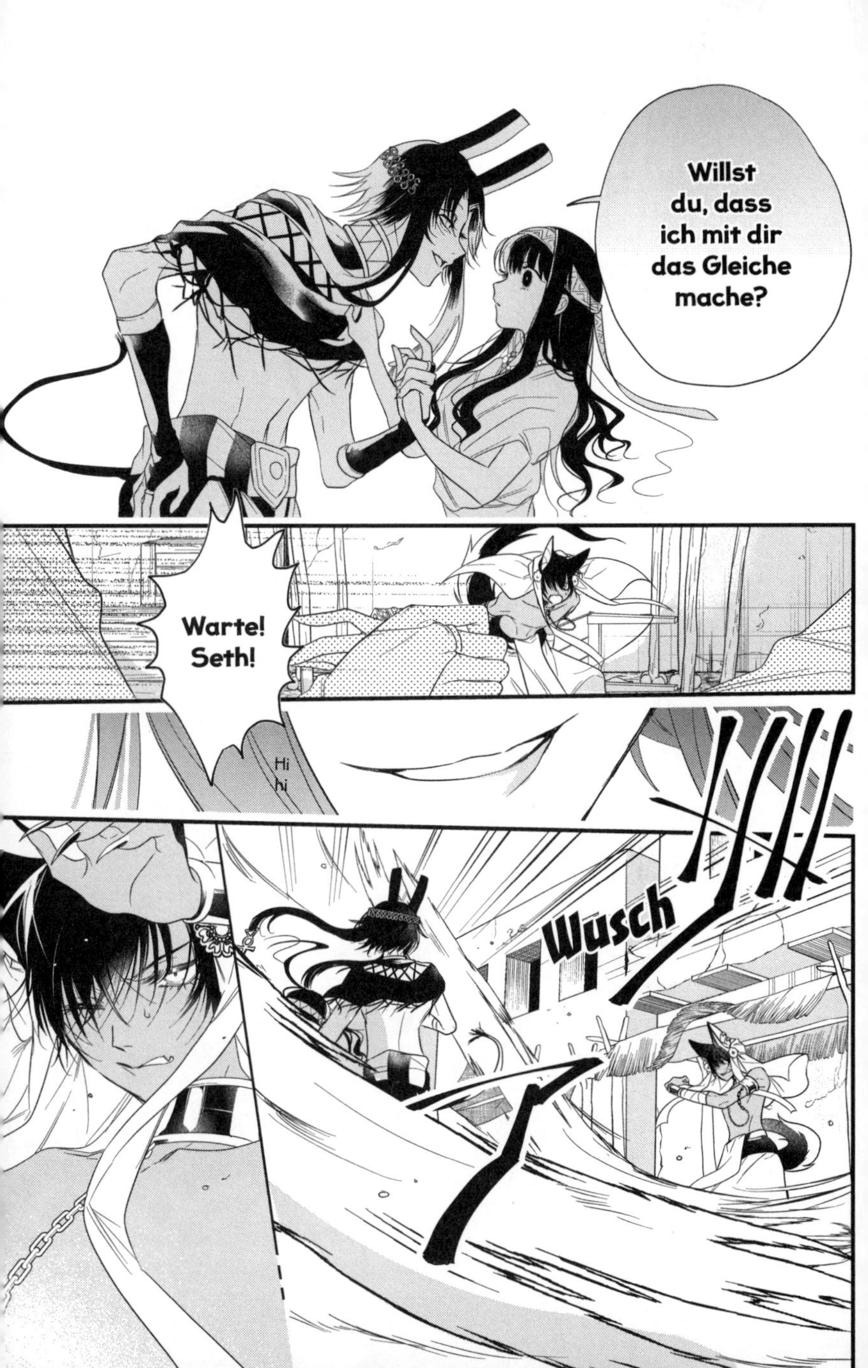
Willst du, dass ich mit dir das Gleiche mache?
Warte! Seth!
Hi hi
Wusch

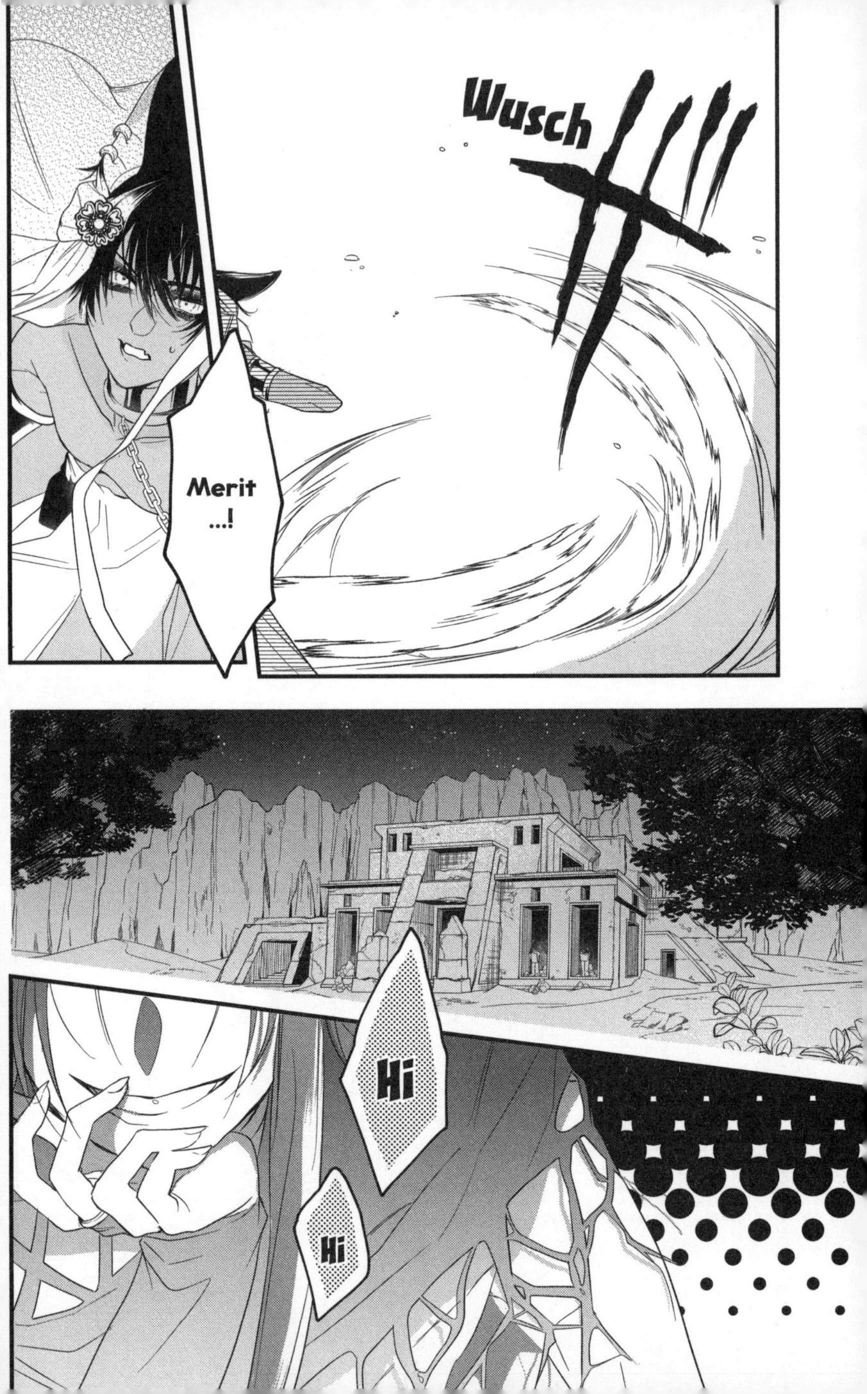

Wusch
Merit
...!
Hi
Hi

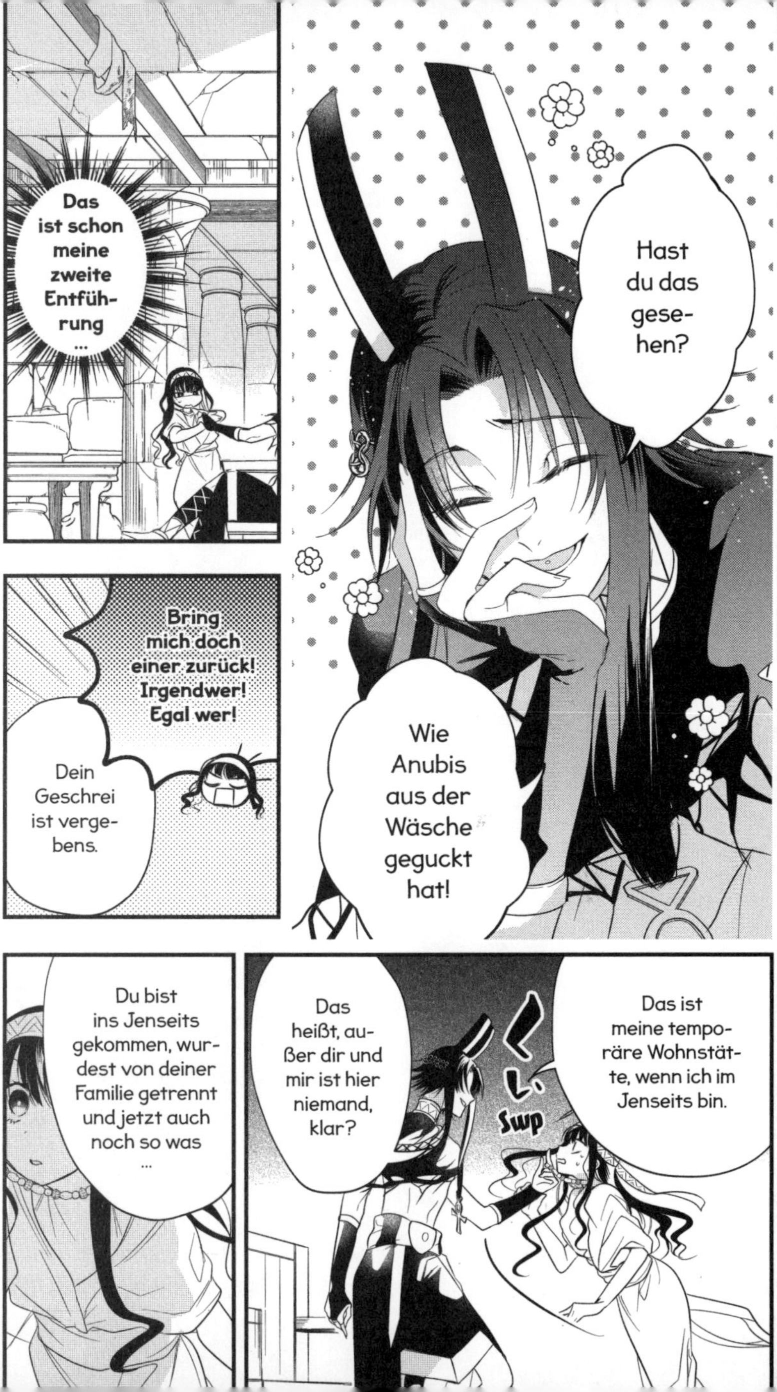

Hast du das gesehen?
Wie Anubis aus der Wäsche geguckt hat!
Das ist schon meine zweite Entführung ...
Bring mich doch einer zurück! Irgendwer! Egal wer!
Dein Geschrei ist vergebens.

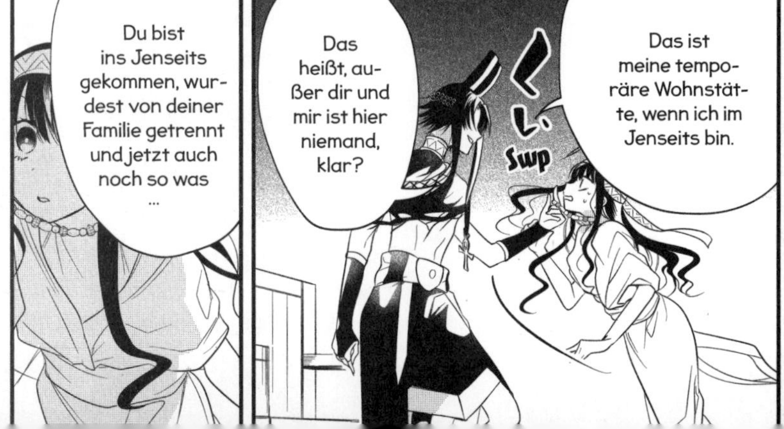

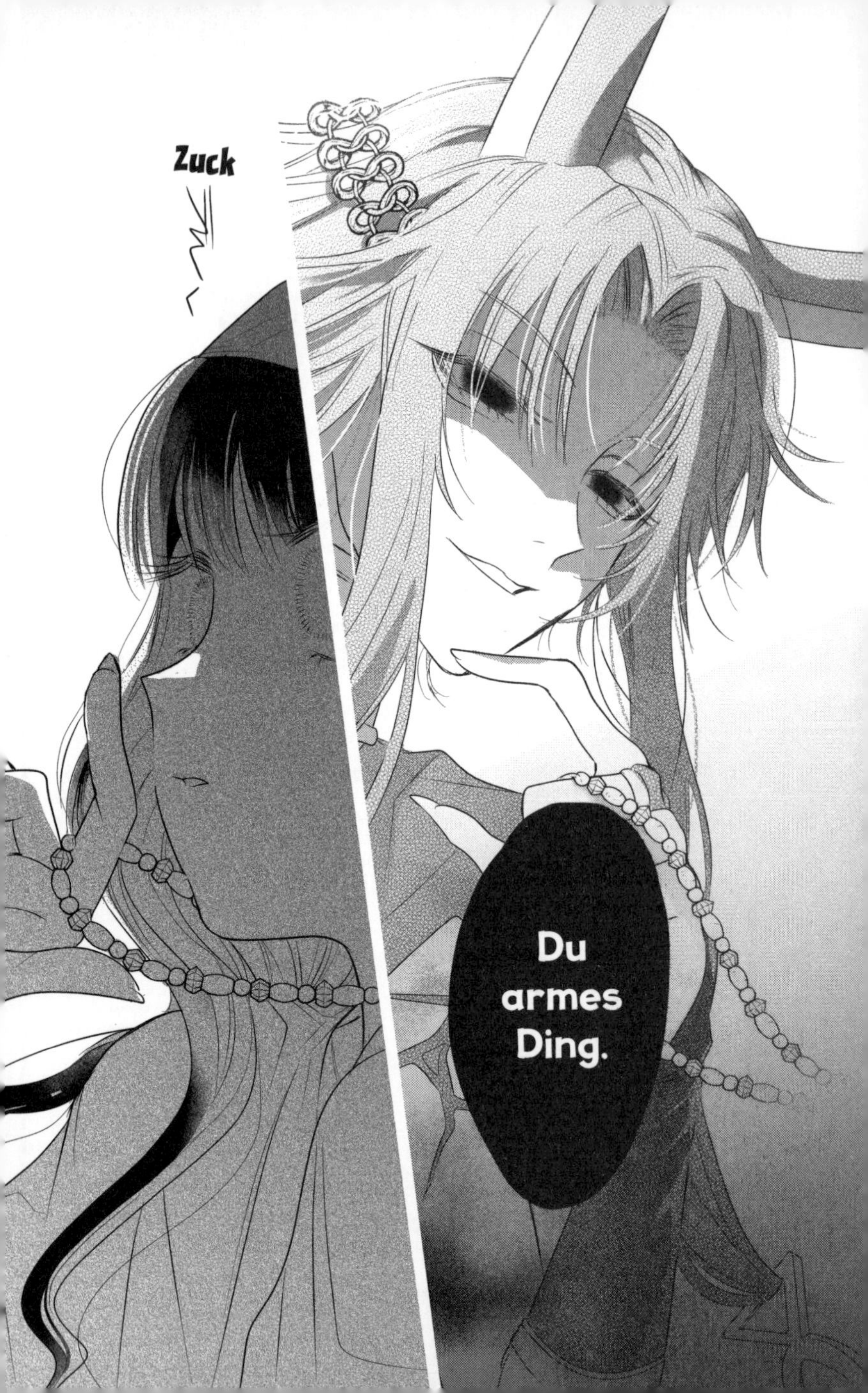
Zuck
Du armes Ding.

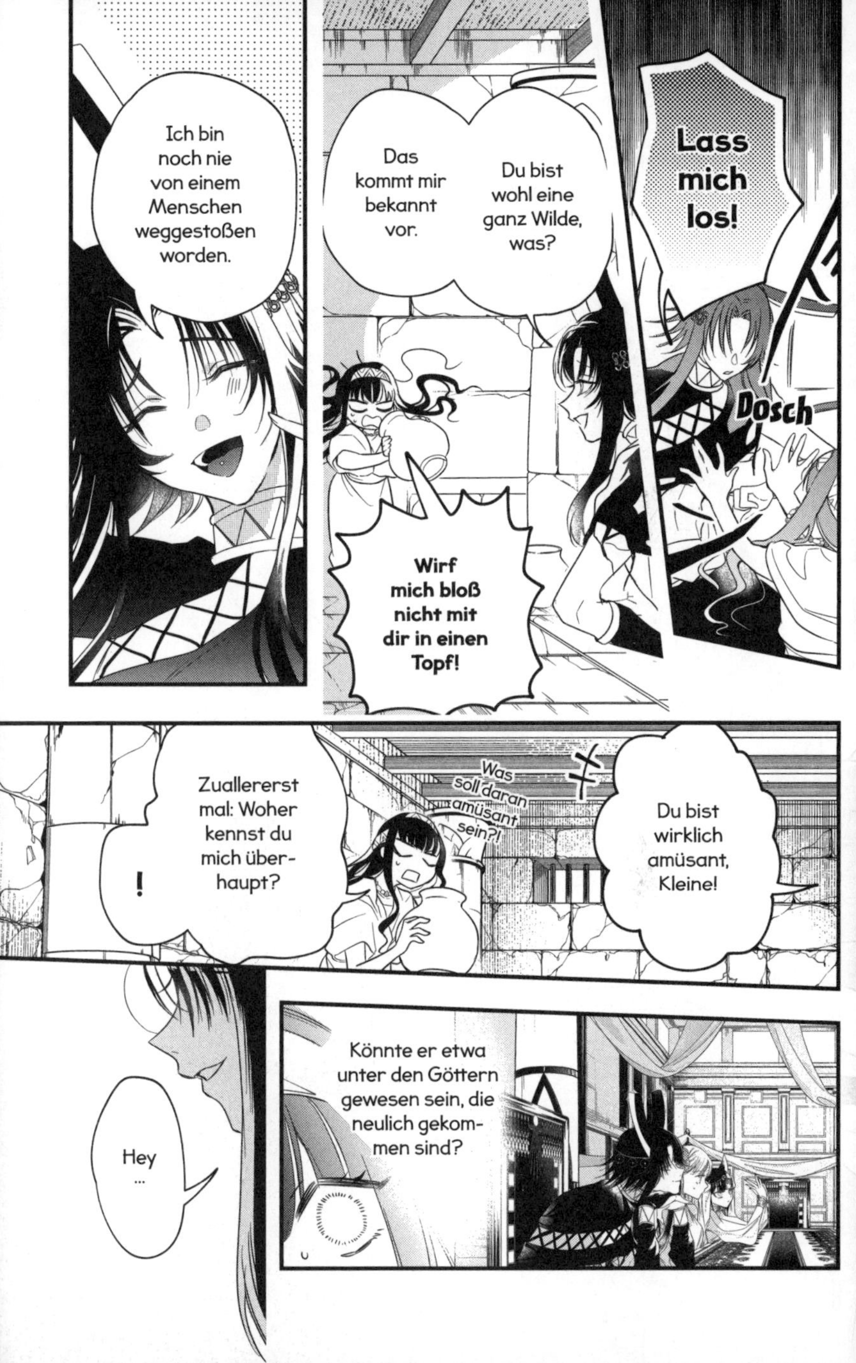

Lass mich los!
Dosch
Du bist wohl eine ganz Wilde, was?
Das kommt mir bekannt vor.
Wirf mich bloß nicht mit dir in einen Topf!
Ich bin noch nie von einem Menschen weggestoßen worden.
Du bist wirklich amüsant, Kleine!
Was soll daran amüsant sein?!
Zuallererst mal: Woher kennst du mich über-haupt?
!
Könnte er etwa unter den Göttern gewesen sein, die neulich gekom-men sind?
Hey ...

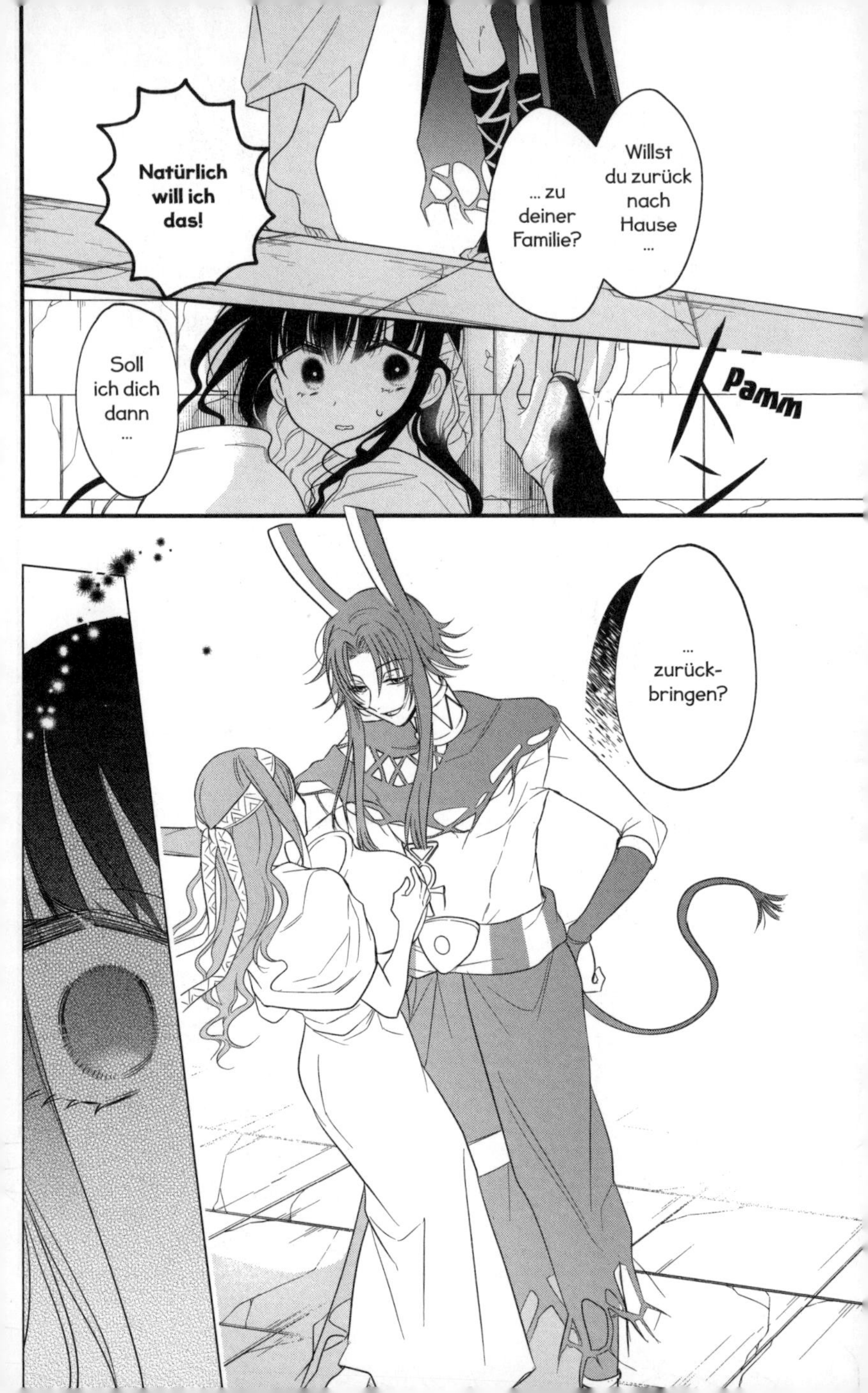
Willst du zurück nach Hause ...
... zu deiner Familie?
Natürlich will ich das!
Pamm
Soll ich dich dann ...
... zurück-bringen?

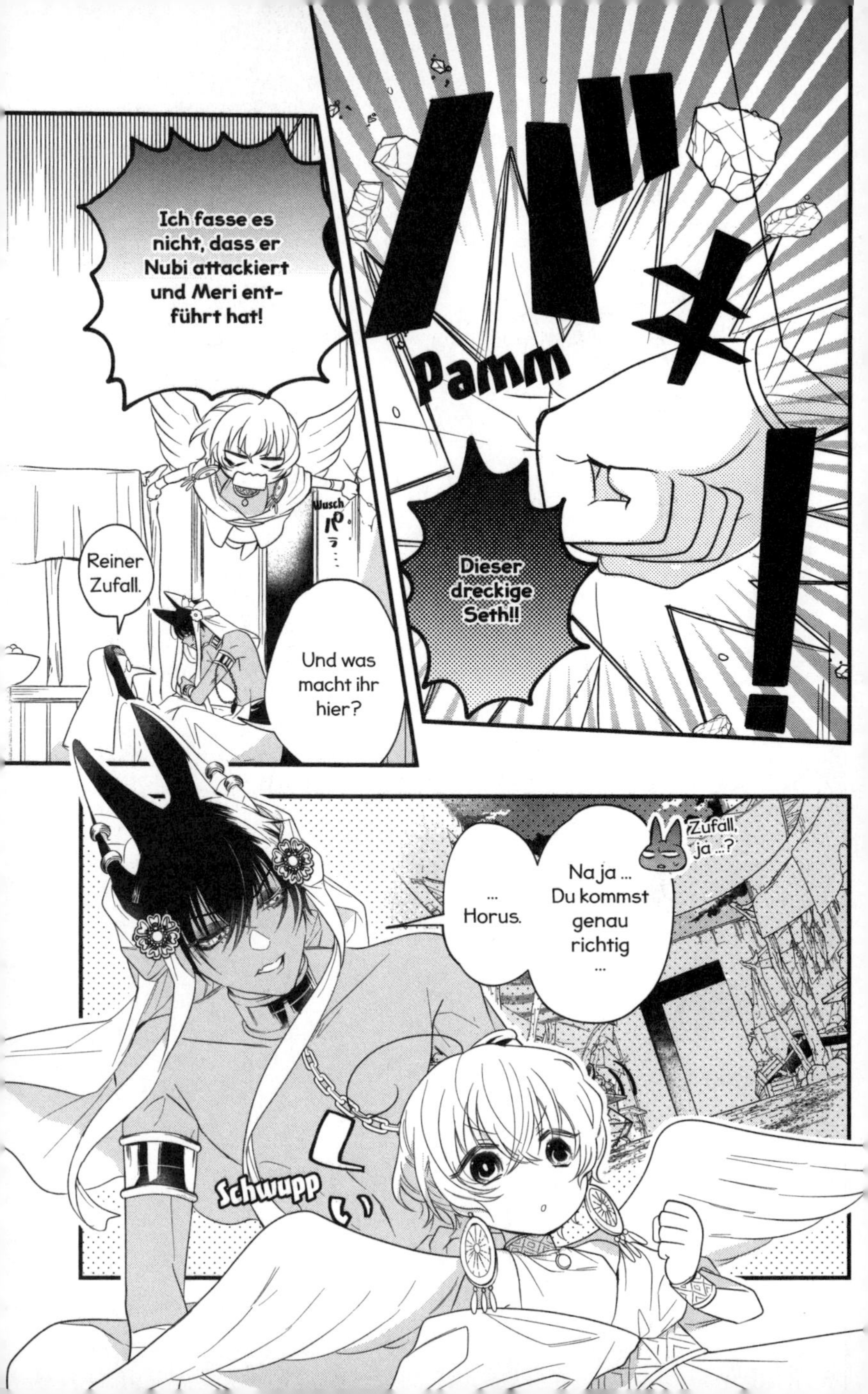
Pamm
Dieser dreckige Seth!!
Ich fasse es nicht, dass er Nubi attackiert und Meri entführt hat!
Wusch
Und was macht ihr hier?
Reiner Zufall.
Zufall, ja ...?
Na ja ... Du kommst genau richtig ...
... Horus.
Schwupp

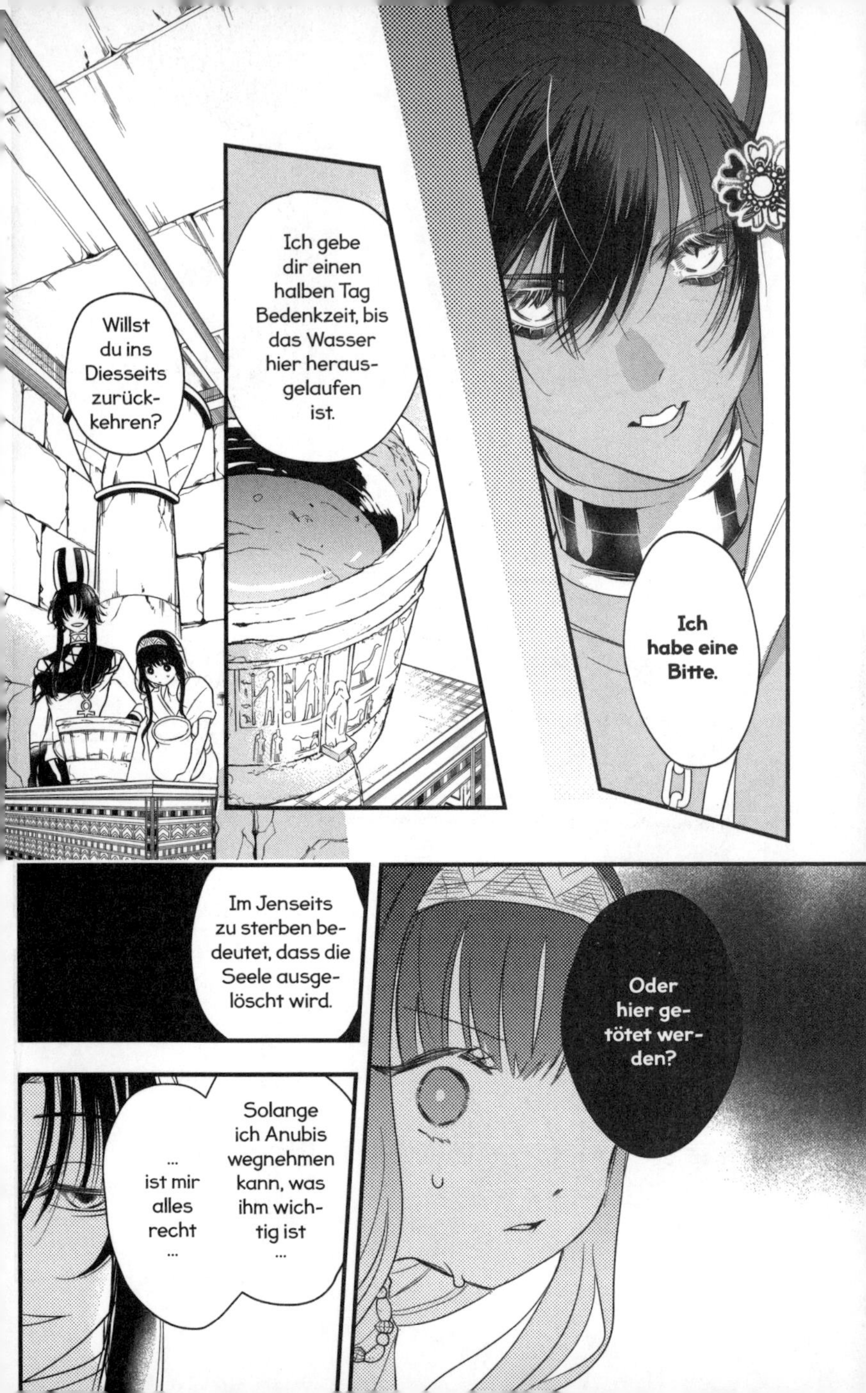
Ich habe eine Bitte.
Ich gebe dir einen halben Tag Bedenkzeit, bis das Wasser hier heraus-gelaufen ist.
Willst du ins Diesseits zurück-kehren?
Oder hier ge-tötet wer-den?
Im Jenseits zu sterben be-deutet, dass die Seele ausge-löscht wird.
Solange ich Anubis wegnehmen kann, was ihm wich-tig ist ...
... ist mir alles recht ...

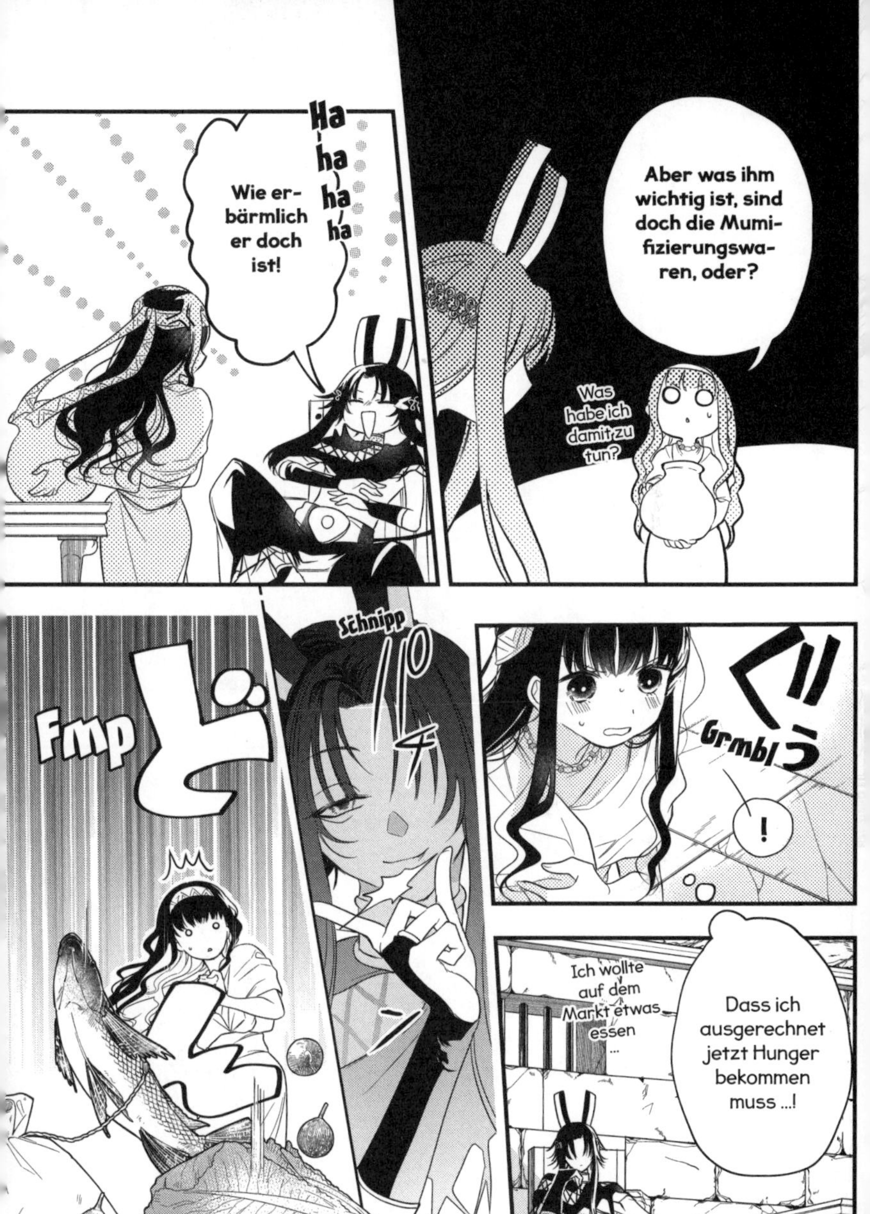
Aber was ihm wichtig ist, sind doch die Mumifizierungswaren, oder?
Was habe ich damit zu tun?
Wie erbärmlich er doch ist!
Ha ha ha ha
Grmbl
!
Dass ich ausgerechnet jetzt Hunger bekommen muss …!
Ich wollte auf dem Markt etwas essen …
Schnipp
Fmp

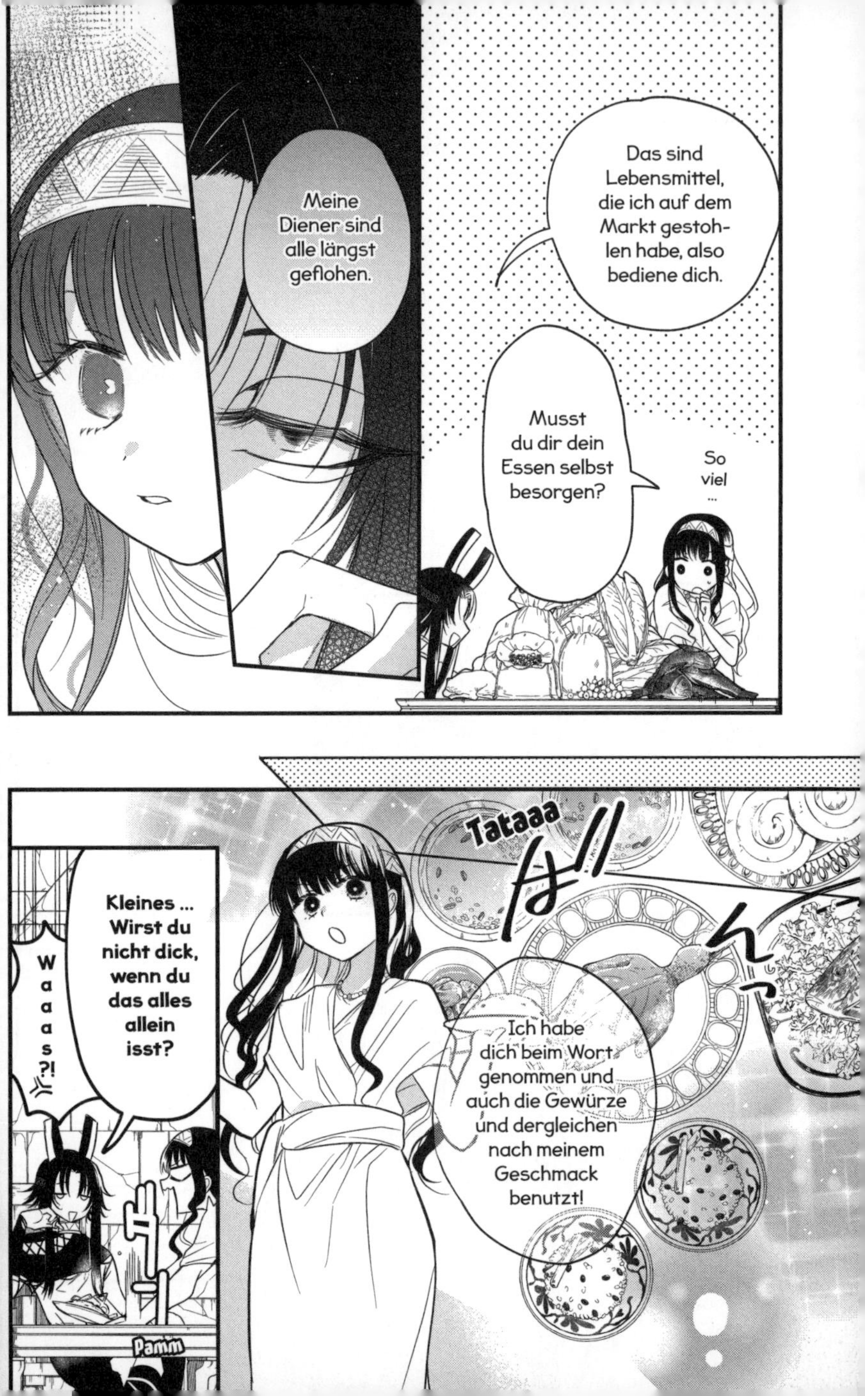

Das sind Lebensmittel, die ich auf dem Markt gestohlen habe, also bediene dich.

So viel ...

Musst du dir dein Essen selbst besorgen?

Meine Diener sind alle längst geflohen.

Tataaa

Ich habe dich beim Wort genommen und auch die Gewürze und dergleichen nach meinem Geschmack benutzt!

Kleines ... Wirst du nicht dick, wenn du das alles allein isst?

Waaas?!

Pamm

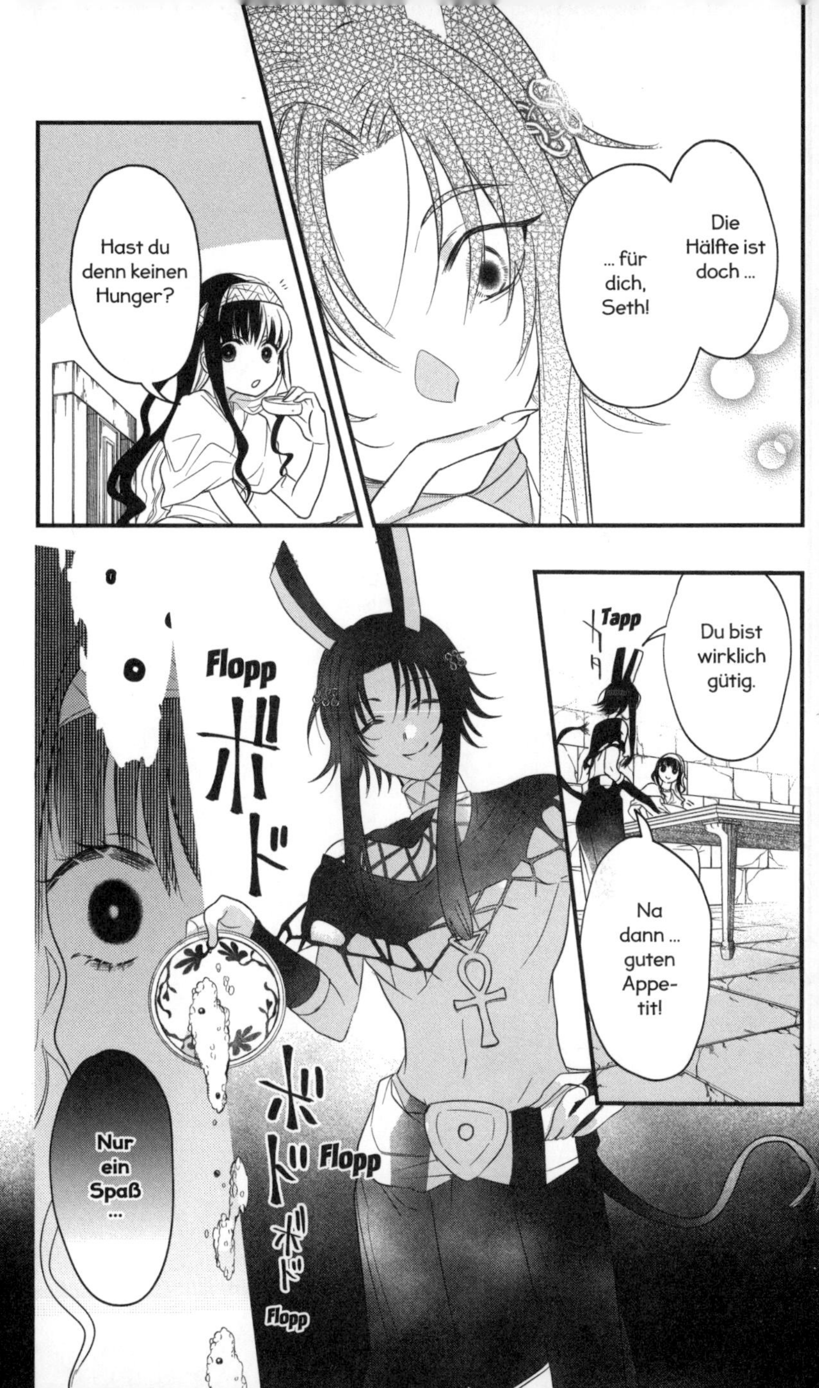
Die Hälfte ist doch ...
... für dich, Seth!
Hast du denn keinen Hunger?
Tapp
Du bist wirklich gütig.
Na dann ... guten Appe-tit!
Flopp
Flopp
Flopp
Nur ein Spaß ...

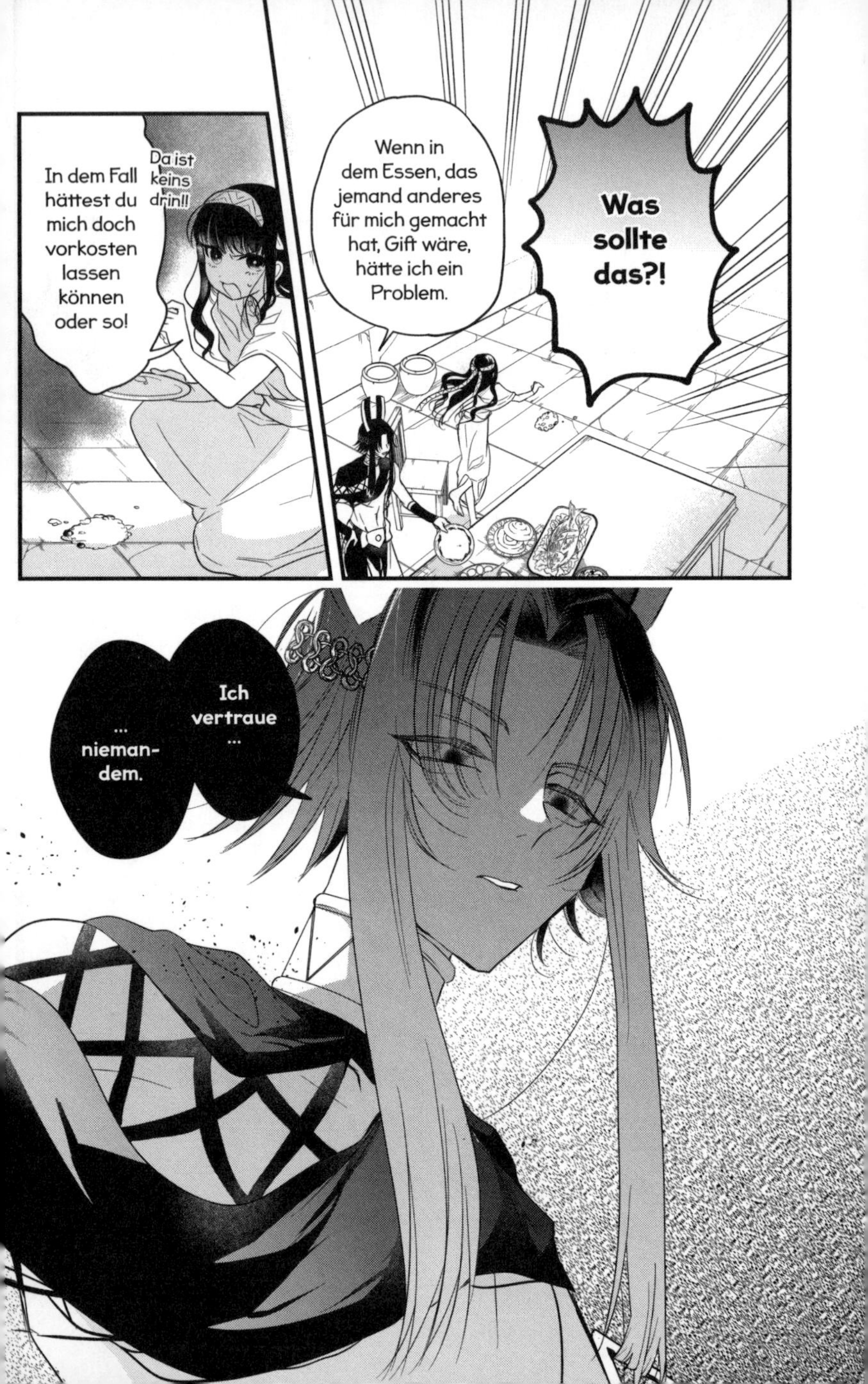
Was sollte das?!
Wenn in dem Essen, das jemand anderes für mich gemacht hat, Gift wäre, hätte ich ein Problem.
Da ist keins drin!!
In dem Fall hättest du mich doch vorkosten lassen können oder so!
Ich vertraue ...
... nieman-dem.

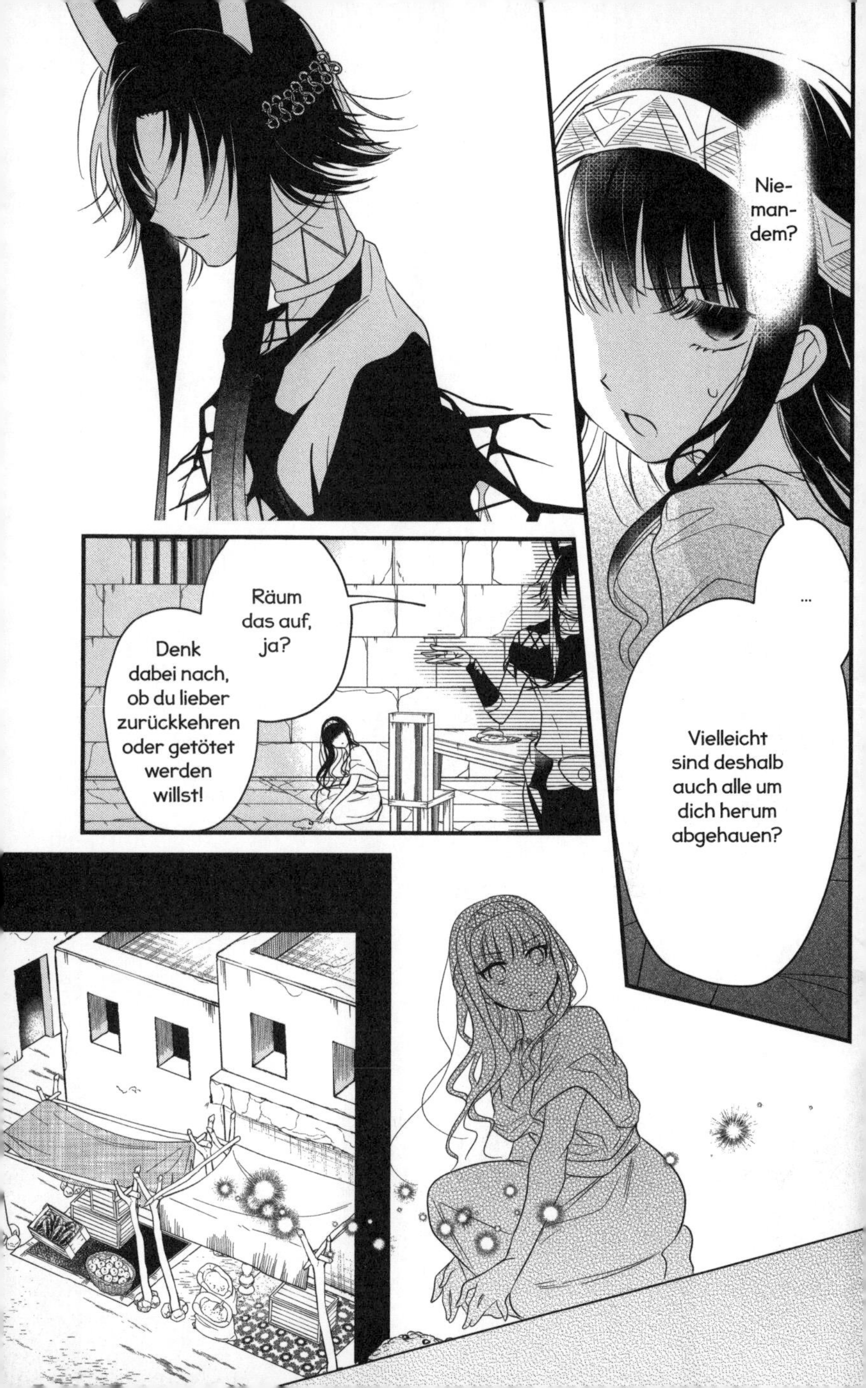
Nie-
man-
dem?
...
Vielleicht sind deshalb auch alle um dich herum abgehauen?
Räum das auf, ja?
Denk dabei nach, ob du lieber zurückkehren oder getötet werden willst!

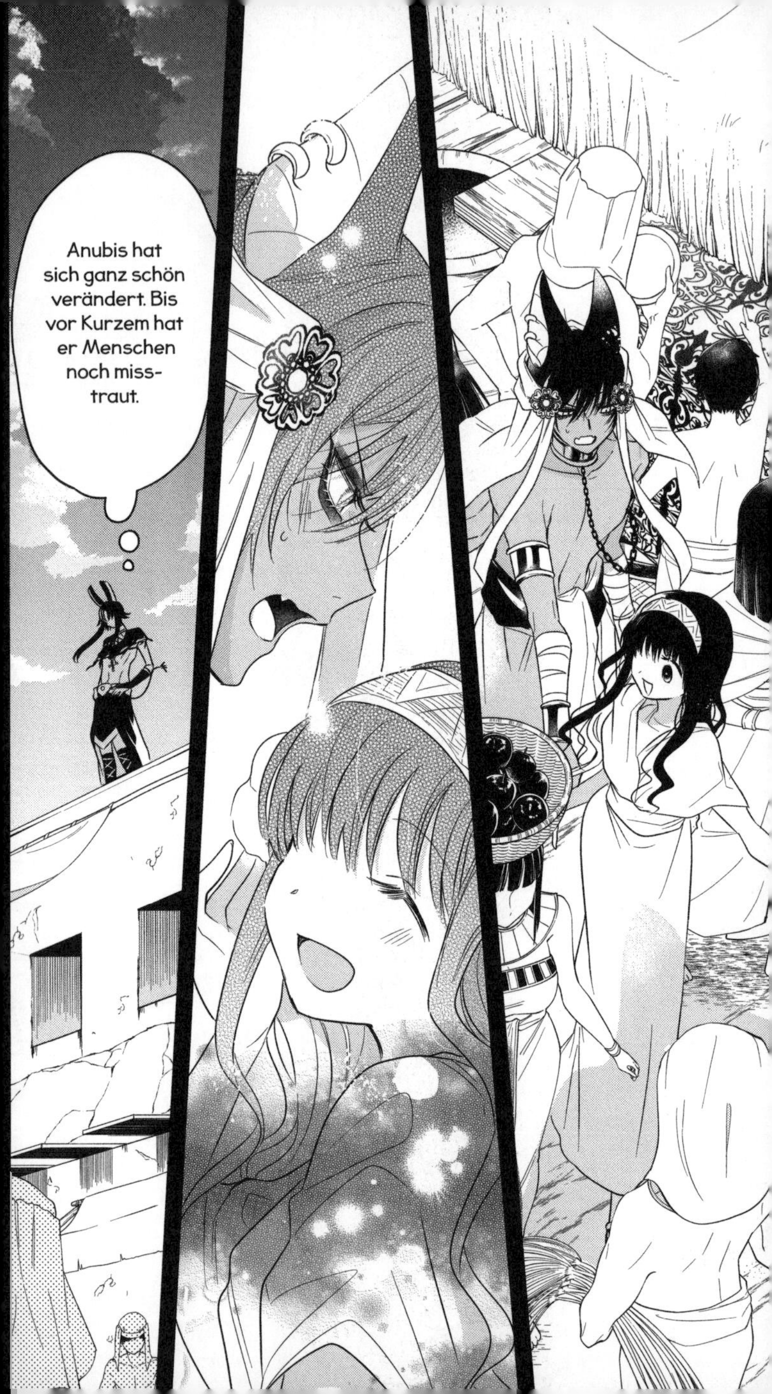
Anubis hat sich ganz schön verändert. Bis vor Kurzem hat er Menschen noch miss-traut.

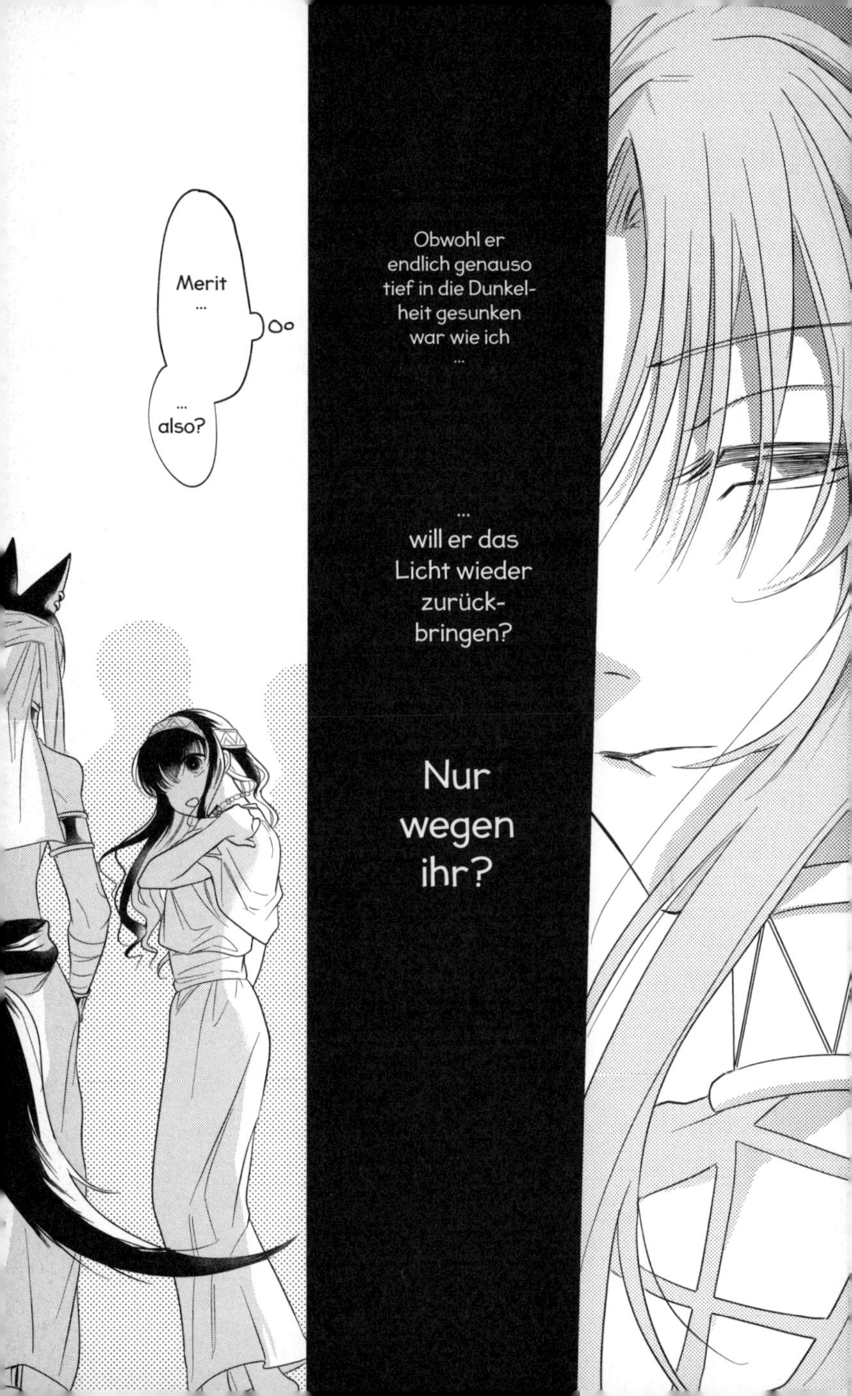
Obwohl er endlich genauso tief in die Dunkelheit gesunken war wie ich ...
... will er das Licht wieder zurückbringen?
Nur wegen ihr?
Merit ...
... also?

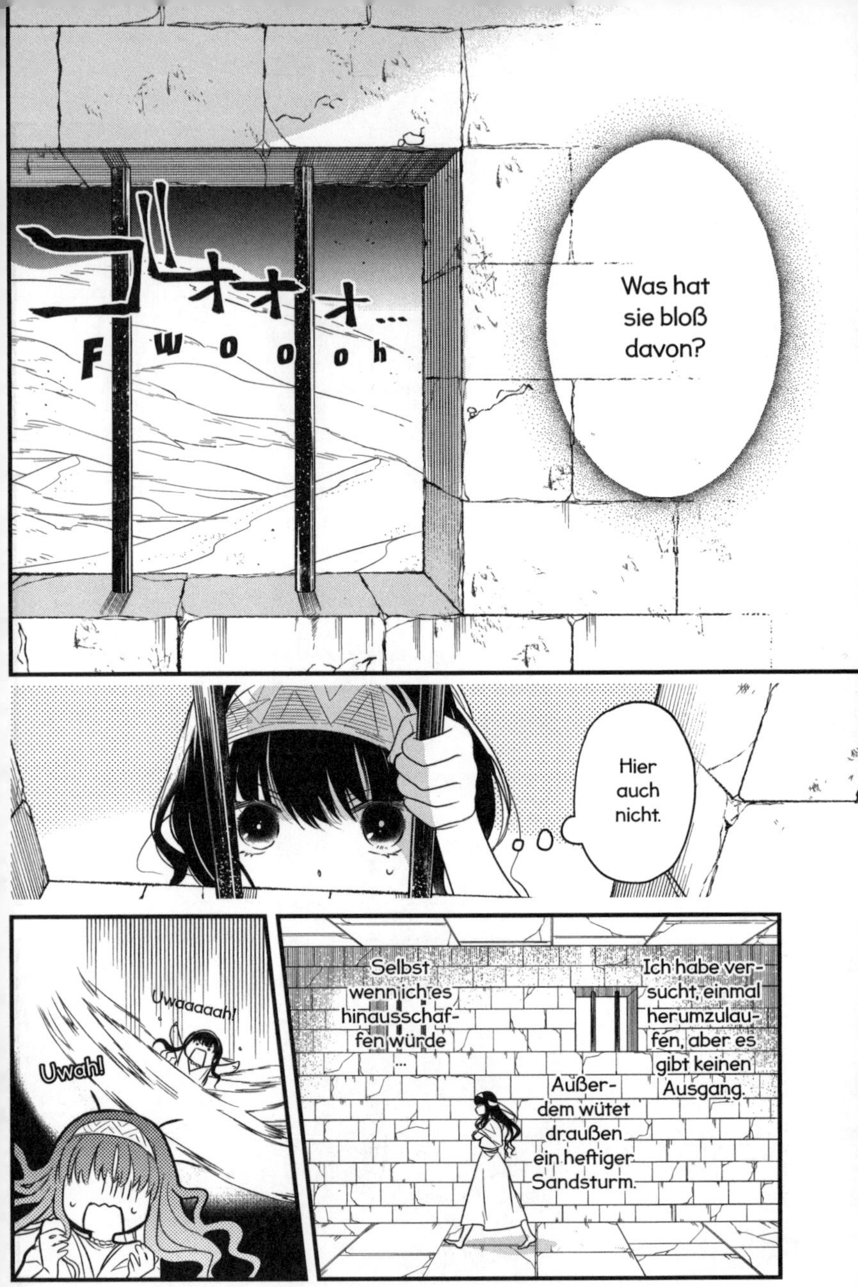

ゴオオオ…
Fwoooh
Was hat sie bloß davon?
Hier auch nicht.
Ich habe versucht, einmal herumzulaufen, aber es gibt keinen Ausgang.
Außerdem wütet draußen ein heftiger Sandsturm.
Selbst wenn ich es hinausschaffen würde …
Uwaaaaah!
Uwah!

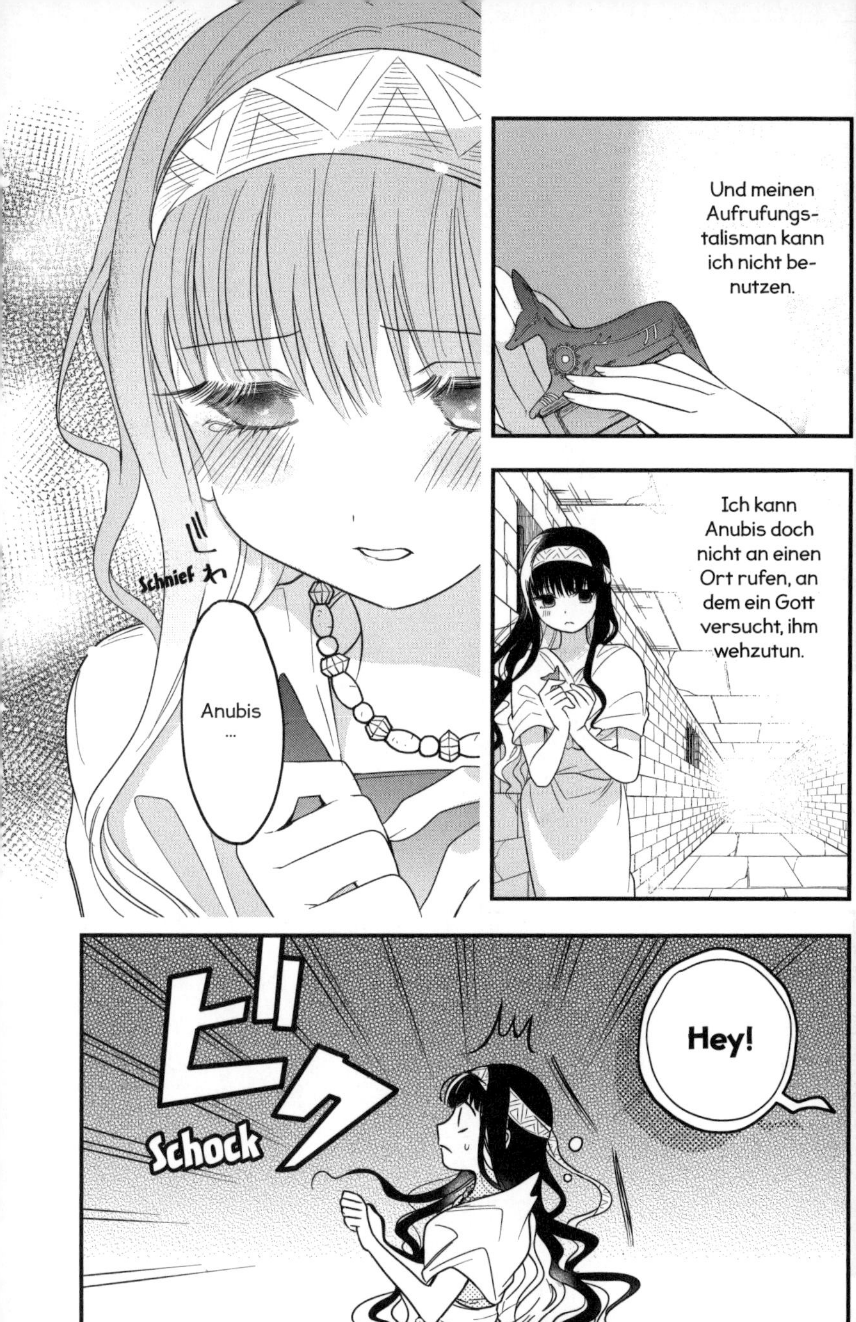
Und meinen Aufrufungs-talisman kann ich nicht be-nutzen.
Ich kann Anubis doch nicht an einen Ort rufen, an dem ein Gott versucht, ihm wehzutun.
Schnief
Anubis ...
Hey!
Schock

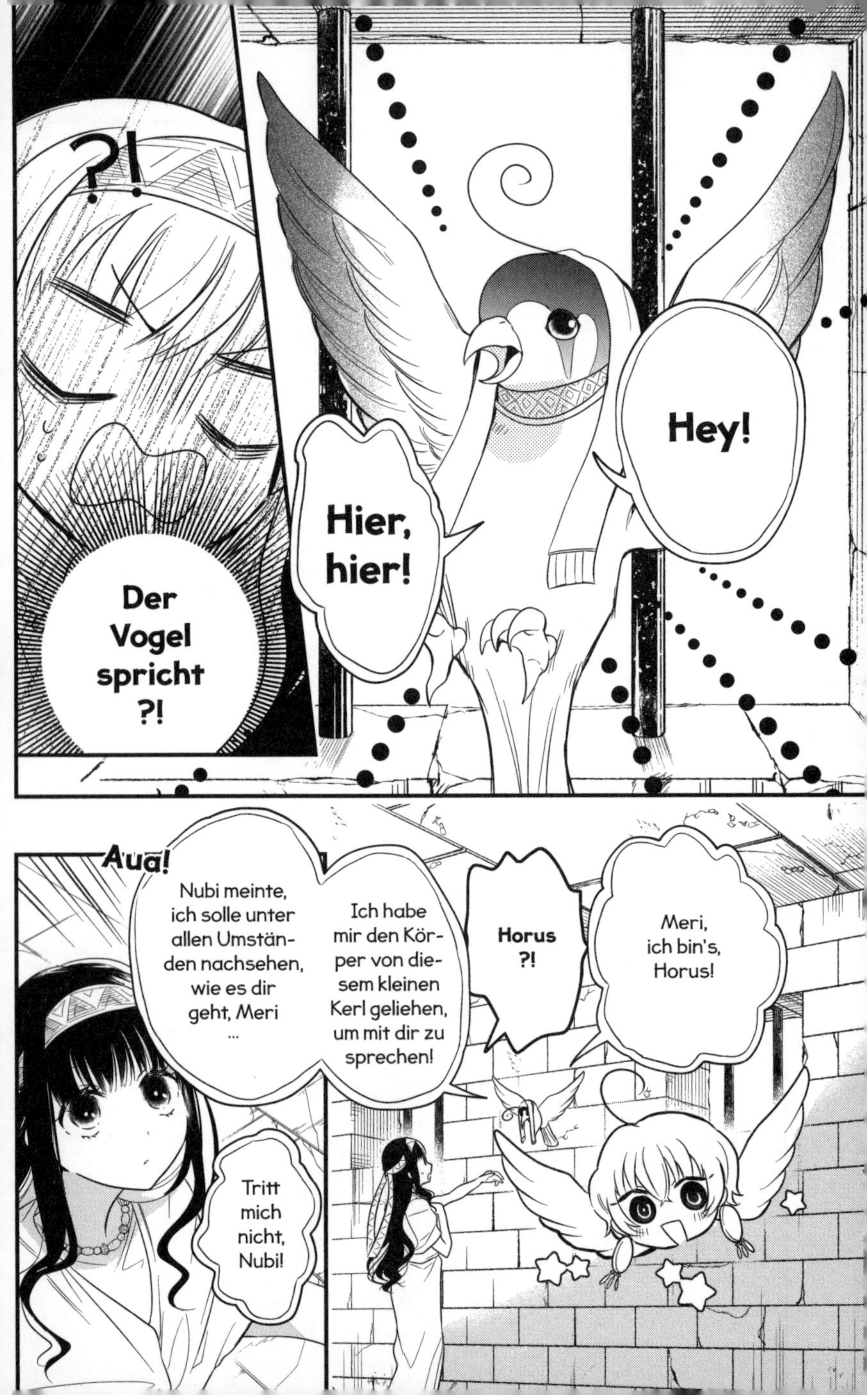

Hey!
Hier, hier!
?!
Der Vogel spricht ?!
Meri, ich bin's, Horus!
Horus ?!
Ich habe mir den Körper von diesem kleinen Kerl geliehen, um mit dir zu sprechen!
Nubi meinte, ich solle unter allen Umständen nachsehen, wie es dir geht, Meri …
Aua!
Tritt mich nicht, Nubi!

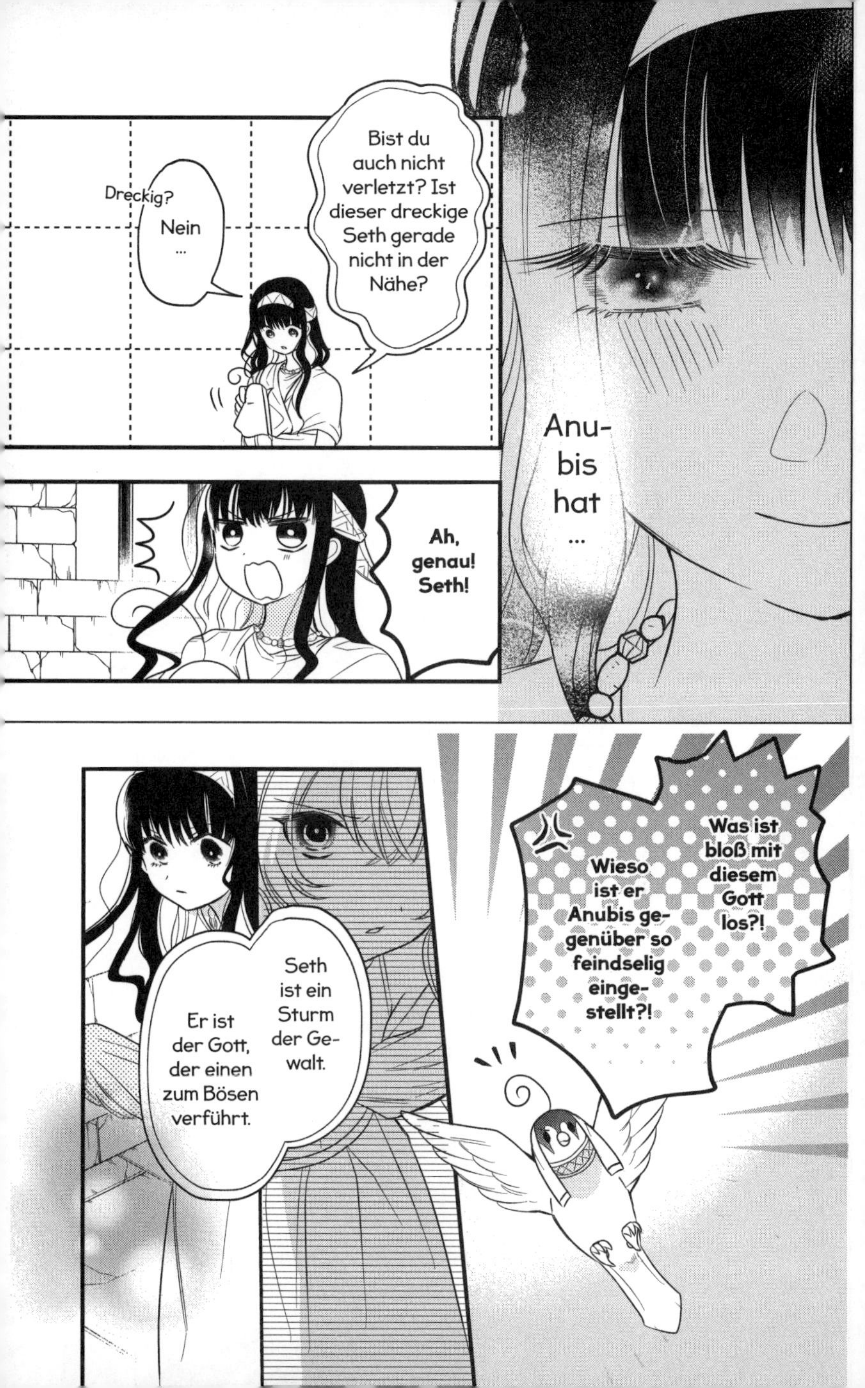
Anubis hat ...
Bist du auch nicht verletzt? Ist dieser dreckige Seth gerade nicht in der Nähe?
Dreckig?
Nein ...
Ah, genau! Seth!
Was ist bloß mit diesem Gott los?!
Wieso ist er Anubis gegenüber so feindselig eingestellt?!
Seth ist ein Sturm der Gewalt.
Er ist der Gott, der einen zum Bösen verführt.

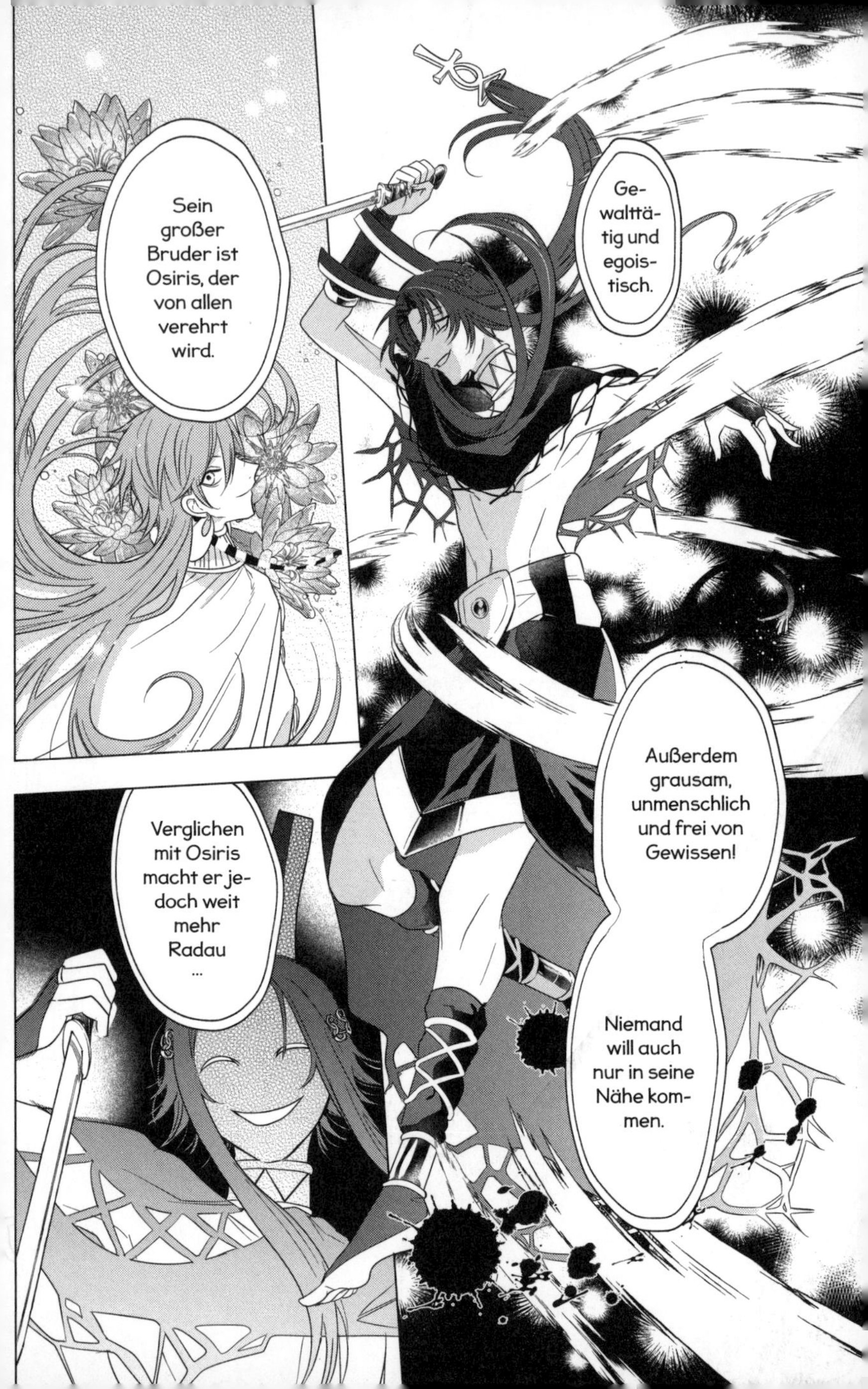
Gewalttätig und egoistisch.
Sein großer Bruder ist Osiris, der von allen verehrt wird.
Außerdem grausam, unmenschlich und frei von Gewissen!
Niemand will auch nur in seine Nähe kommen.
Verglichen mit Osiris macht er jedoch weit mehr Radau ...

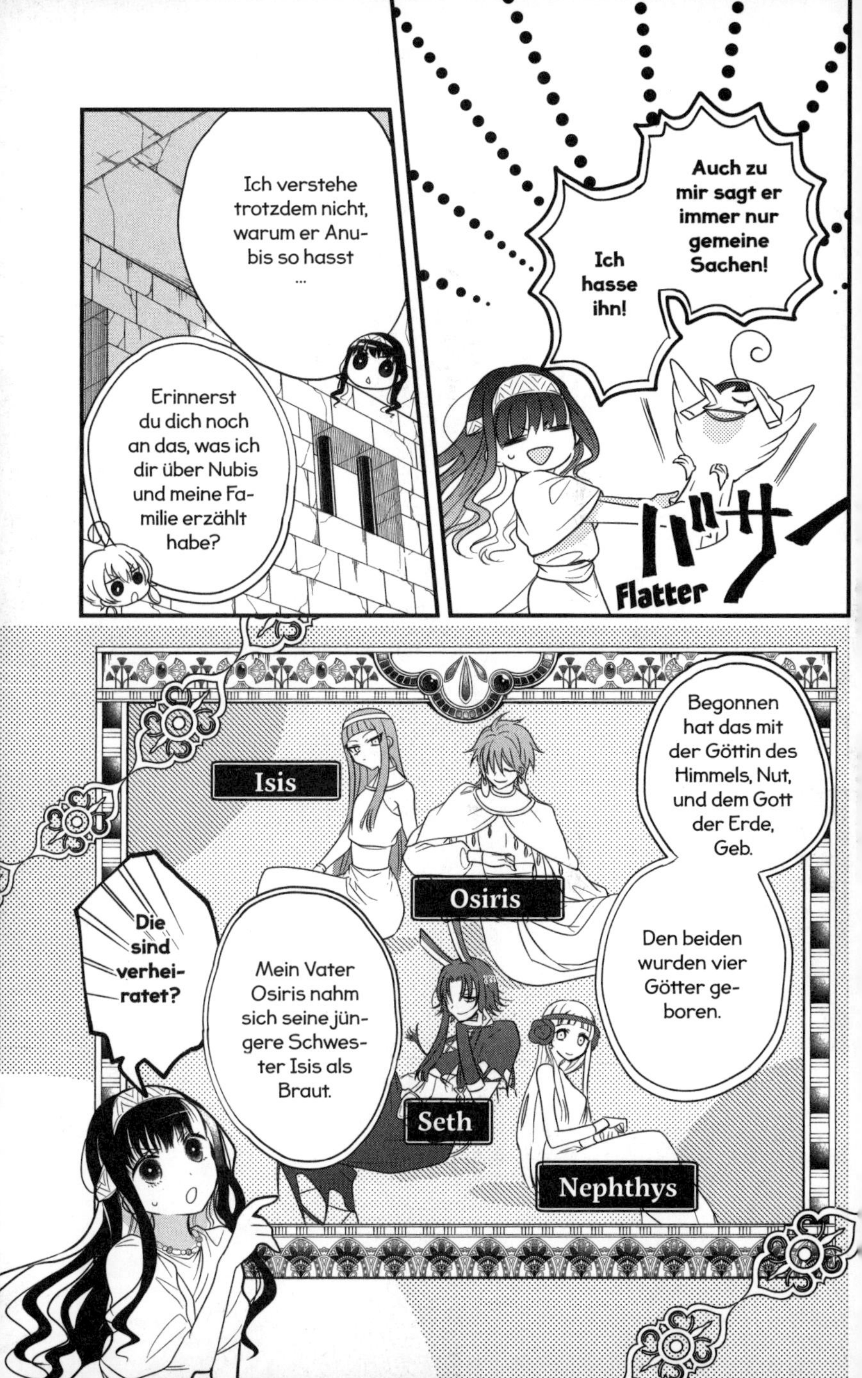
Auch zu mir sagt er immer nur gemeine Sachen!
Ich hasse ihn!
バサ
Flatter
Ich verstehe trotzdem nicht, warum er Anubis so hasst …
Erinnerst du dich noch an das, was ich dir über Nubis und meine Familie erzählt habe?
Begonnen hat das mit der Göttin des Himmels, Nut, und dem Gott der Erde, Geb.
Isis
Osiris
Den beiden wurden vier Götter geboren.
Seth
Nephthys
Mein Vater Osiris nahm sich seine jüngere Schwester Isis als Braut.
Die sind verheiratet?

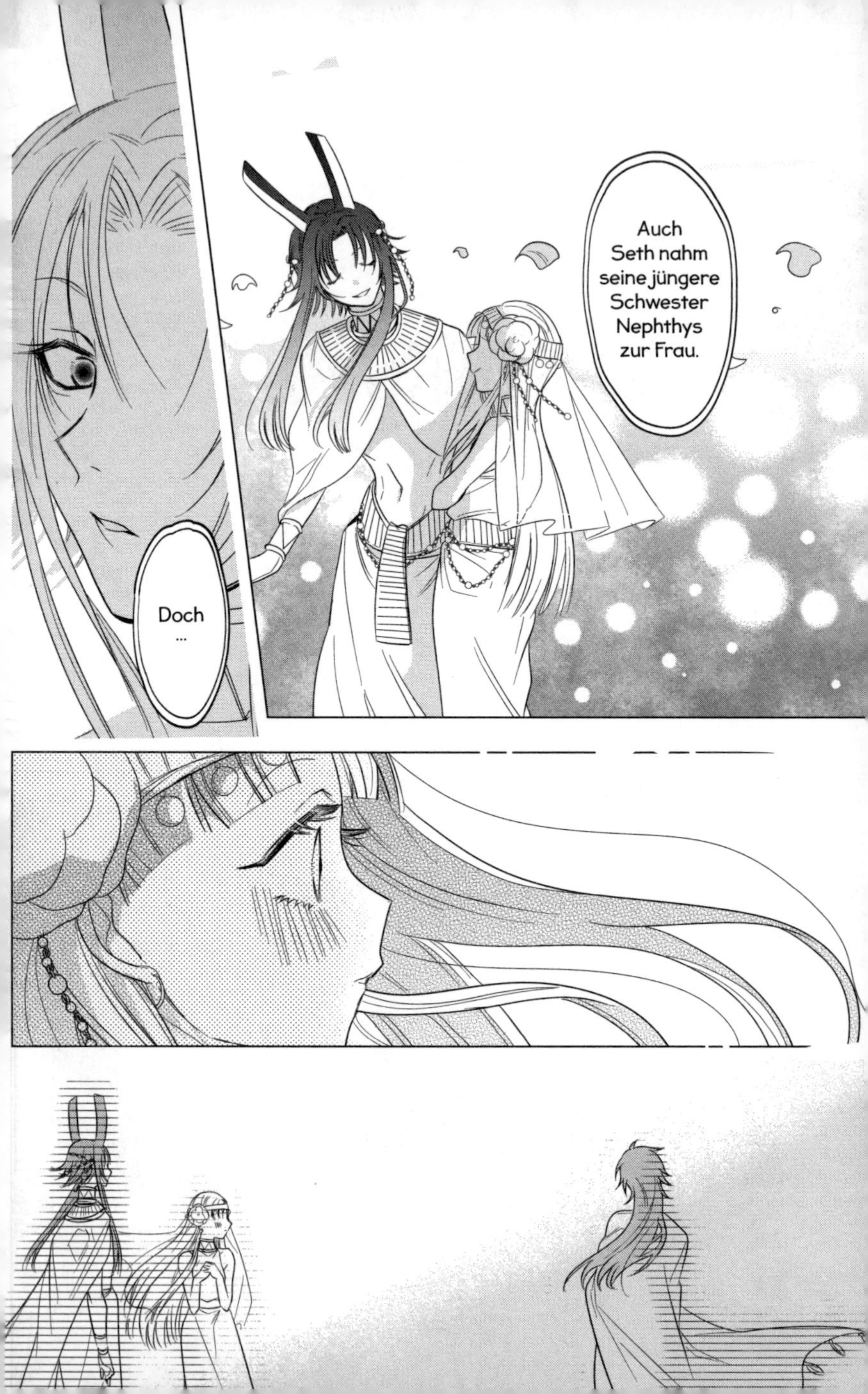
Auch Seth nahm seine jüngere Schwester Nephthys zur Frau.
Doch ...

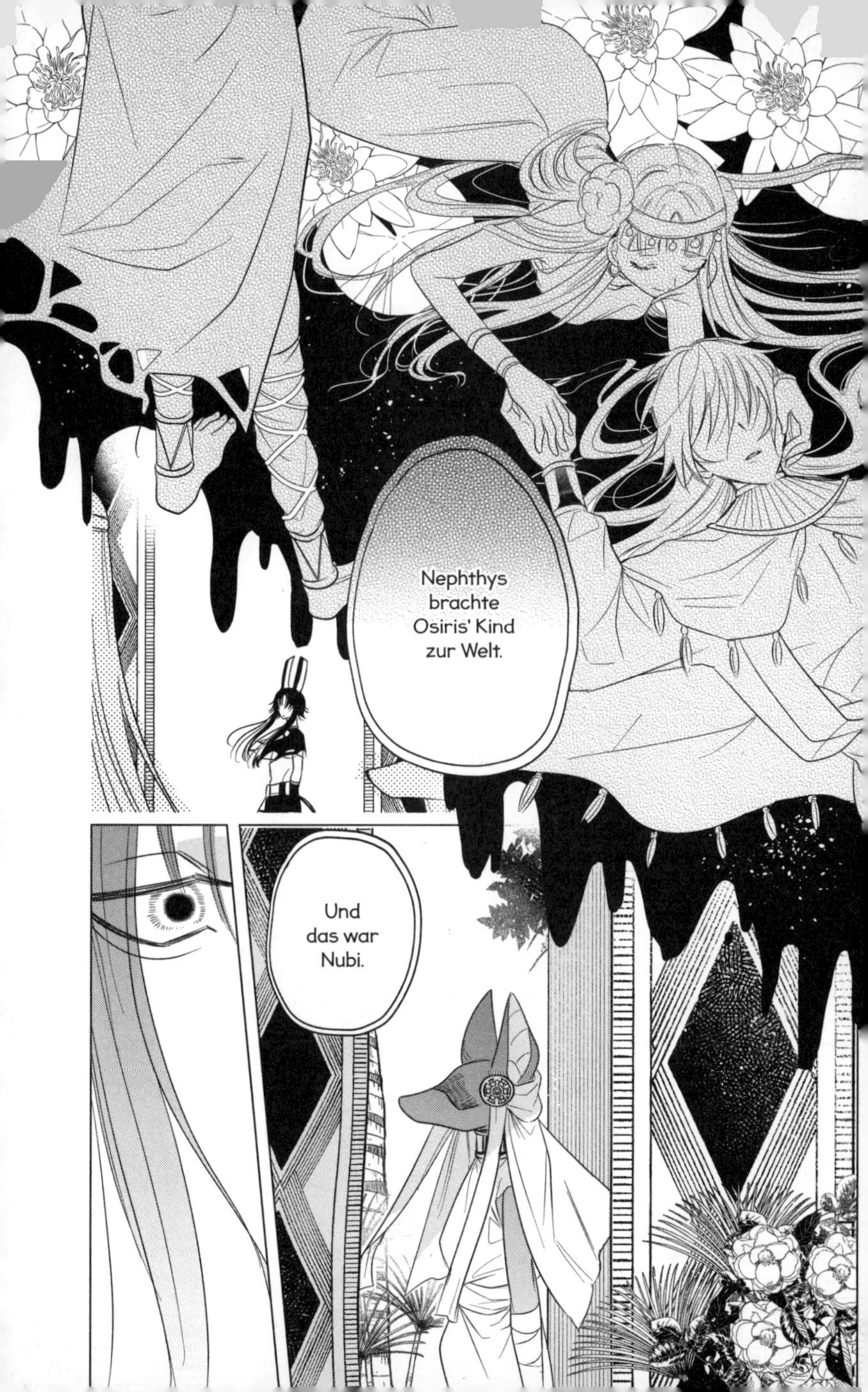
Nephthys brachte Osiris' Kind zur Welt.
Und das war Nubi.

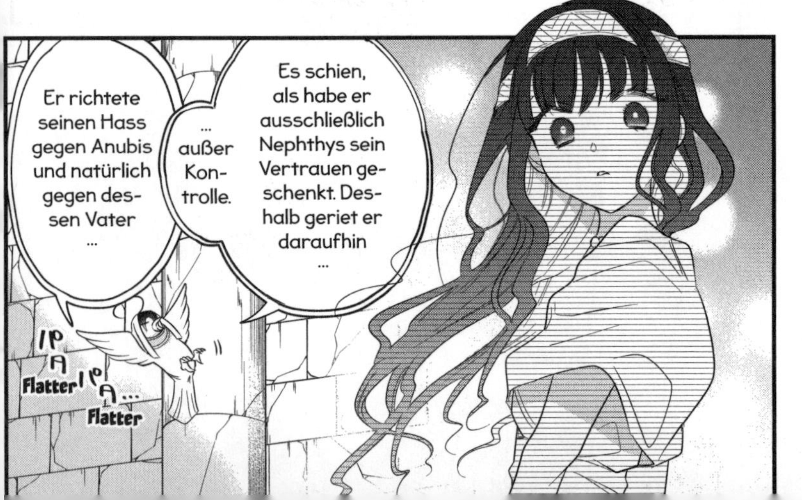
Es schien, als habe er ausschließlich Nephthys sein Vertrauen geschenkt. Deshalb geriet er daraufhin …
… außer Kontrolle.
Er richtete seinen Hass gegen Anubis und natürlich gegen dessen Vater …
Flatter
Flatter

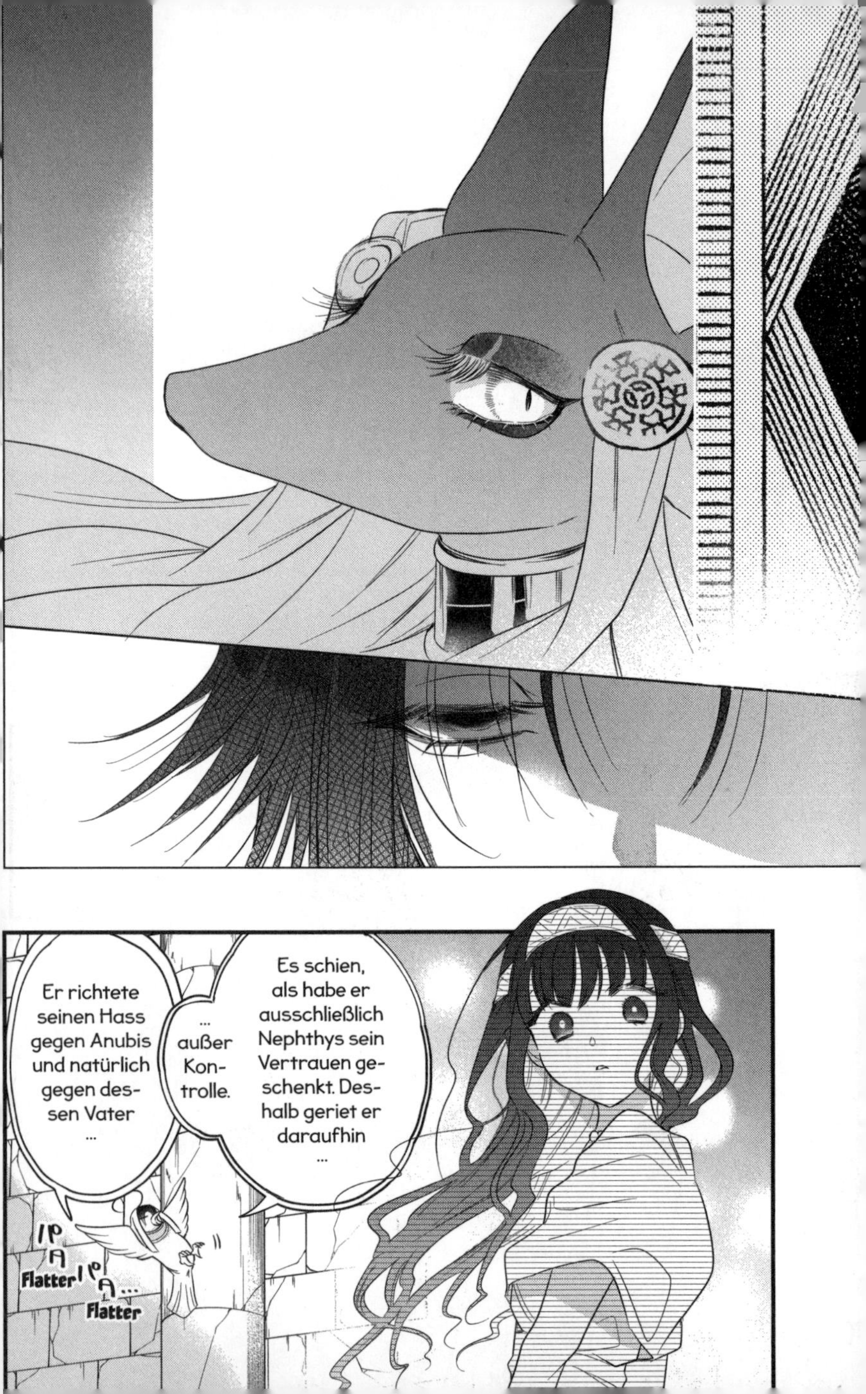

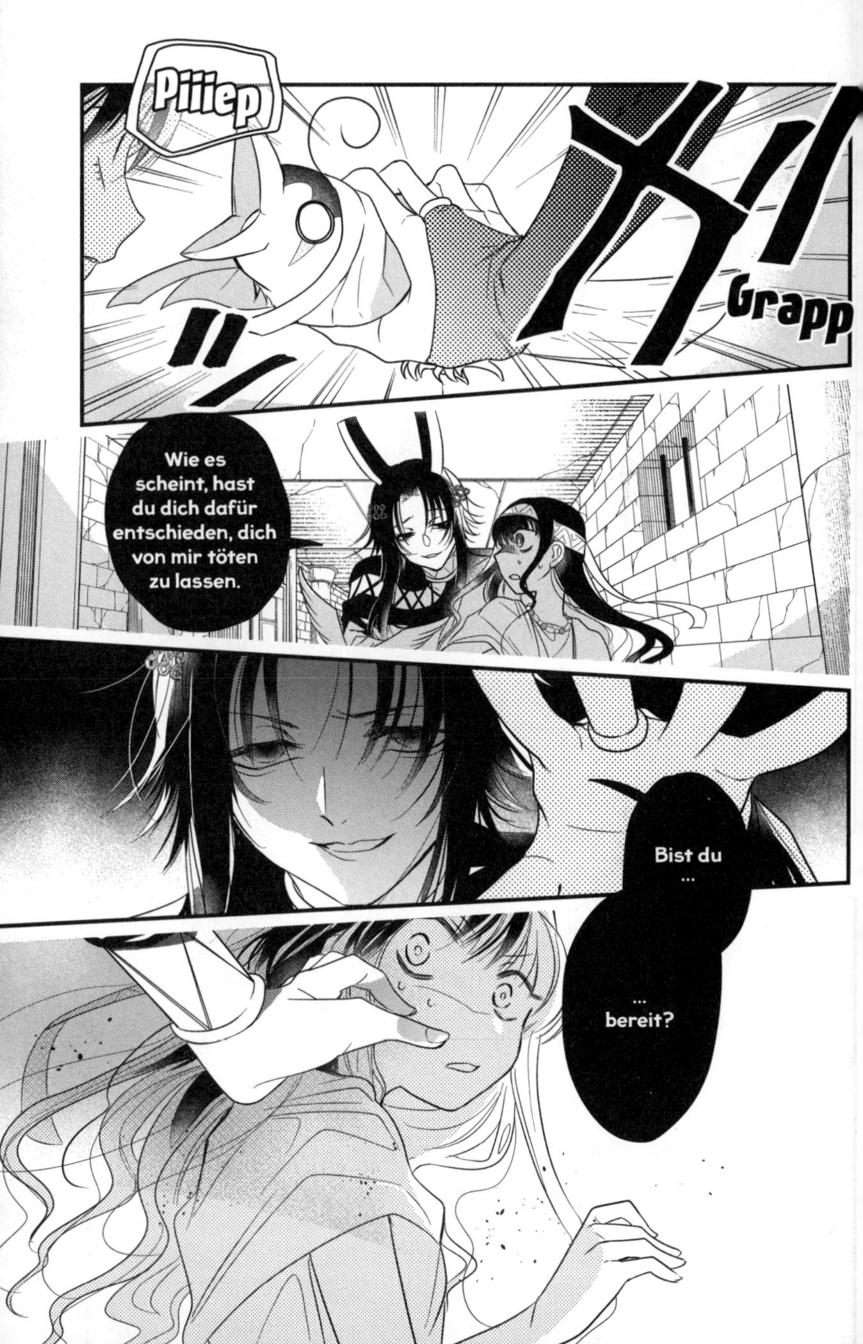
Piiiep
Grapp
Wie es scheint, hast du dich dafür entschieden, dich von mir töten zu lassen.
Bist du …
… bereit?

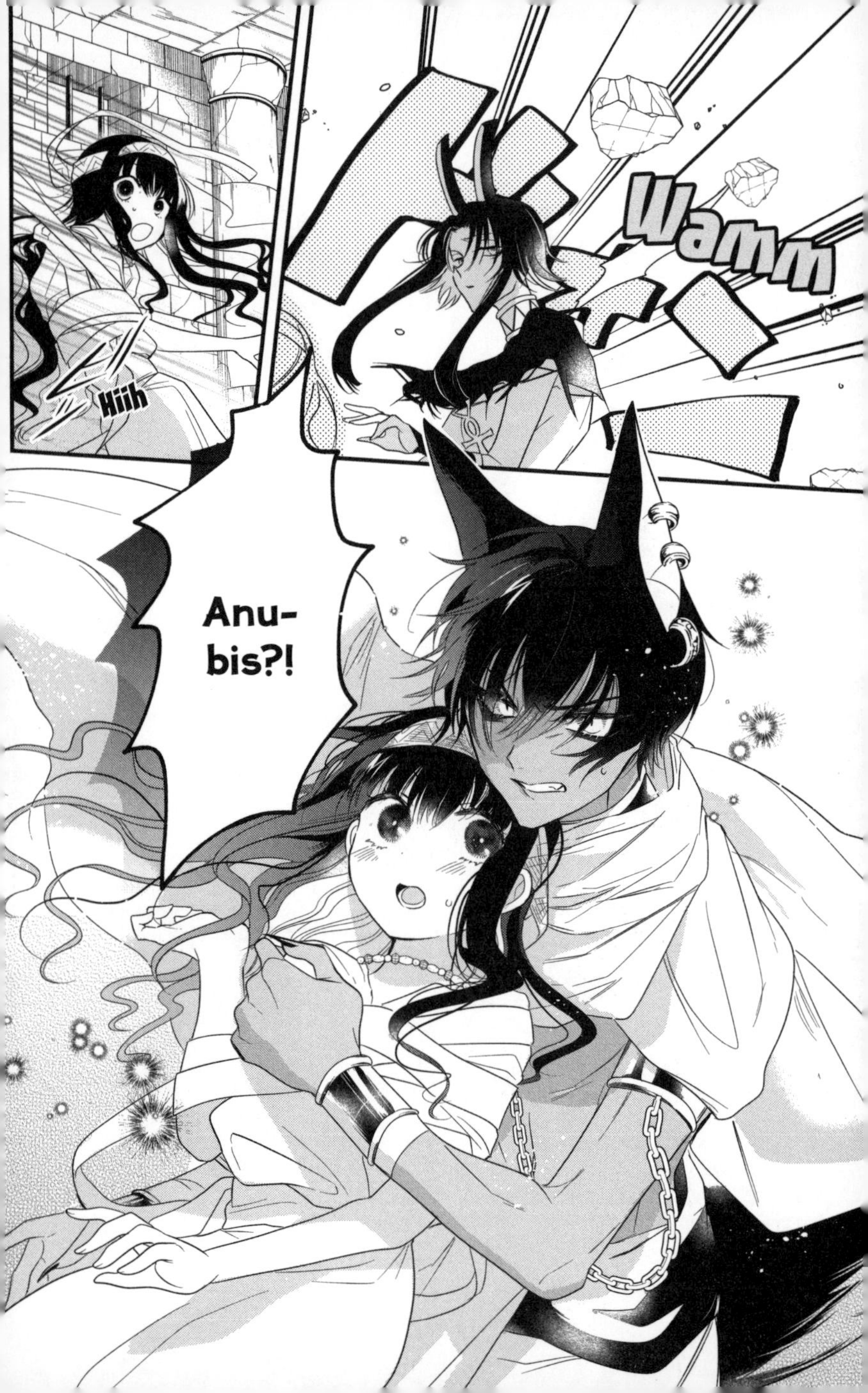
Hiih
Wamm
Anu-
bis?!

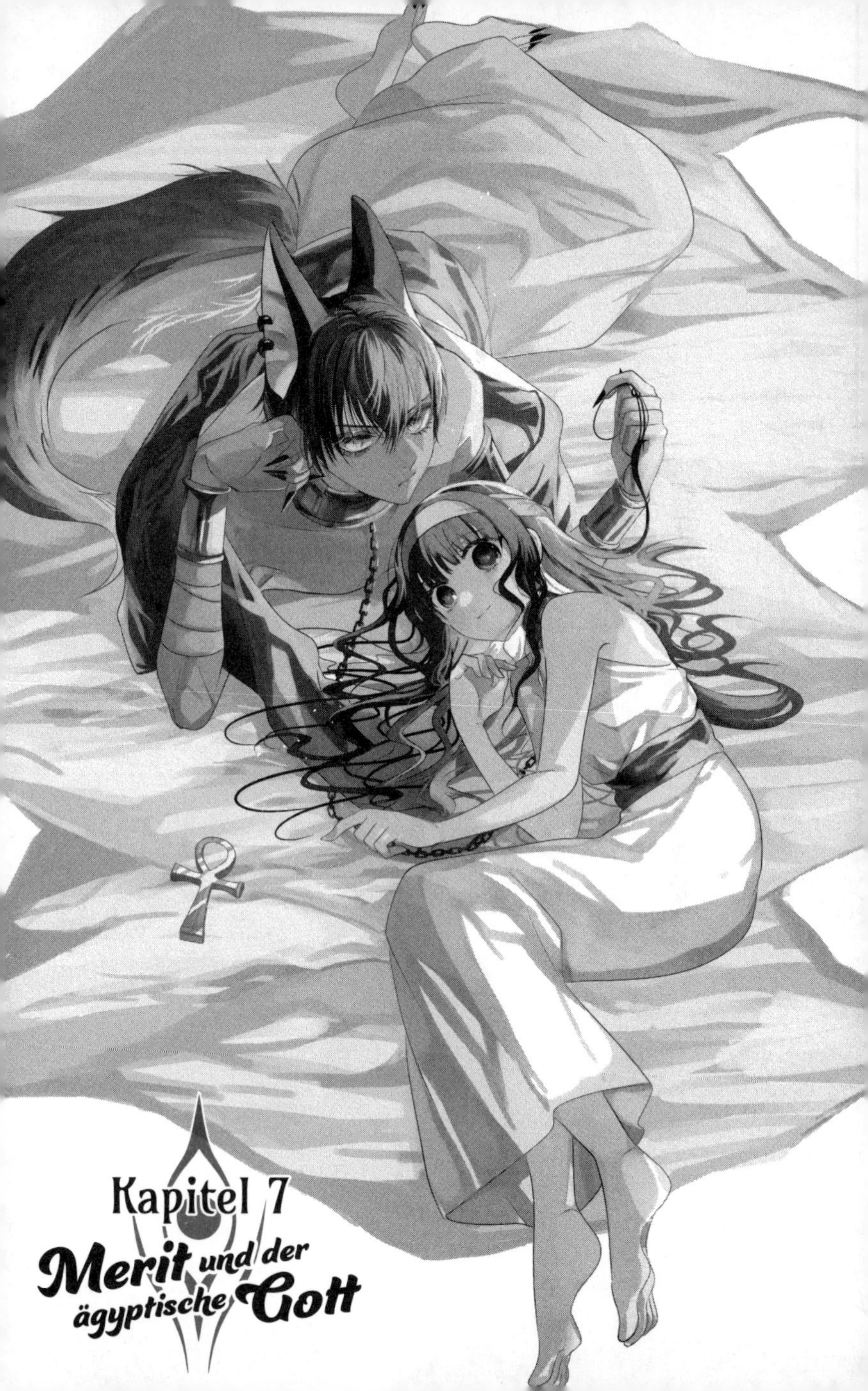
Kapitel 7
Merit und der ägyptische Gott

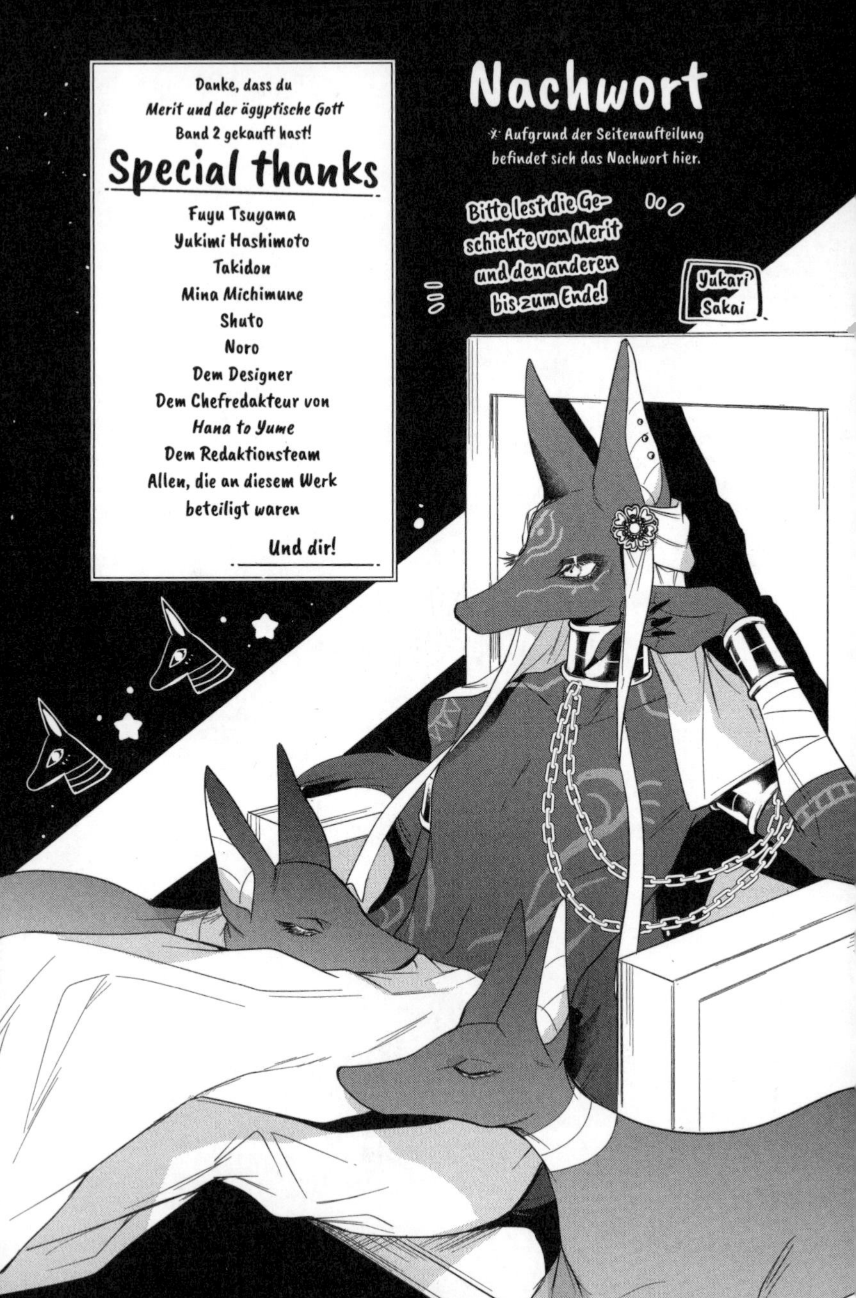
Danke, dass du
Merit und der ägyptische Gott
Band 2 gekauft hast!
Special thanks
Fuyu Tsuyama
Yukimi Hashimoto
Takidon
Mina Michimune
Shuto
Noro
Dem Designer
Dem Chefredakteur von
Hana to Yume
Dem Redaktionsteam
Allen, die an diesem Werk
beteiligt waren
Und dir!
Nachwort
※ Aufgrund der Seitenaufteilung
befindet sich das Nachwort hier.
Bitte lest die Ge-
schichte von Merit
und den anderen
bis zum Ende!
Yukari
Sakai

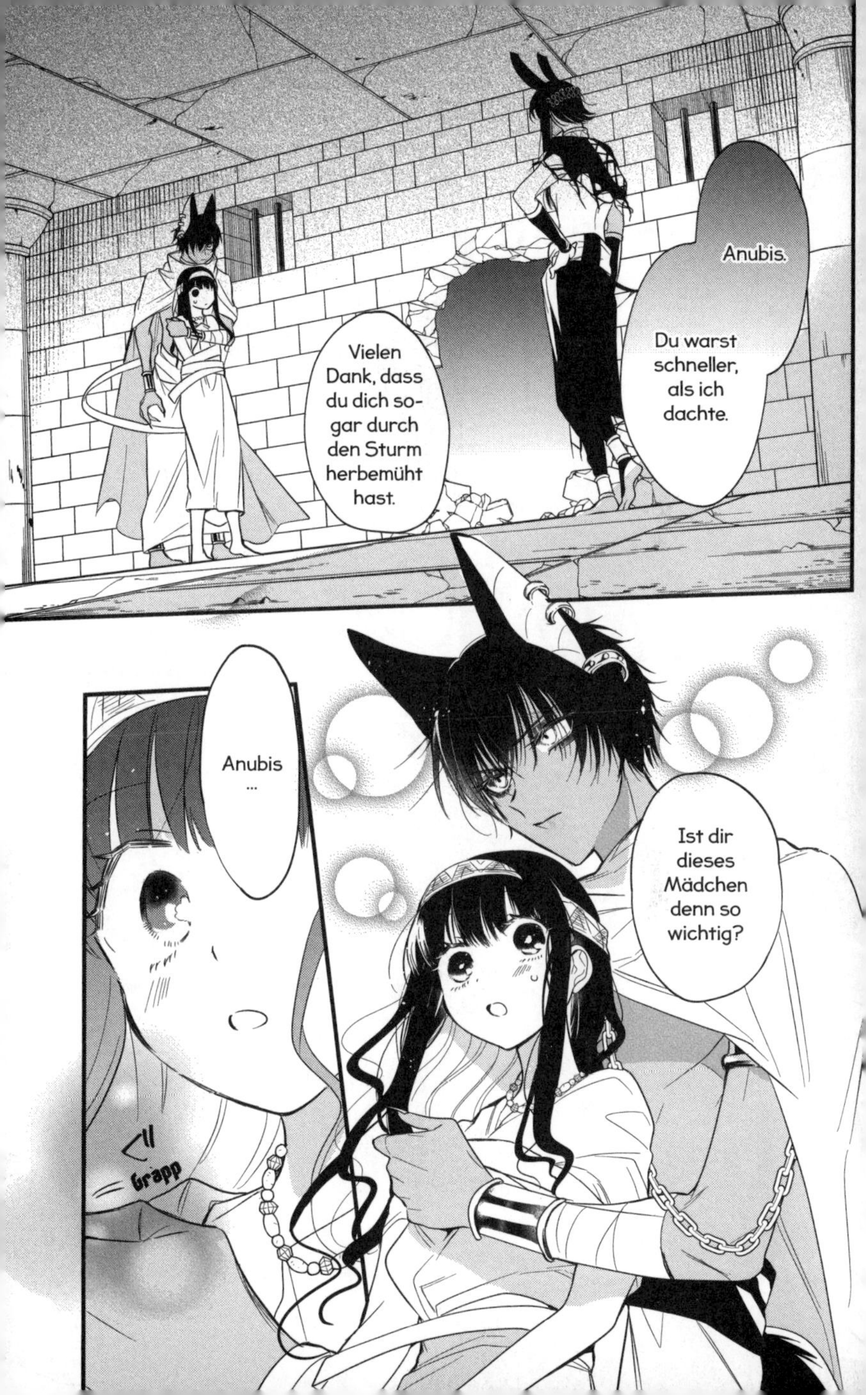
Anubis.
Du warst schneller, als ich dachte.
Vielen Dank, dass du dich sogar durch den Sturm herbemüht hast.
Ist dir dieses Mädchen denn so wichtig?
Anubis ...
Grapp

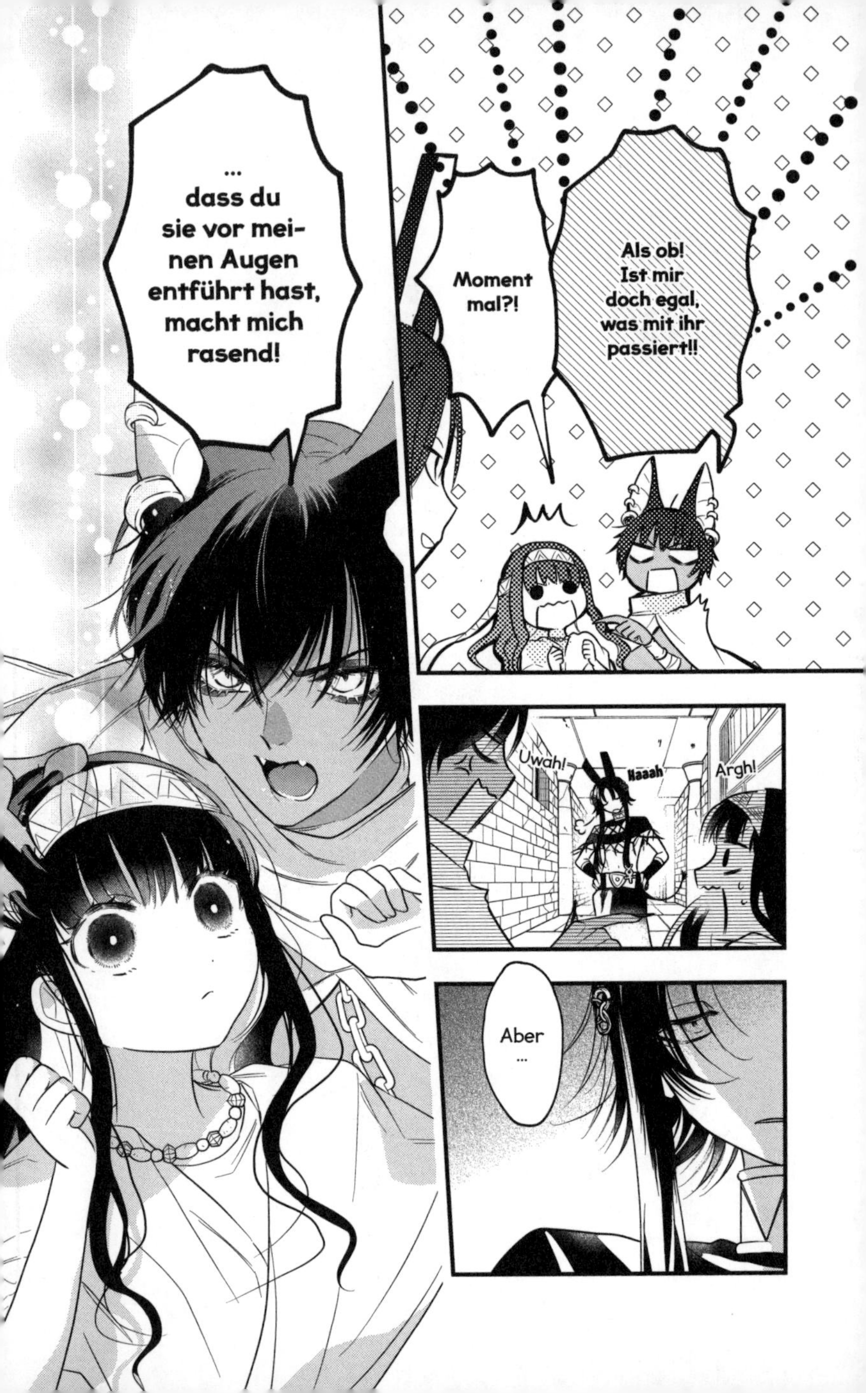

... dass du sie vor meinen Augen entführt hast, macht mich rasend!
Als ob! Ist mir doch egal, was mit ihr passiert!!
Moment mal?!
Argh!
Haaah
Uwah!
Aber ...

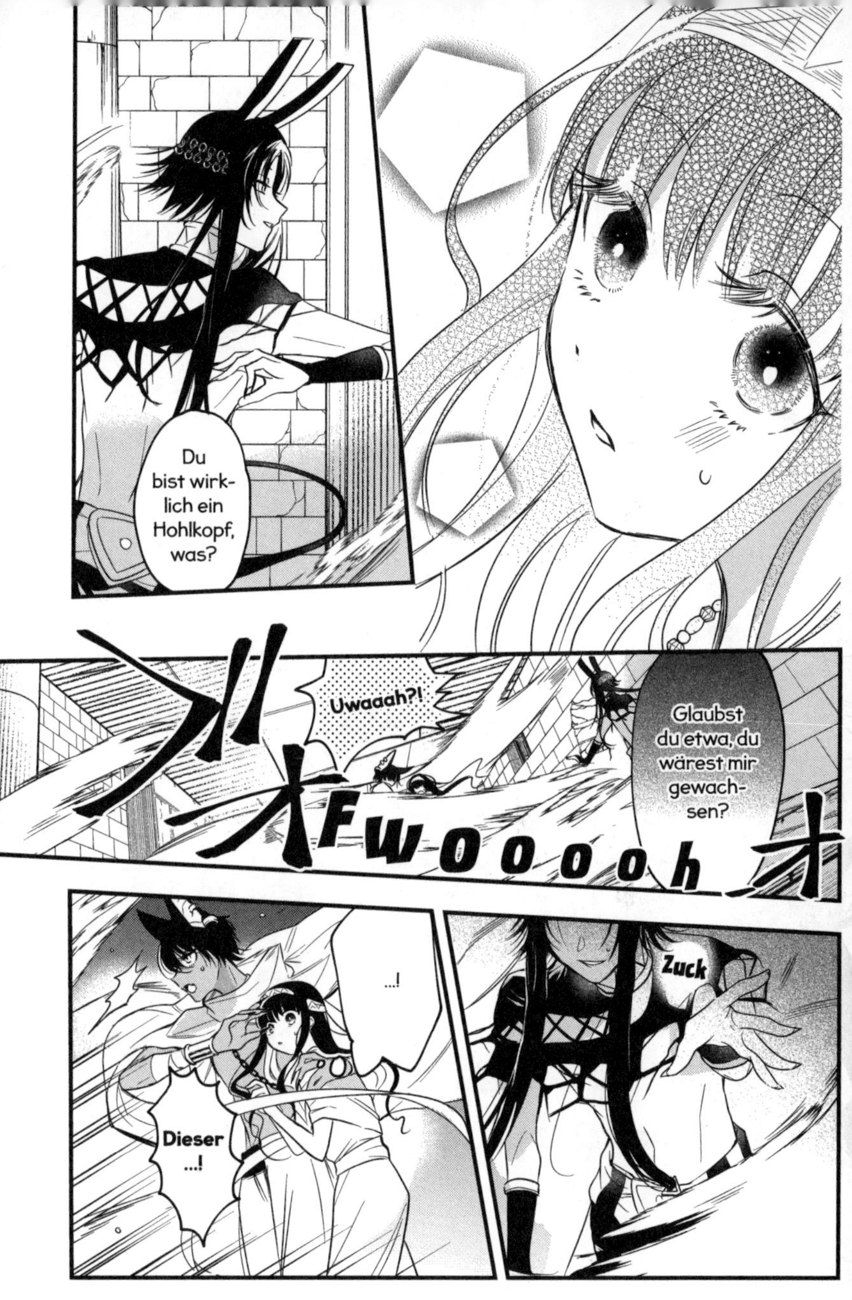
Du bist wirklich ein Hohlkopf, was?
Glaubst du etwa, du wärest mir gewachsen?
Uwaaah?!
Fwoooooh
...!
Dieser ...!
Zuck

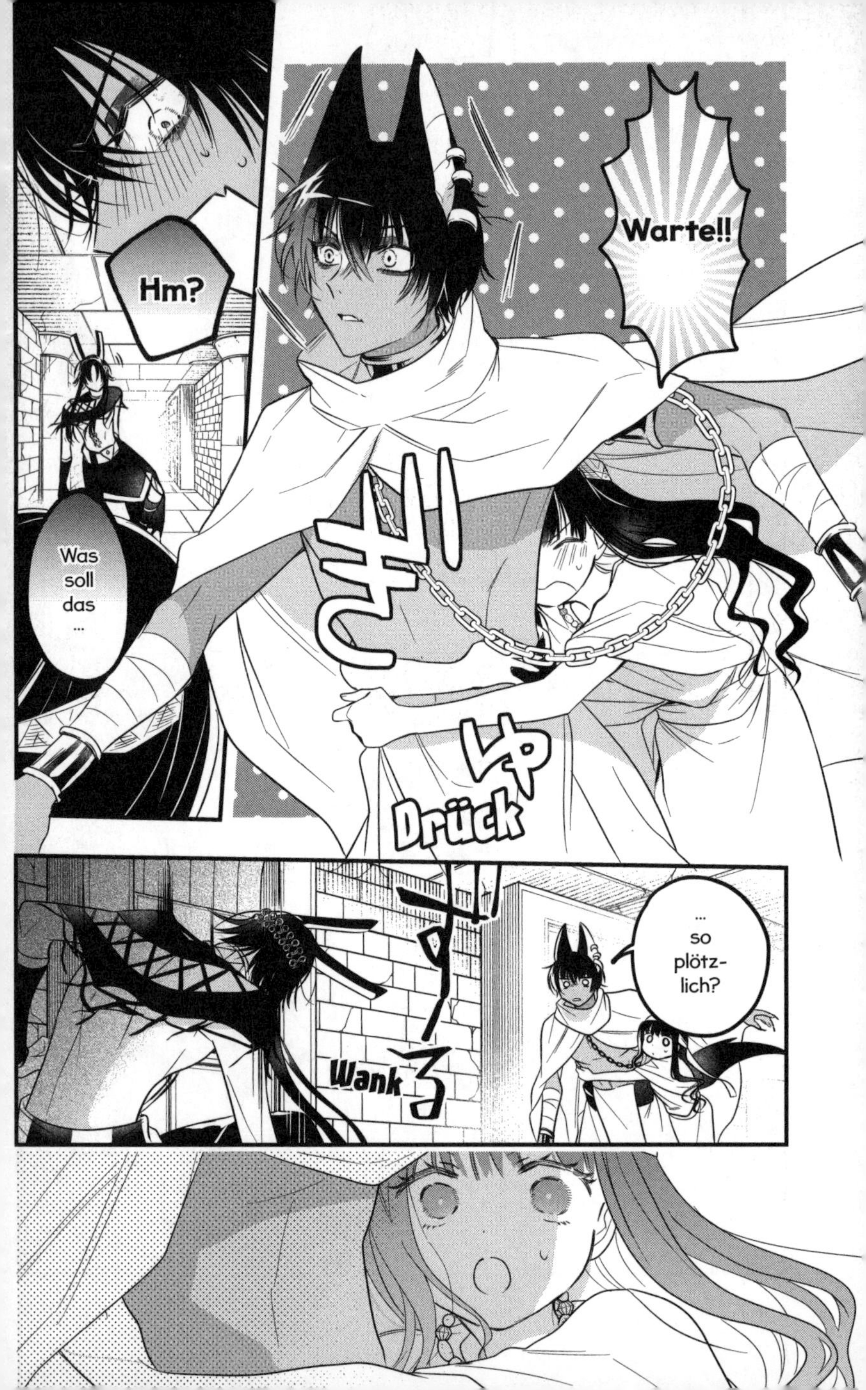
Warte!!
Hm?
Was soll das ...
Drück
... so plötz-lich?
Wank

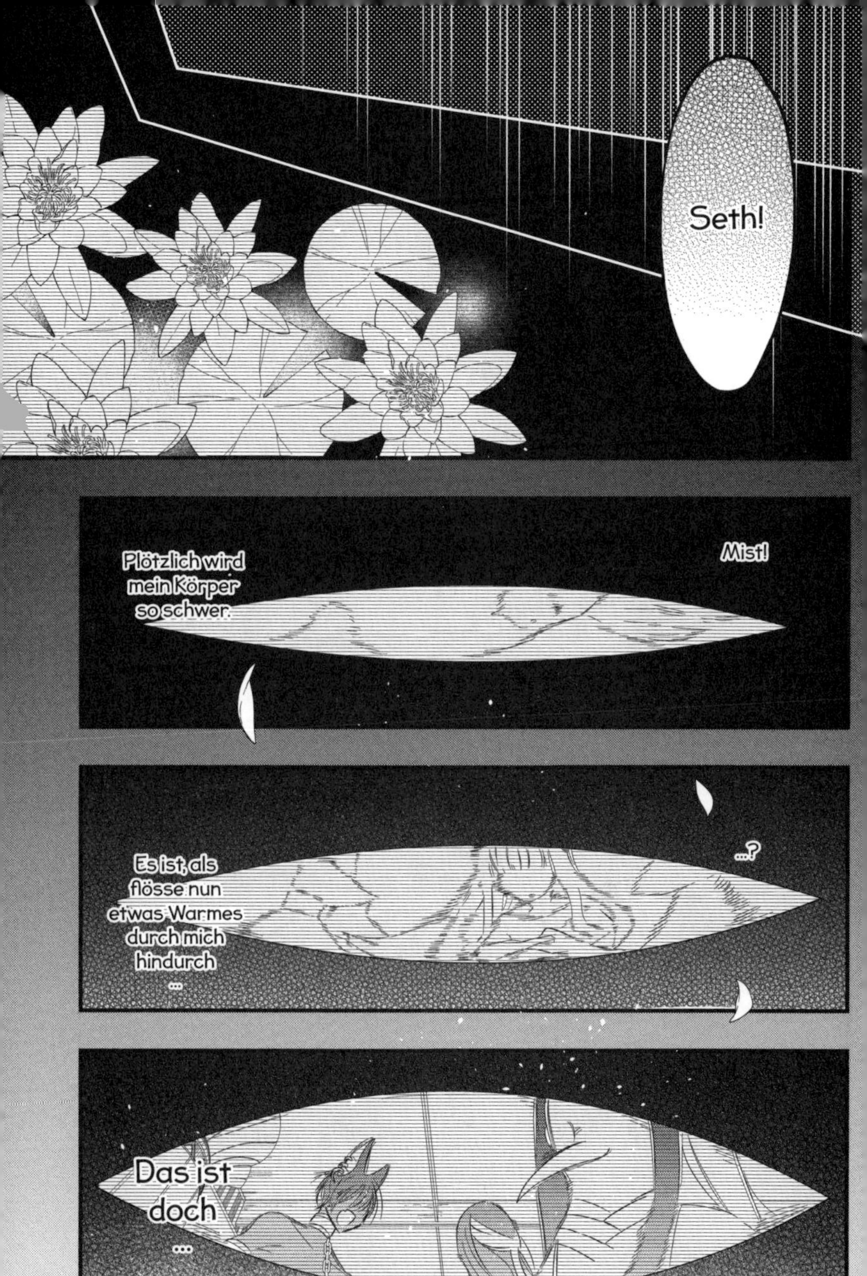
Seth!
Mist!
Plötzlich wird mein Körper so schwer.
...?
Es ist, als flösse nun etwas Warmes durch mich hindurch ...
Das ist doch ...

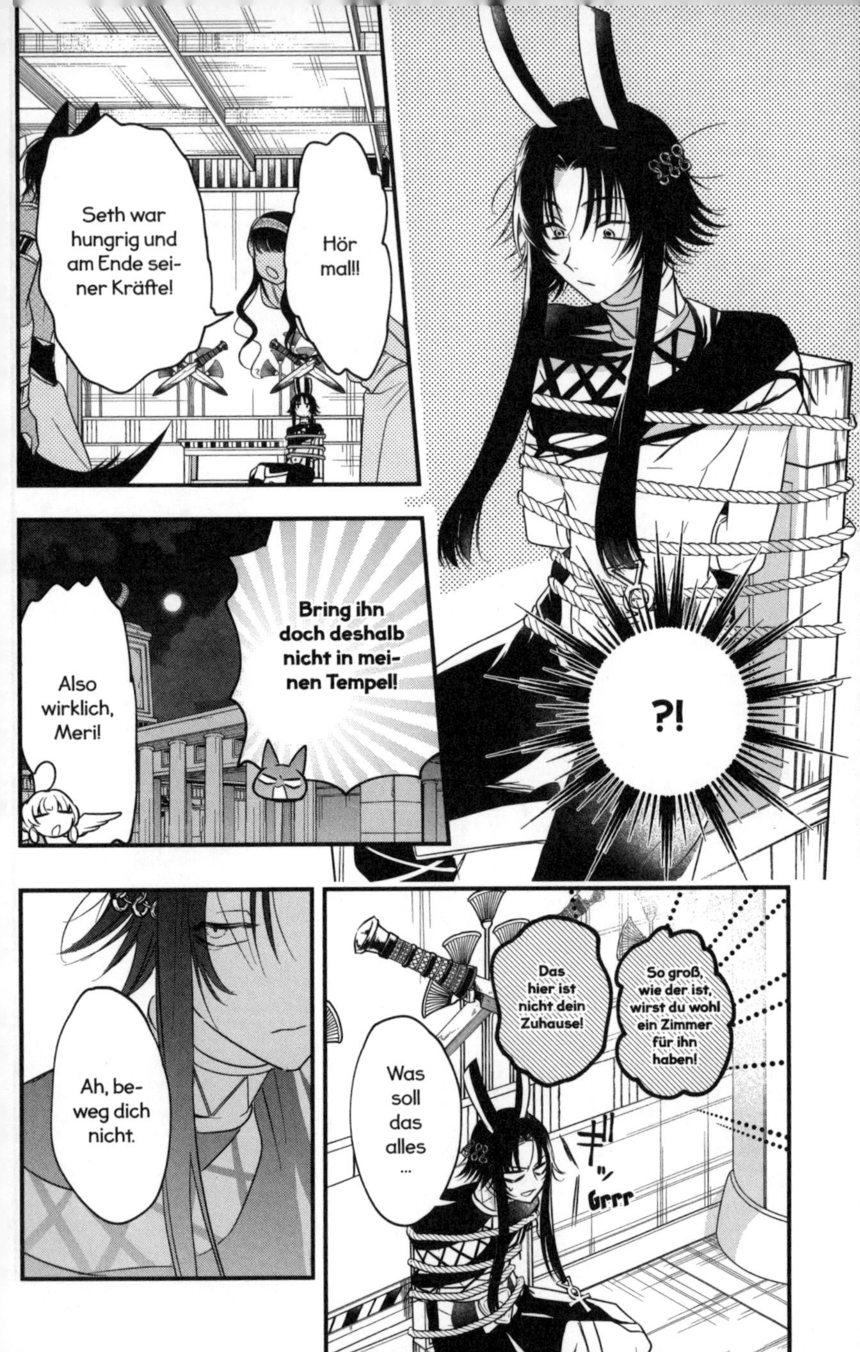
Hör mal!!
Seth war hungrig und am Ende sei-ner Kräfte!
?!
Bring ihn doch deshalb nicht in mei-nen Tempel!
Also wirklich, Meri!
So groß, wie der ist, wirst du wohl ein Zimmer für ihn haben!
Das hier ist nicht dein Zuhause!
Grrr
Was soll das alles ...
Ah, be-weg dich nicht.

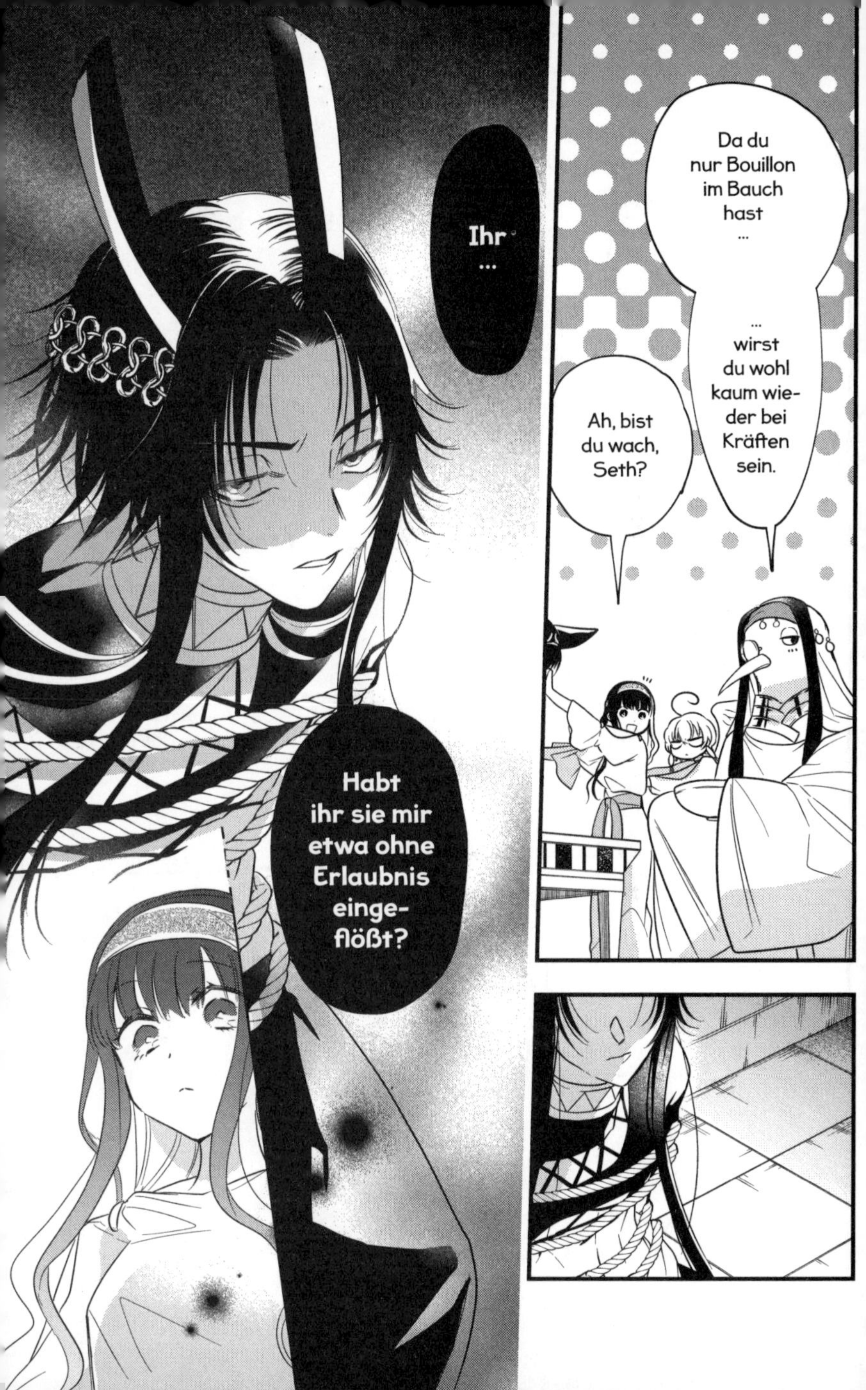
Da du nur Bouillon im Bauch hast ...
... wirst du wohl kaum wie-der bei Kräften sein.
Ah, bist du wach, Seth?
Ihr ...
Habt ihr sie mir etwa ohne Erlaubnis einge-flößt?

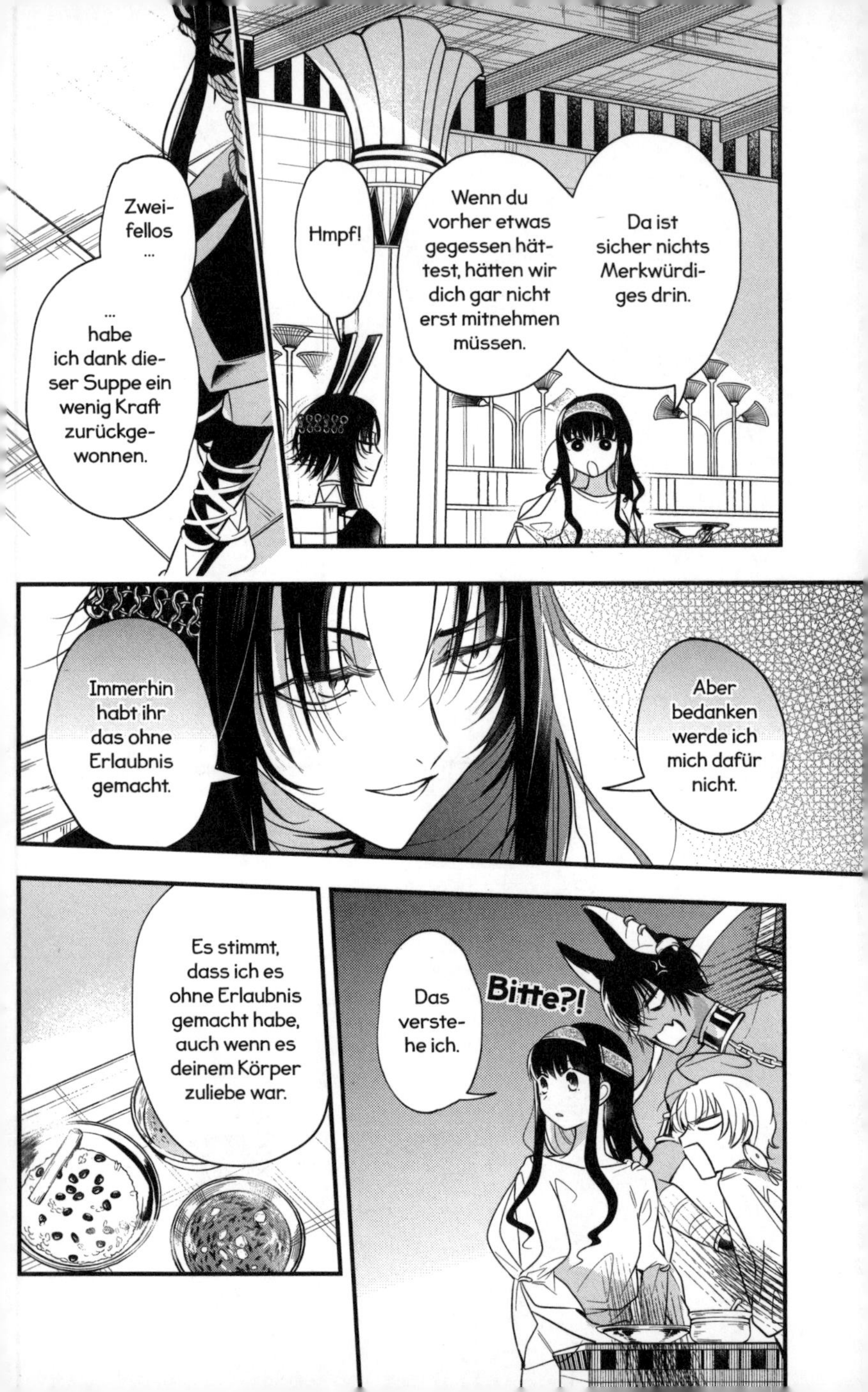

Da ist sicher nichts Merkwürdiges drin.

Wenn du vorher etwas gegessen hättest, hätten wir dich gar nicht erst mitnehmen müssen.

Hmpf!

Zweifellos ...

... habe ich dank dieser Suppe ein wenig Kraft zurückgewonnen.

Aber bedanken werde ich mich dafür nicht.

Immerhin habt ihr das ohne Erlaubnis gemacht.

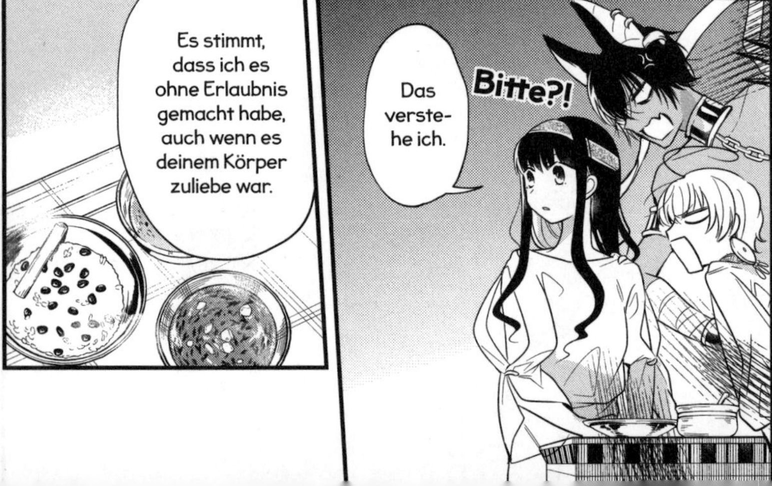

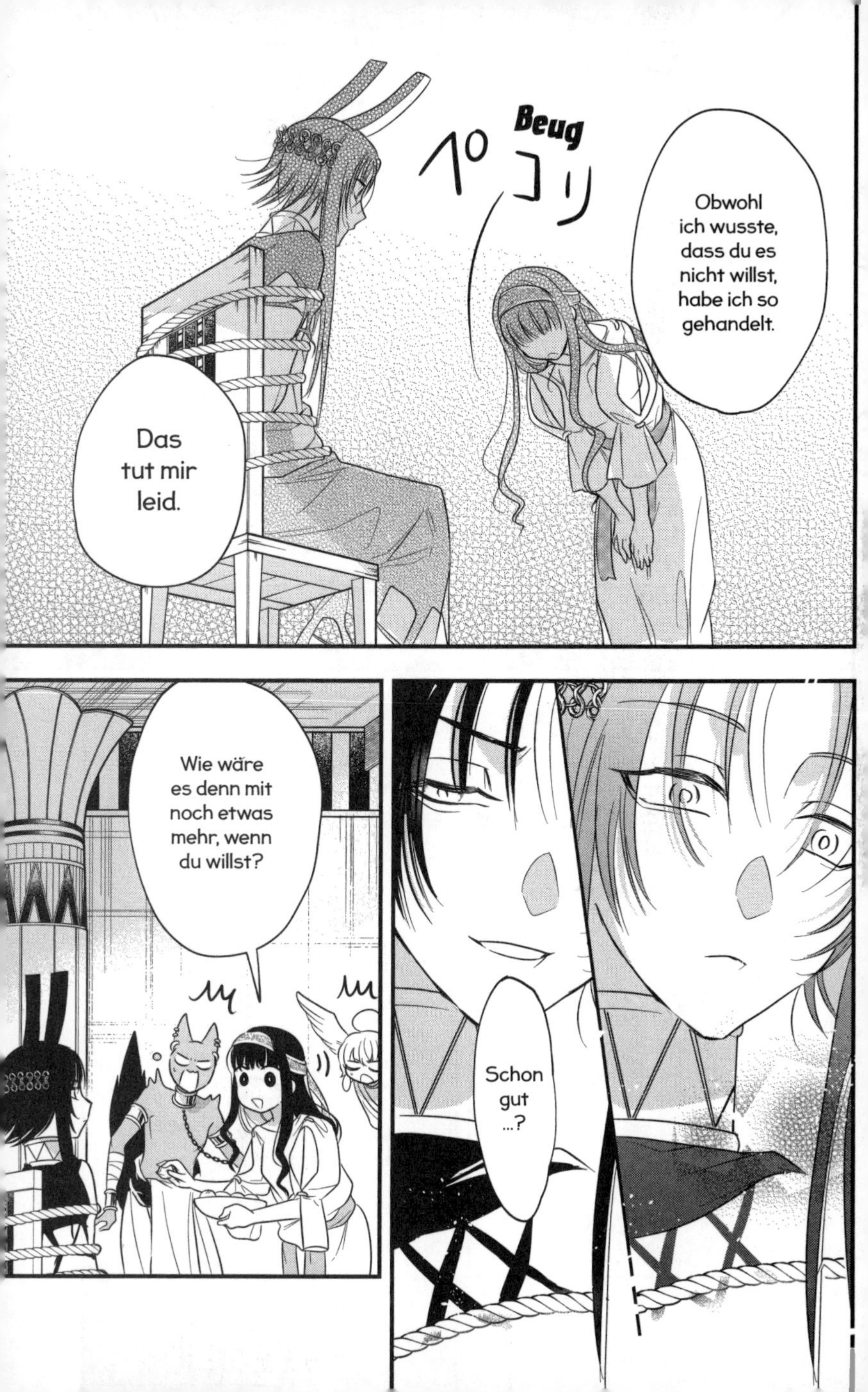

Obwohl ich wusste, dass du es nicht willst, habe ich so gehandelt.

Beug

ペコリ

Das tut mir leid.

Schon gut ...?

Wie wäre es denn mit noch etwas mehr, wenn du willst?

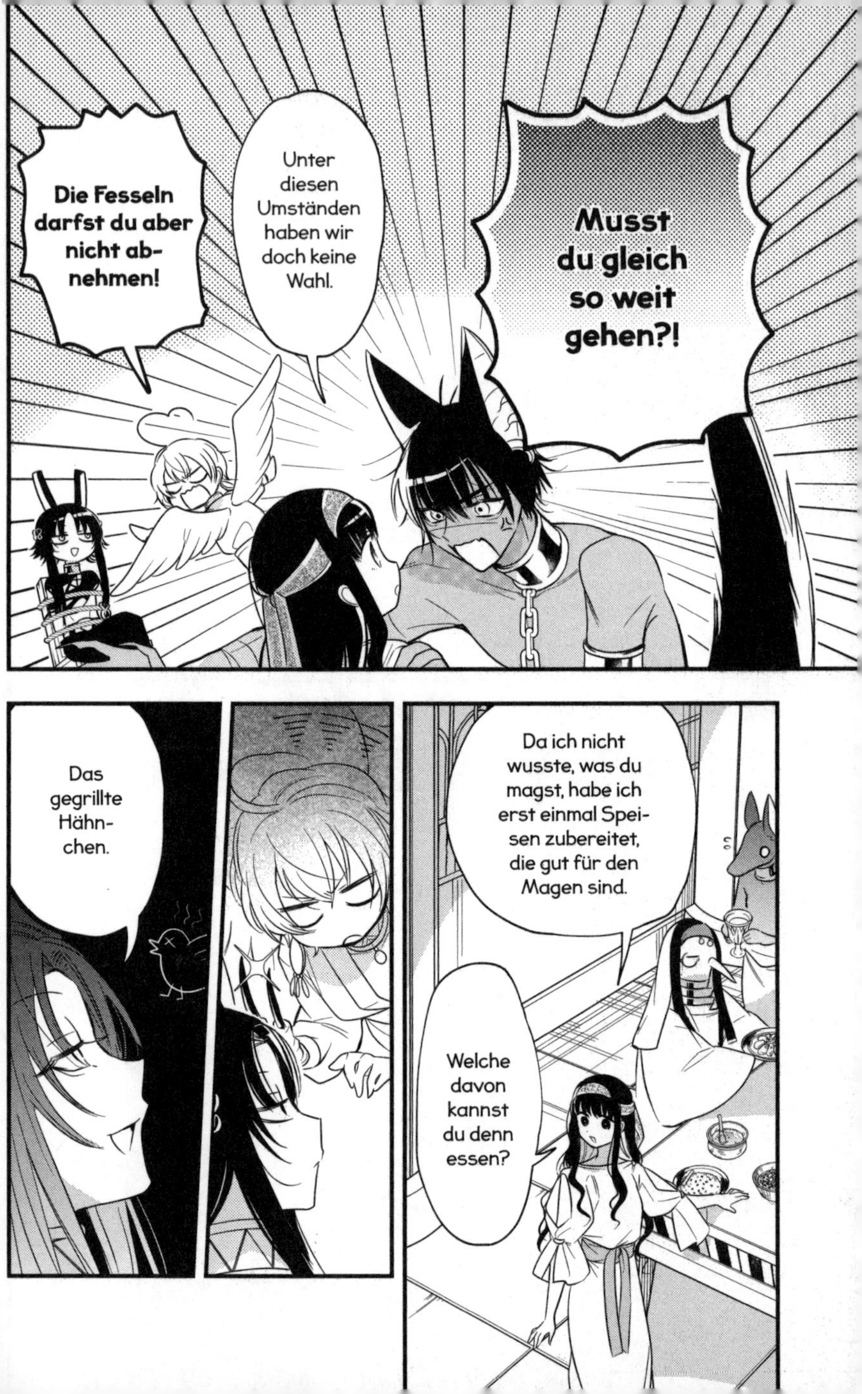

Musst du gleich so weit gehen?!

Unter diesen Umständen haben wir doch keine Wahl.

Die Fesseln darfst du aber nicht abnehmen!

Da ich nicht wusste, was du magst, habe ich erst einmal Speisen zubereitet, die gut für den Magen sind.

Welche davon kannst du denn essen?

Das gegrillte Hähnchen.

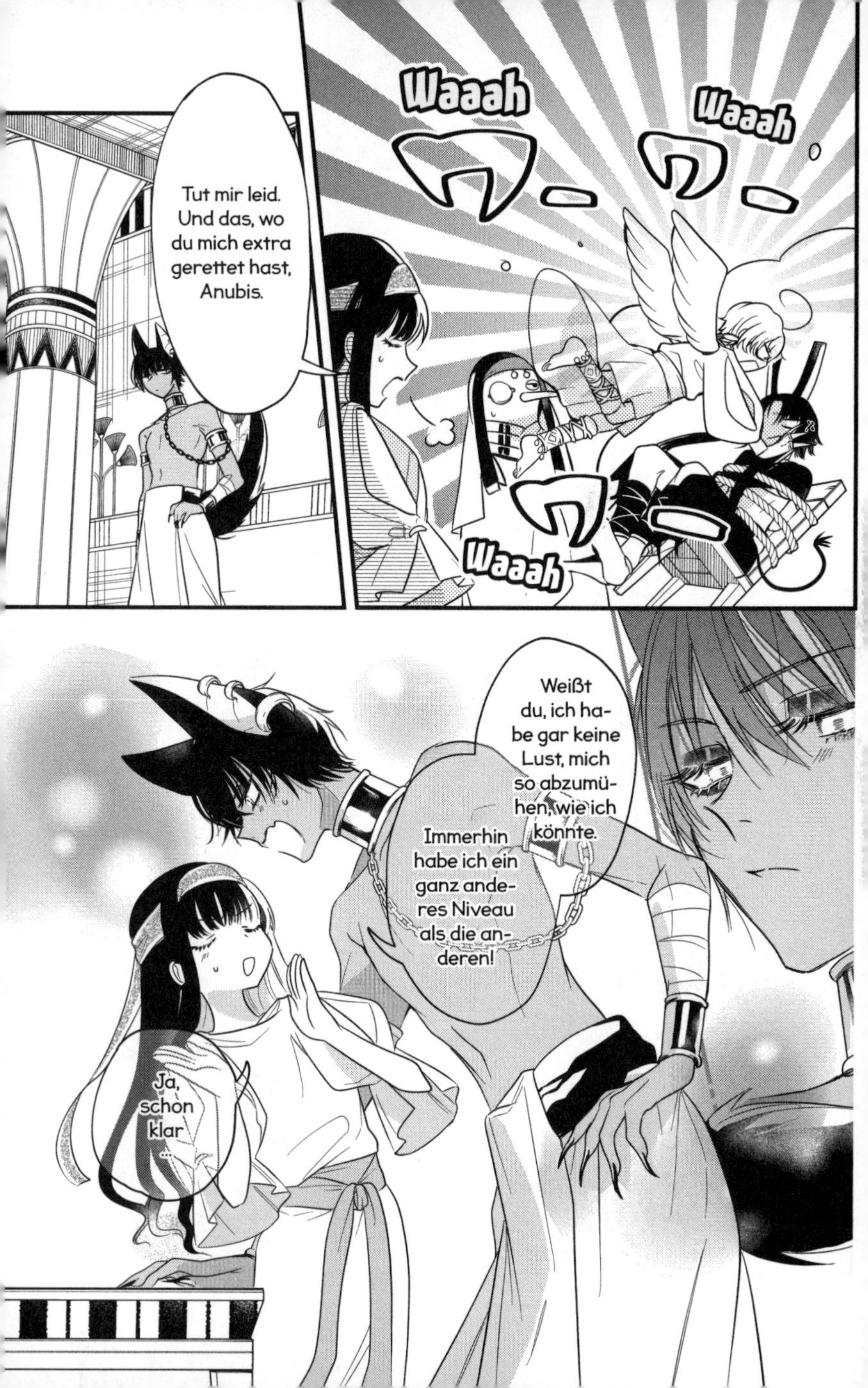
Waaah
Waaah
ワー ワー
ワー
Waaah
Tut mir leid. Und das, wo du mich extra gerettet hast, Anubis.
Weißt du, ich habe gar keine Lust, mich so abzumühen, wie ich könnte.
Immerhin habe ich ein ganz anderes Niveau als die anderen!
Ja, schon klar ...

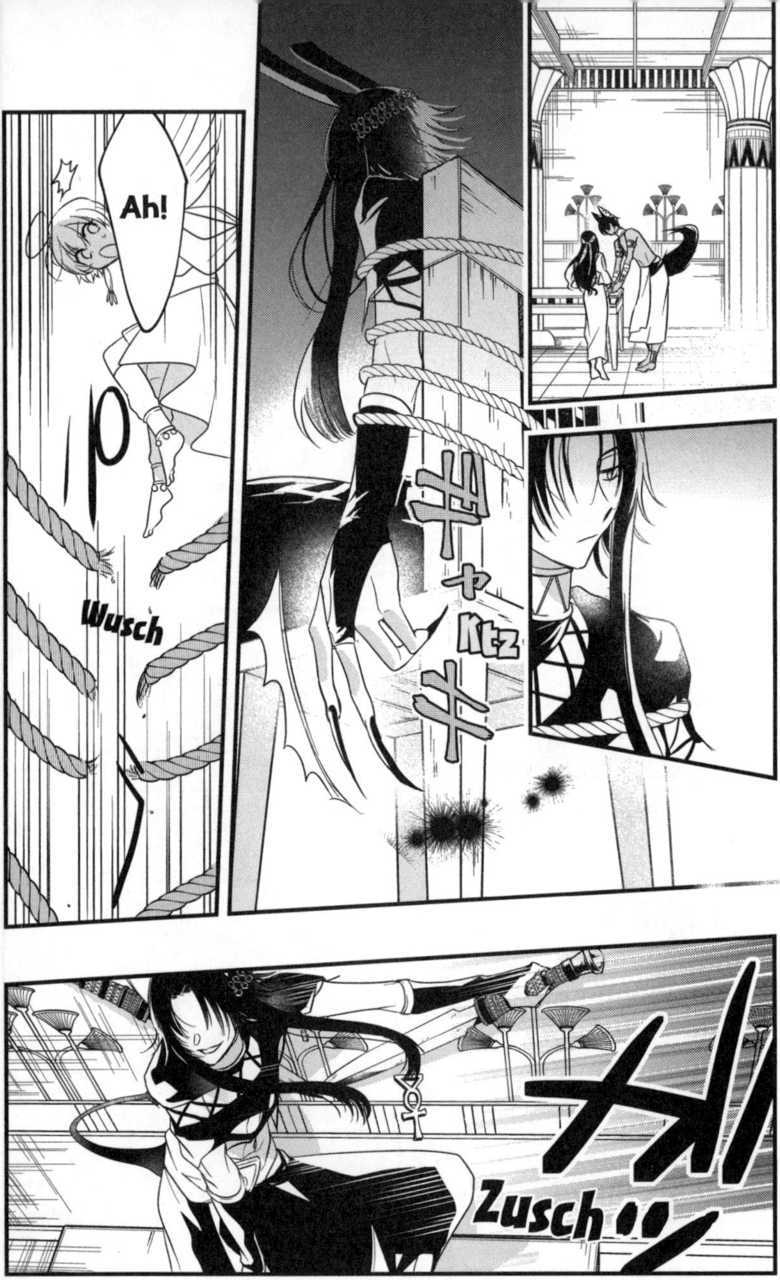

Ktz
Ah!
Wusch

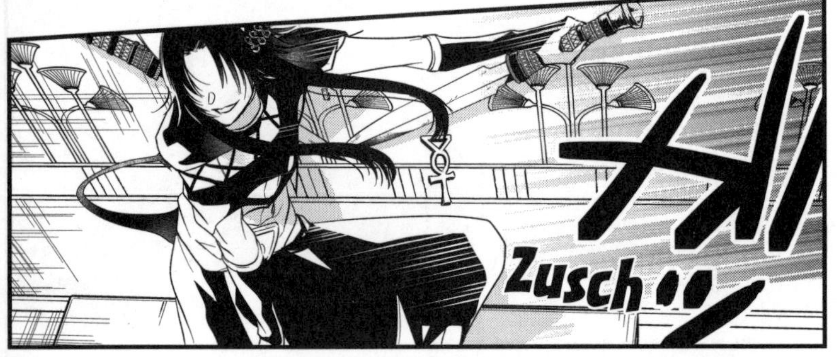
Zusch ..

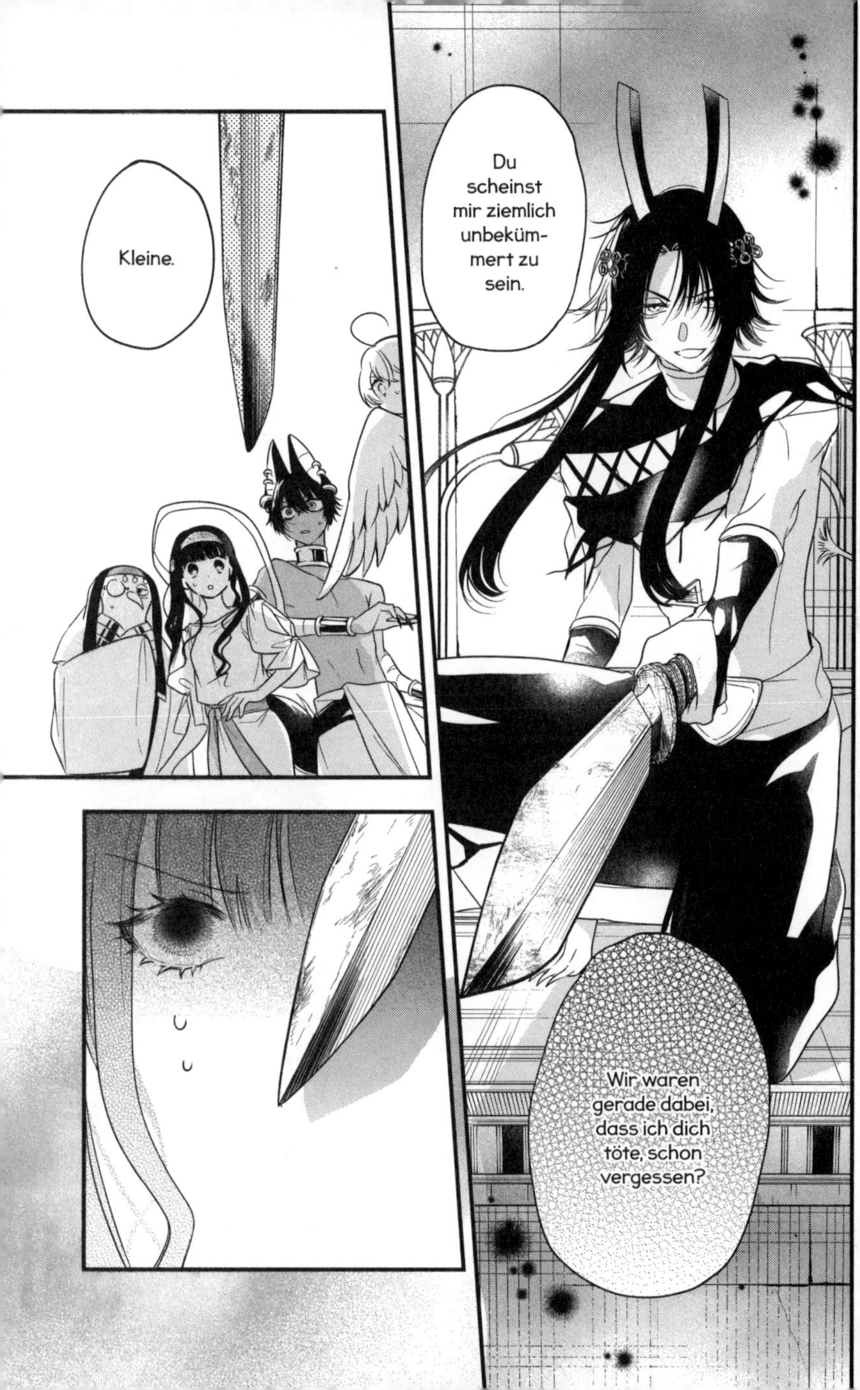
Du scheinst mir ziemlich unbekümmert zu sein.
Kleine.
Wir waren gerade dabei, dass ich dich töte, schon vergessen?

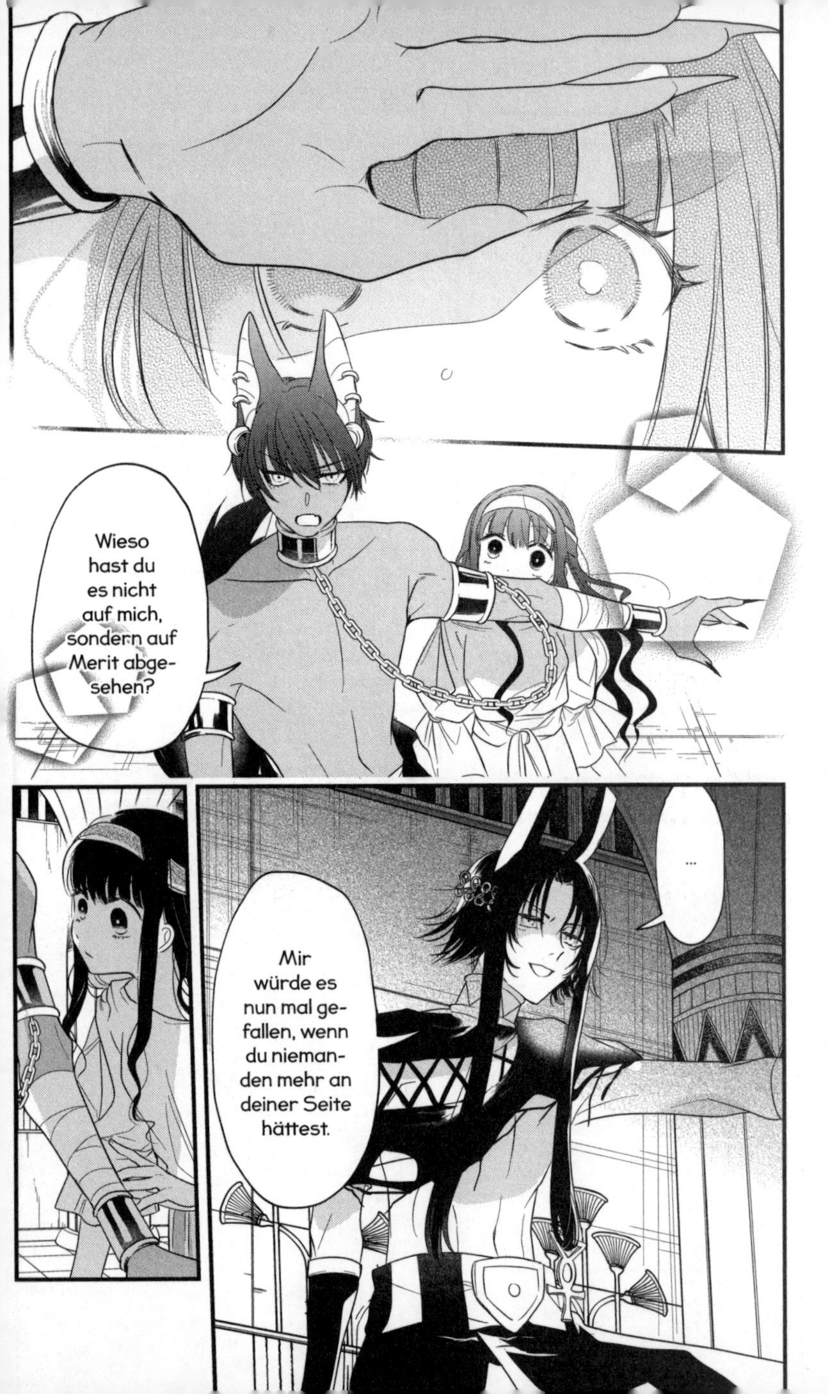
Wieso hast du es nicht auf mich, sondern auf Merit abge-sehen?
...
Mir würde es nun mal ge-fallen, wenn du nieman-den mehr an deiner Seite hättest.

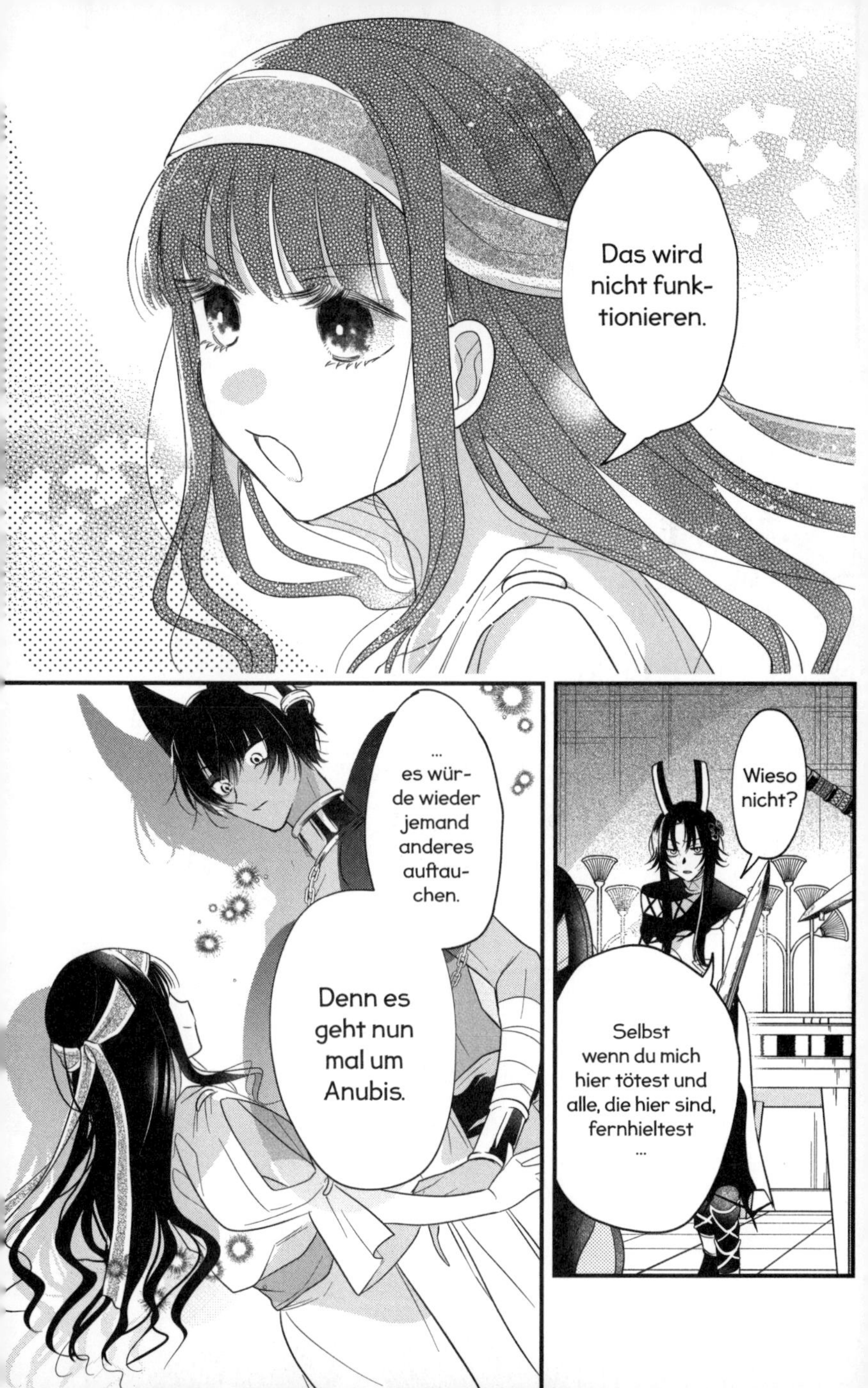
Das wird nicht funk-tionieren.
Wieso nicht?
Selbst wenn du mich hier tötest und alle, die hier sind, fernhieltest ...
... es wür-de wieder jemand anderes auftau-chen.
Denn es geht nun mal um Anubis.

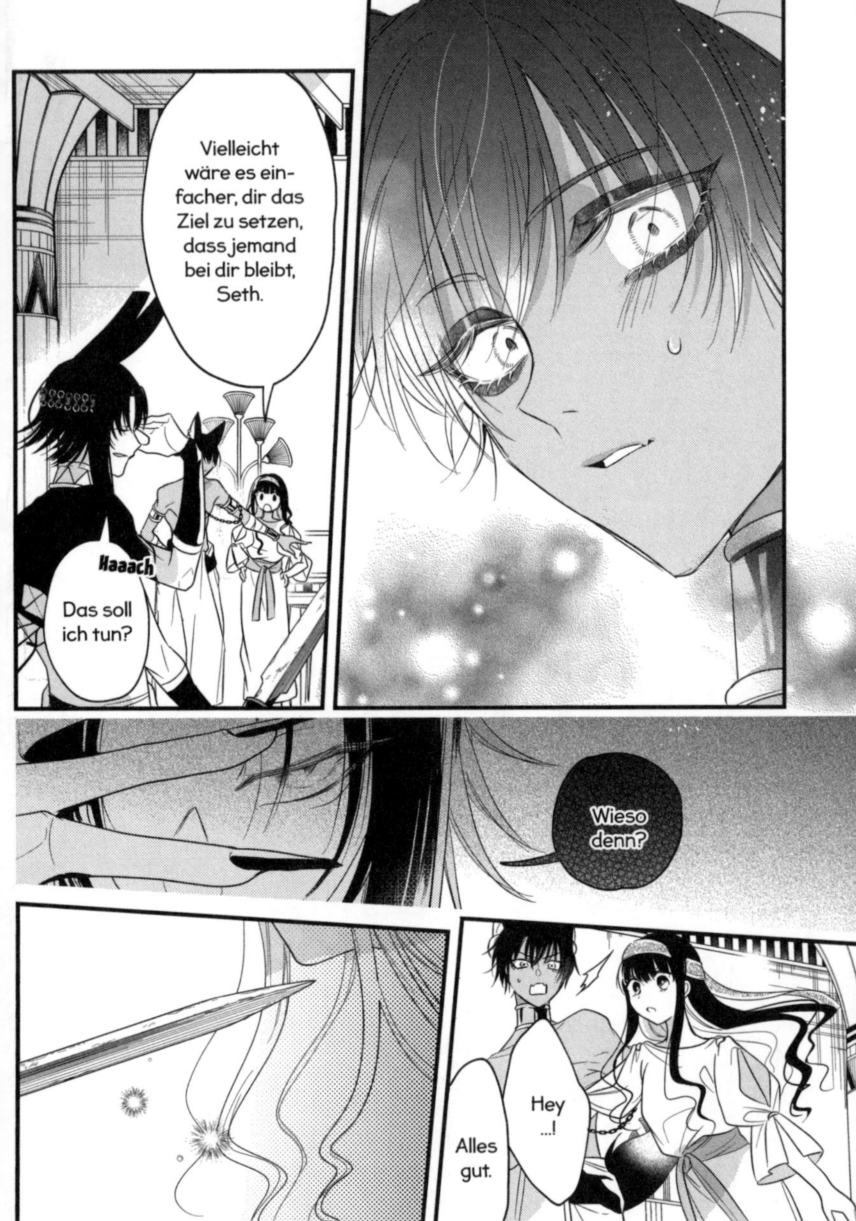
Vielleicht wäre es einfacher, dir das Ziel zu setzen, dass jemand bei dir bleibt, Seth.
Haaach
Das soll ich tun?
Wieso denn?
Hey ...!
Alles gut.

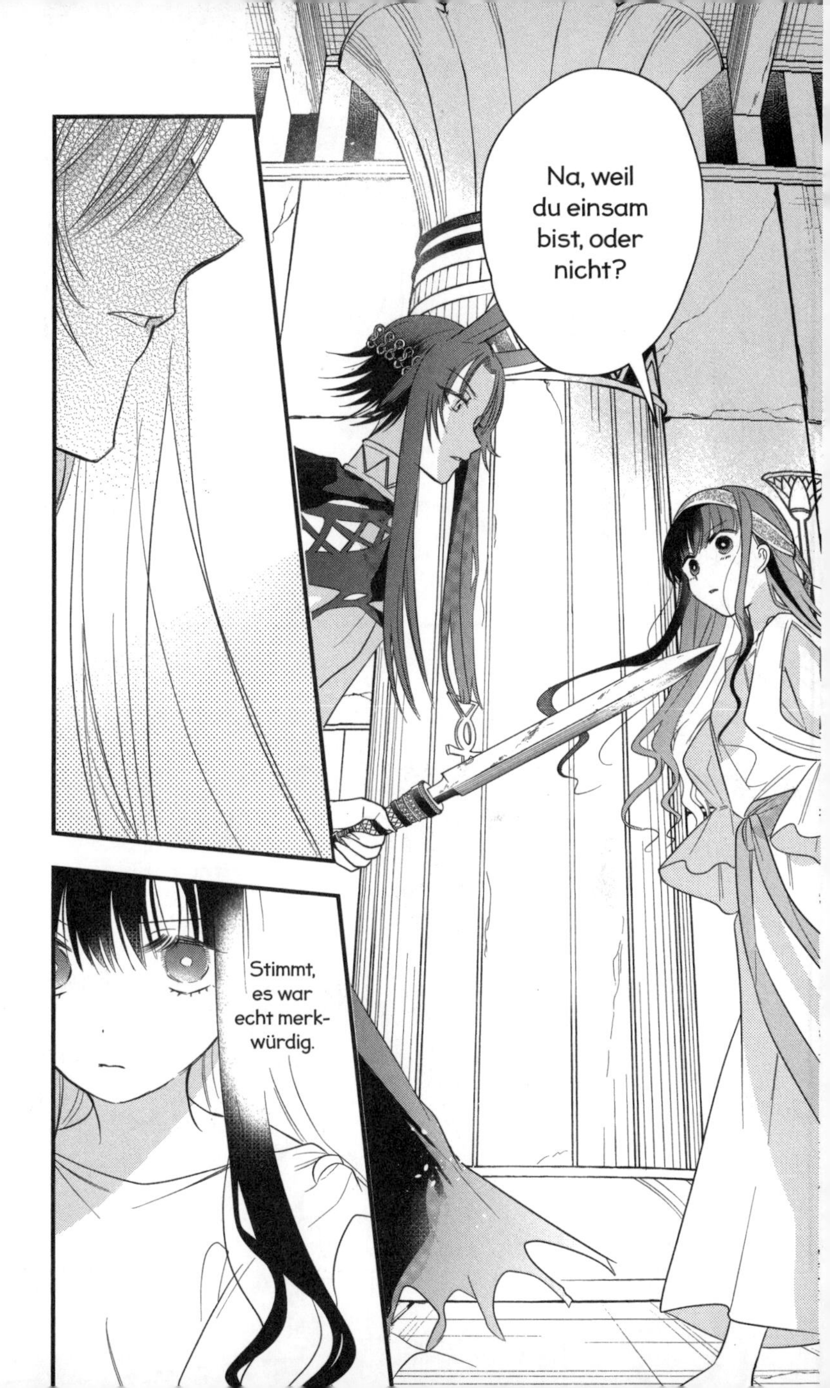
Na, weil du einsam bist, oder nicht?
Stimmt, es war echt merkwürdig.

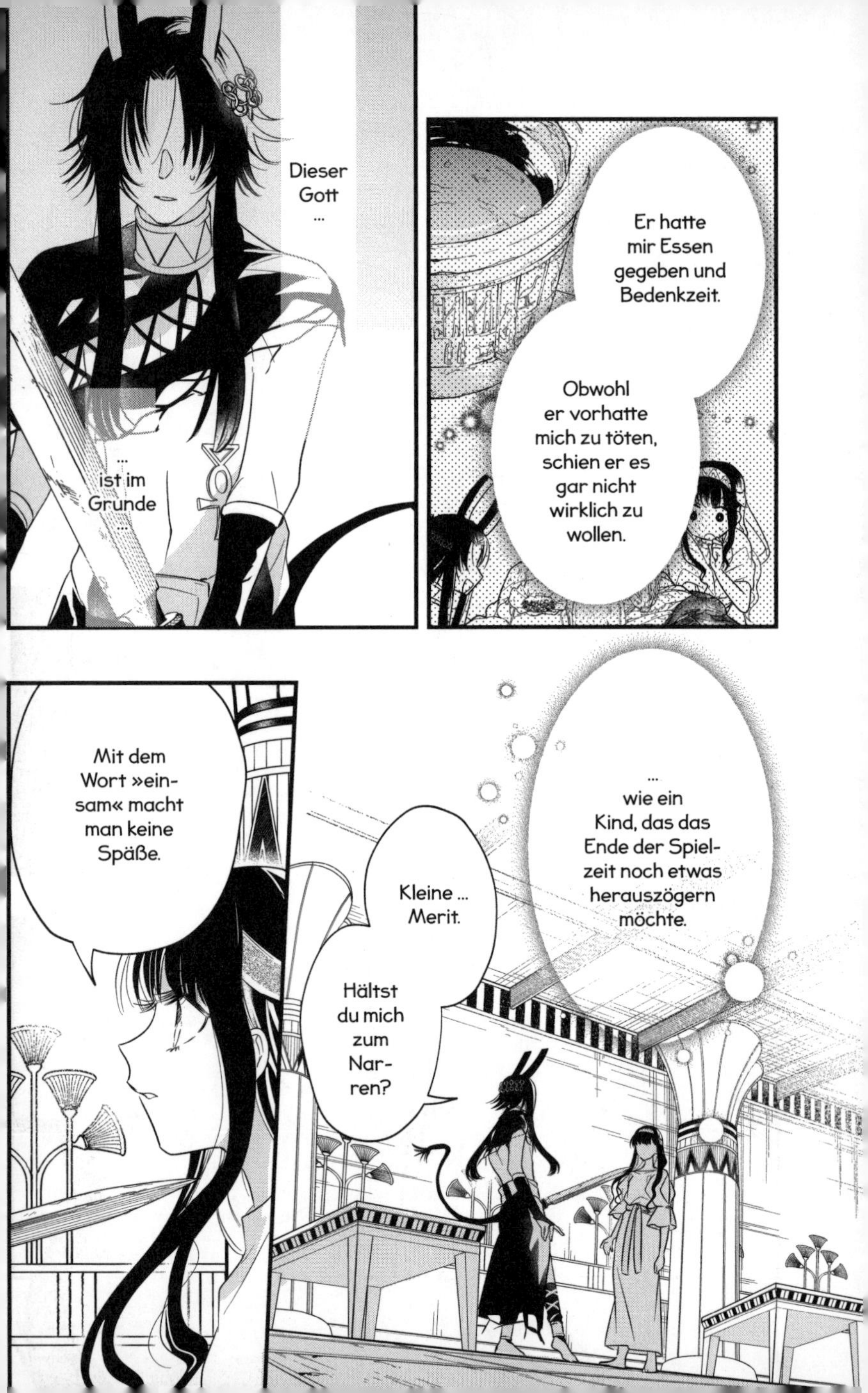

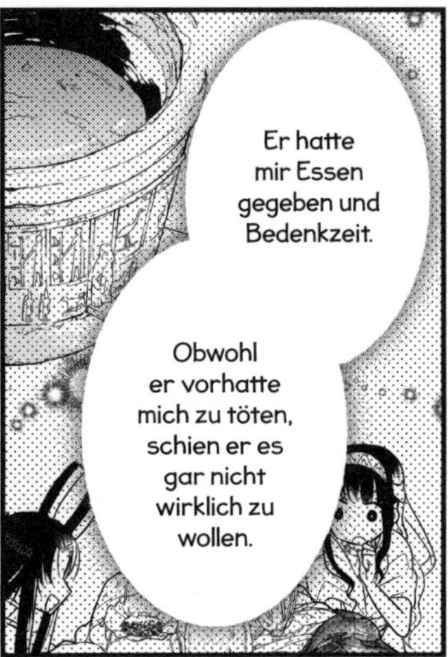
Er hatte mir Essen gegeben und Bedenkzeit.
Obwohl er vorhatte mich zu töten, schien er es gar nicht wirklich zu wollen.

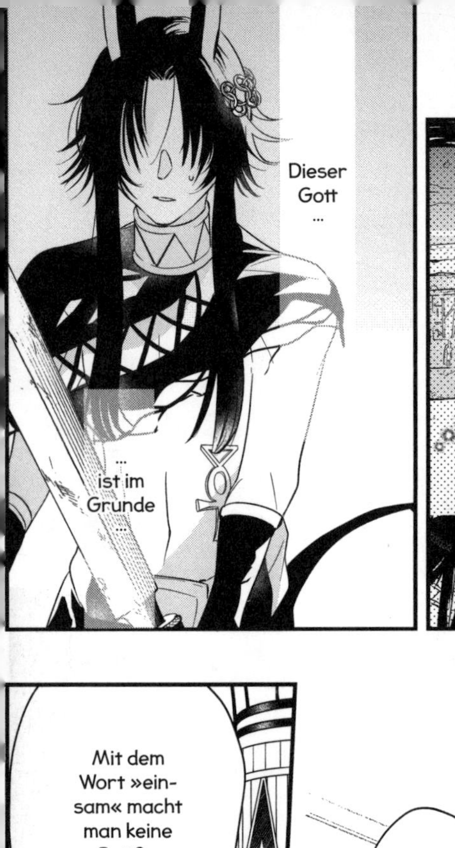
Dieser Gott ...
... ist im Grunde ...
... wie ein Kind, das das Ende der Spielzeit noch etwas herauszögern möchte.
Kleine ... Merit.
Hältst du mich zum Narren?
Mit dem Wort »einsam« macht man keine Späße.

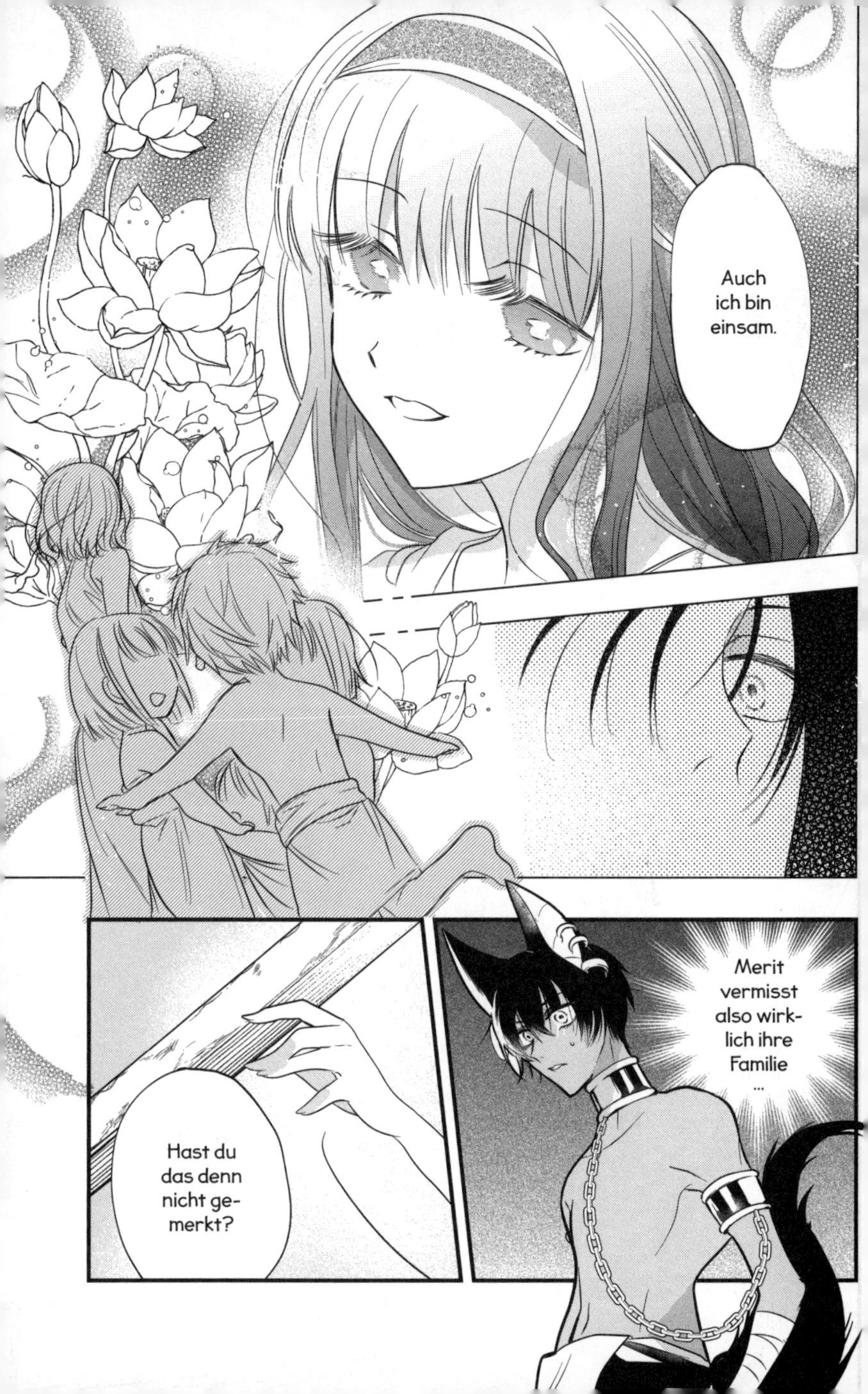
Auch ich bin einsam.
Merit vermisst also wirklich ihre Familie ...
Hast du das denn nicht gemerkt?

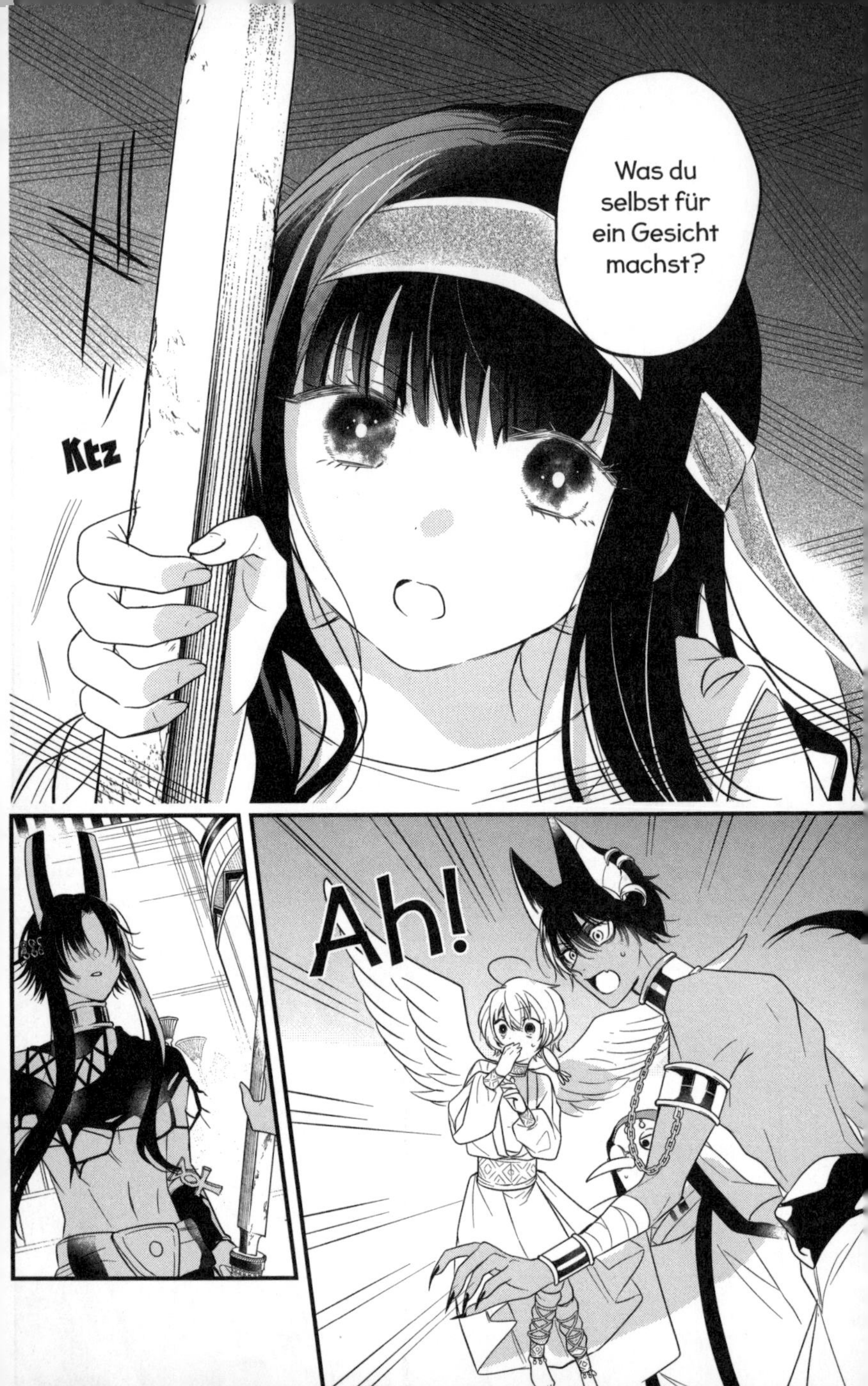
Was du selbst für ein Gesicht machst?
Ktz
Ah!

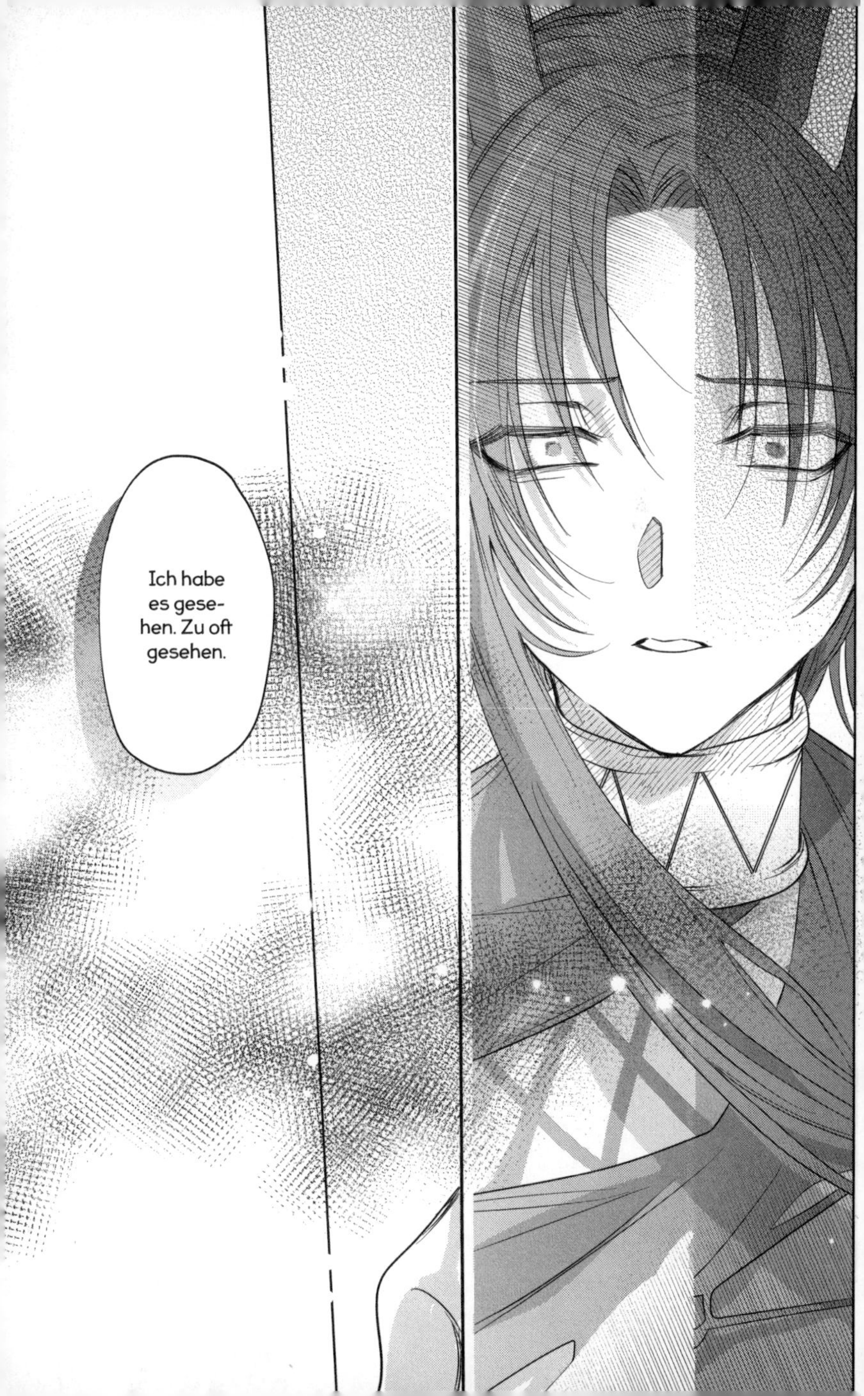
Ich habe es gesehen. Zu oft gesehen.

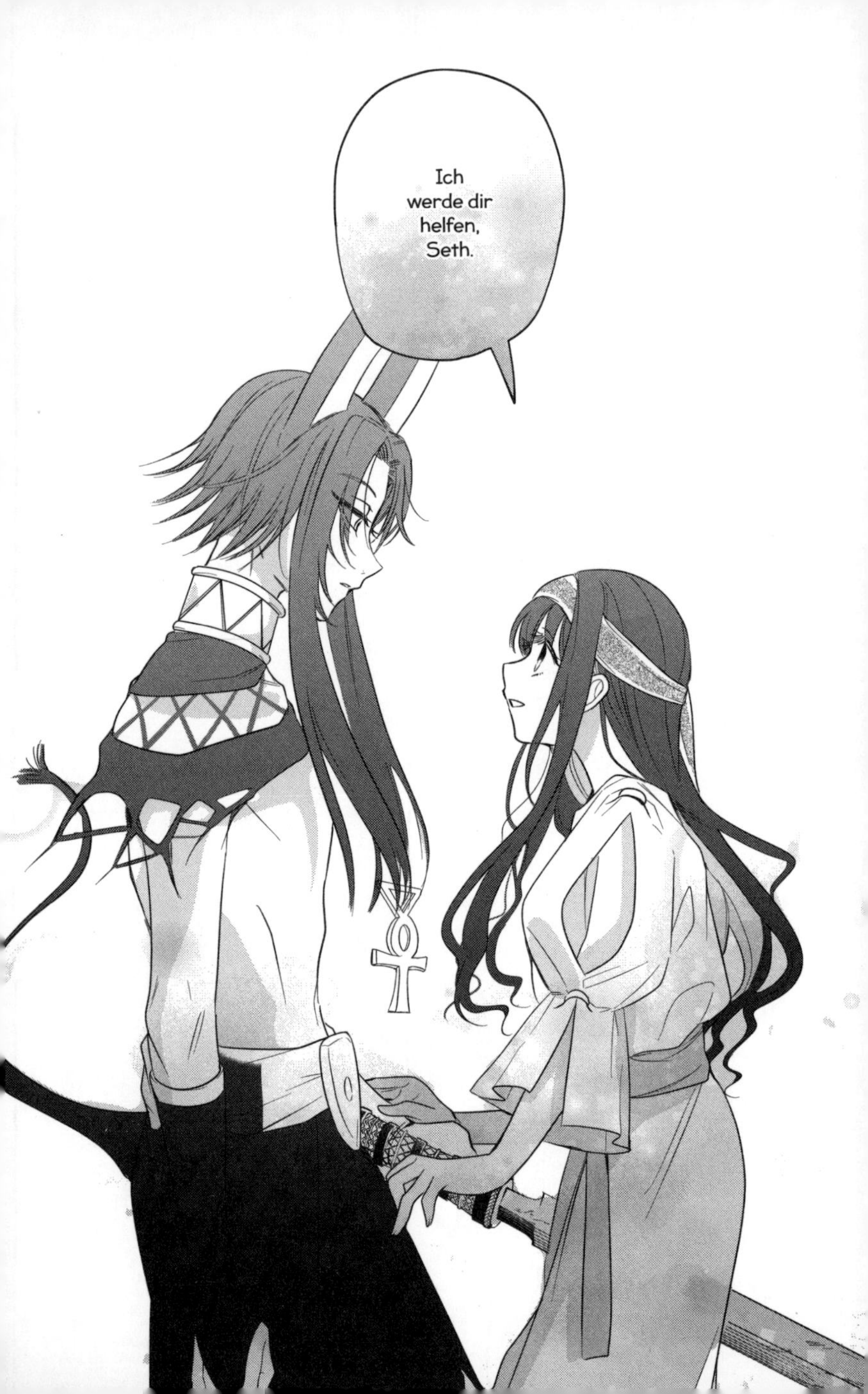
Ich werde dir helfen, Seth.

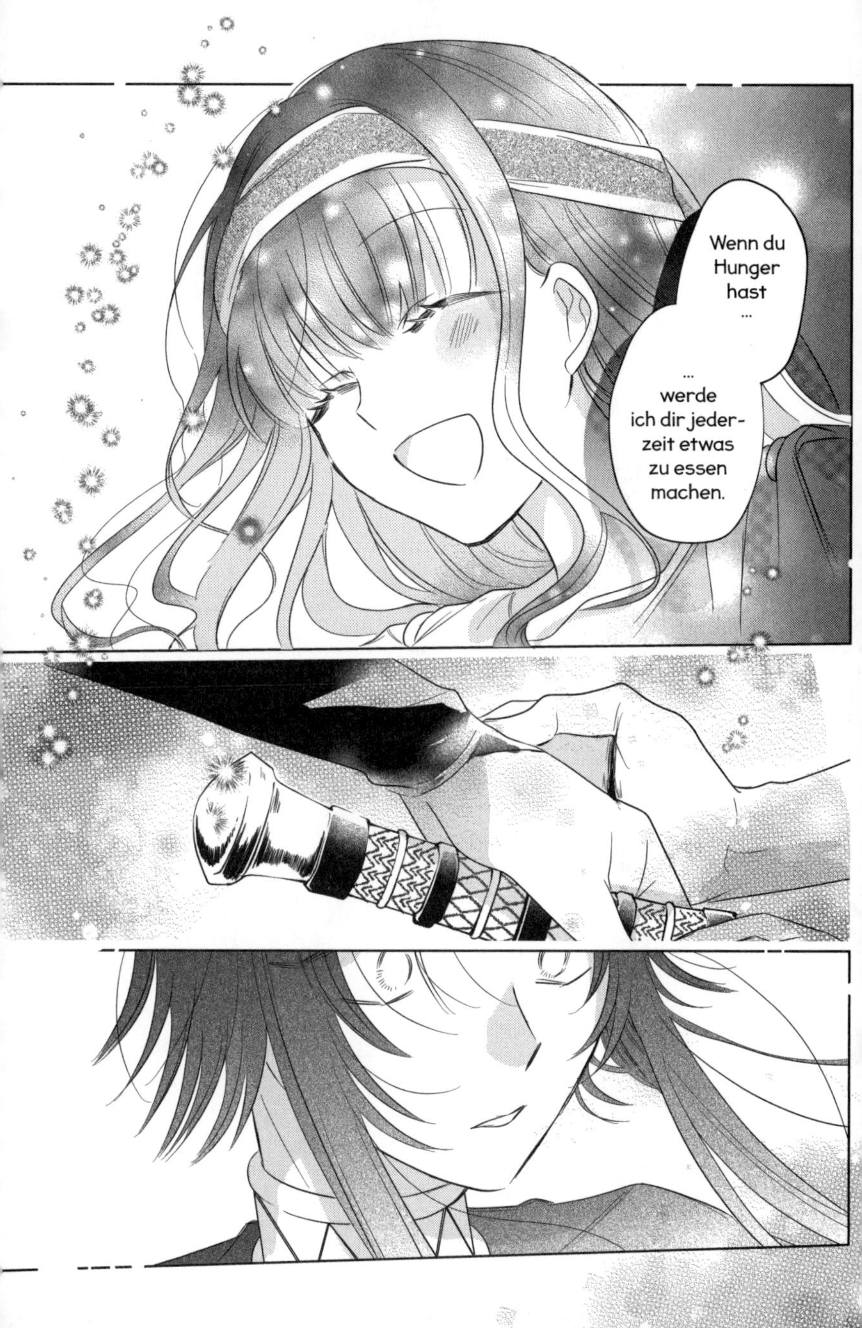
Wenn du Hunger hast ...
... werde ich dir jeder-zeit etwas zu essen machen.

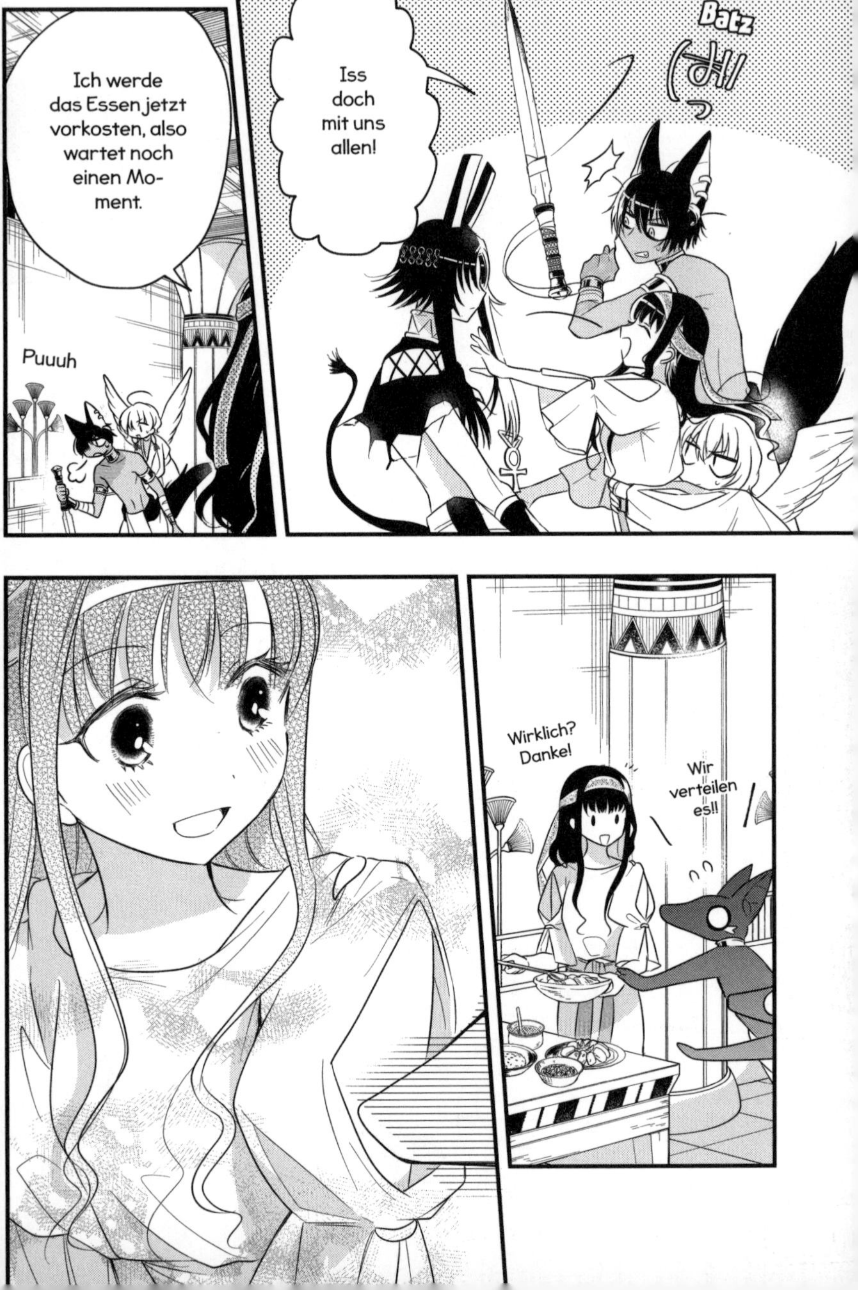

Batz

Iss doch mit uns allen!

Ich werde das Essen jetzt vorkosten, also wartet noch einen Moment.

Puuuh

Wir verteilen es!!

Wirklich? Danke!

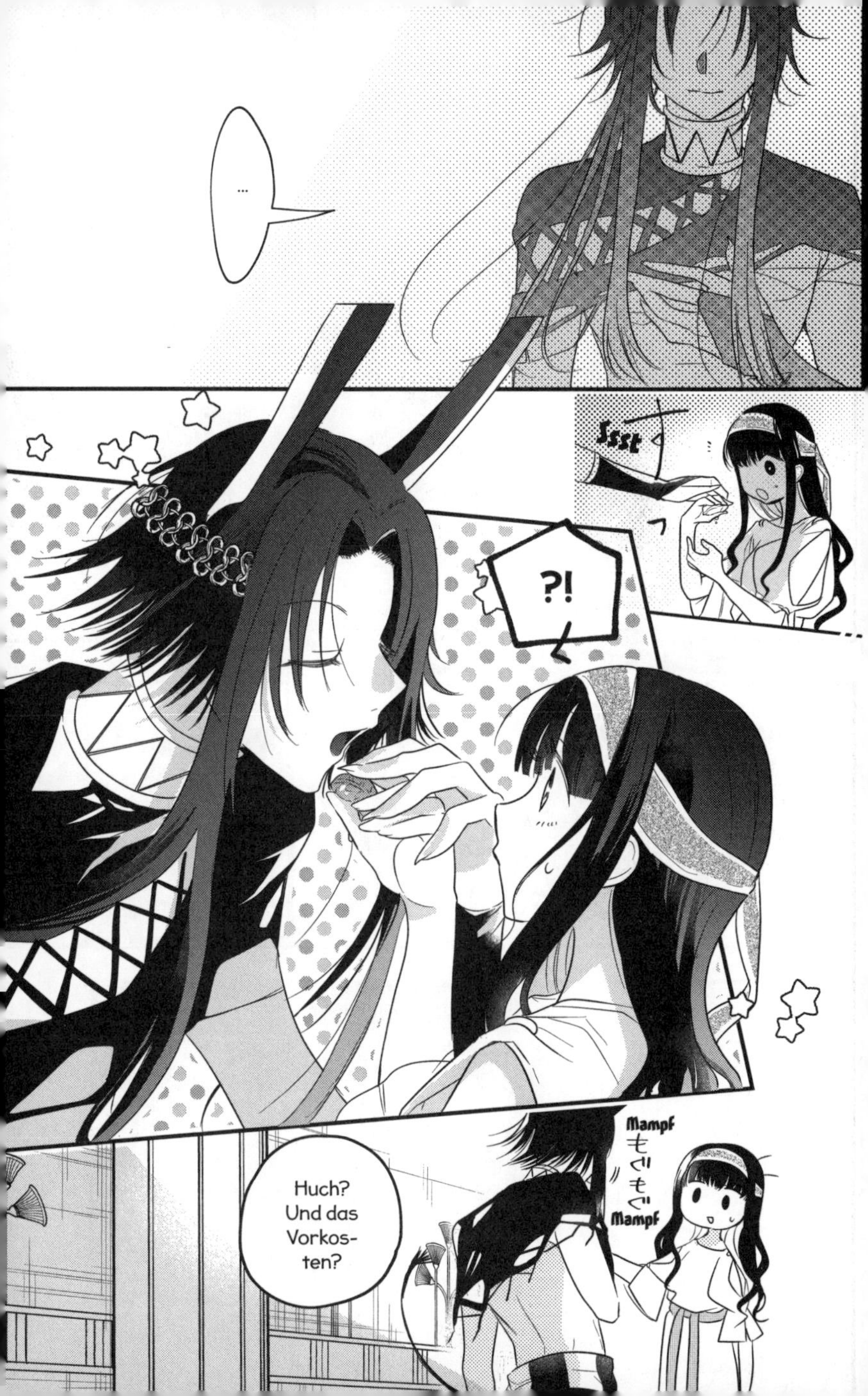
…
Ssst
?!
Mampf
もぐもぐ
Mampf
Huch? Und das Vorkosten?

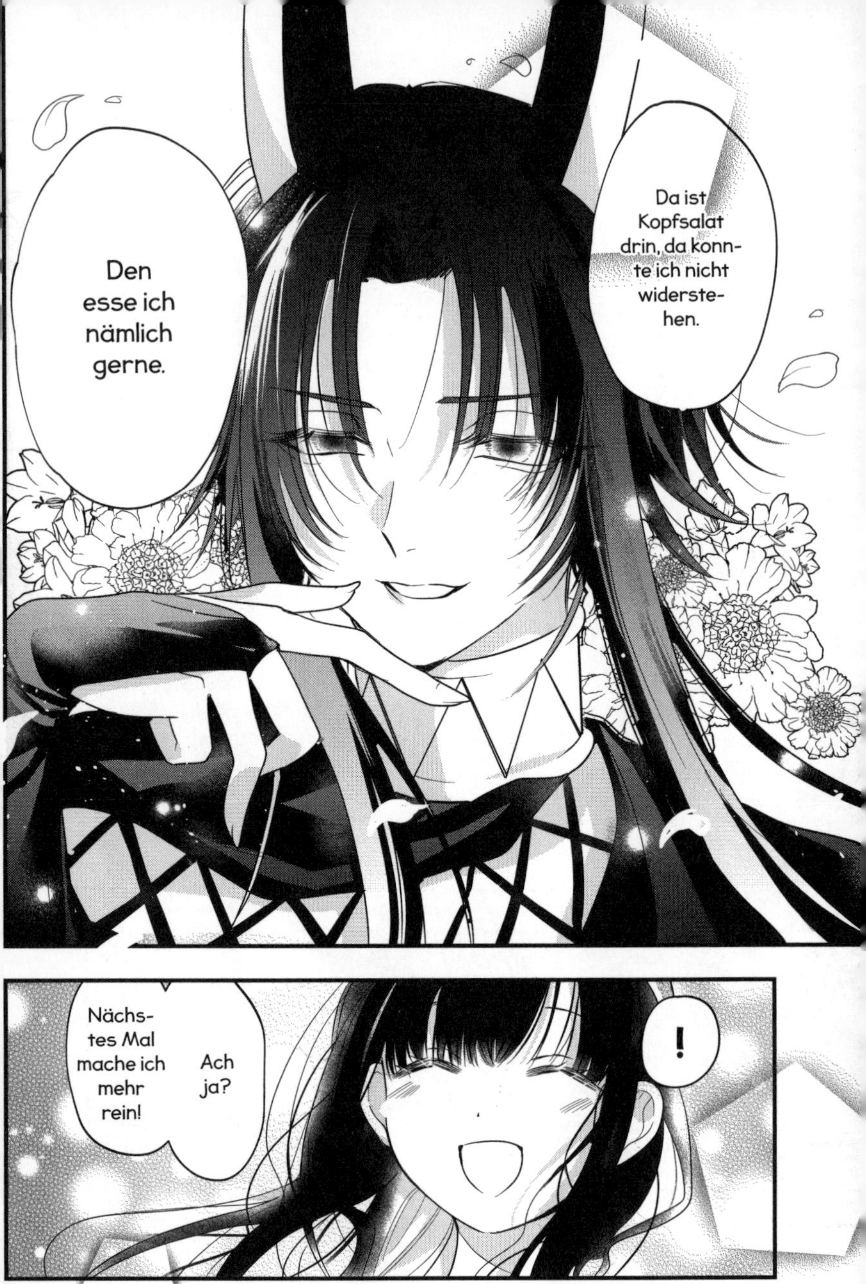

Da ist Kopfsalat drin, da konnte ich nicht widerstehen.
Den esse ich nämlich gerne.

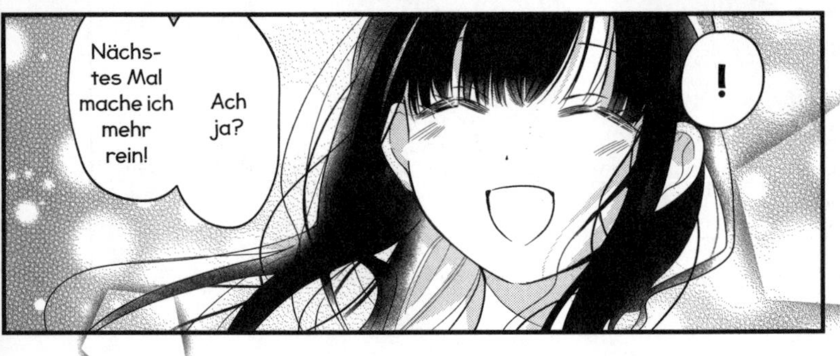

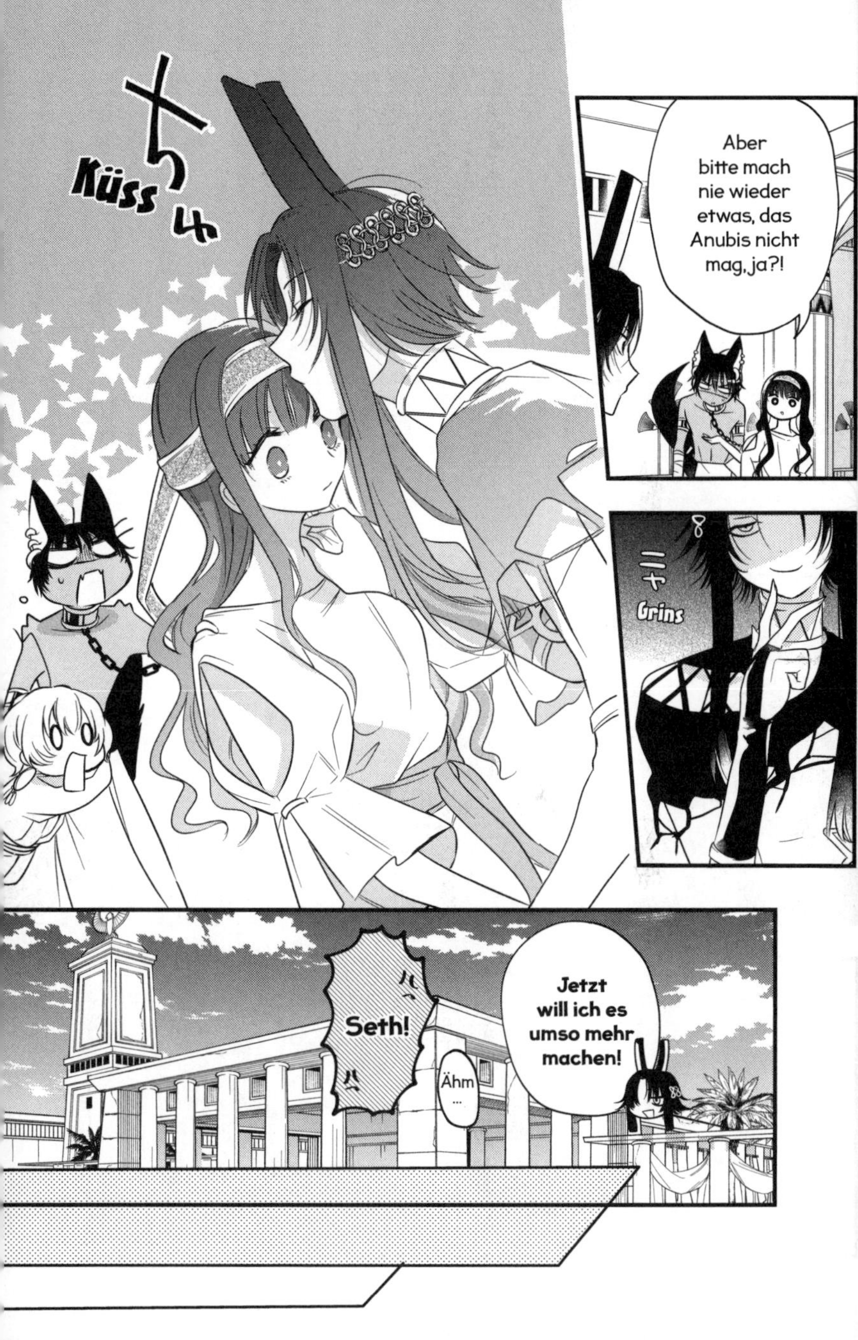
Küss
Aber bitte mach nie wieder etwas, das Anubis nicht mag, ja?!
Grins
Jetzt will ich es umso mehr machen!
Seth!
Ähm ...

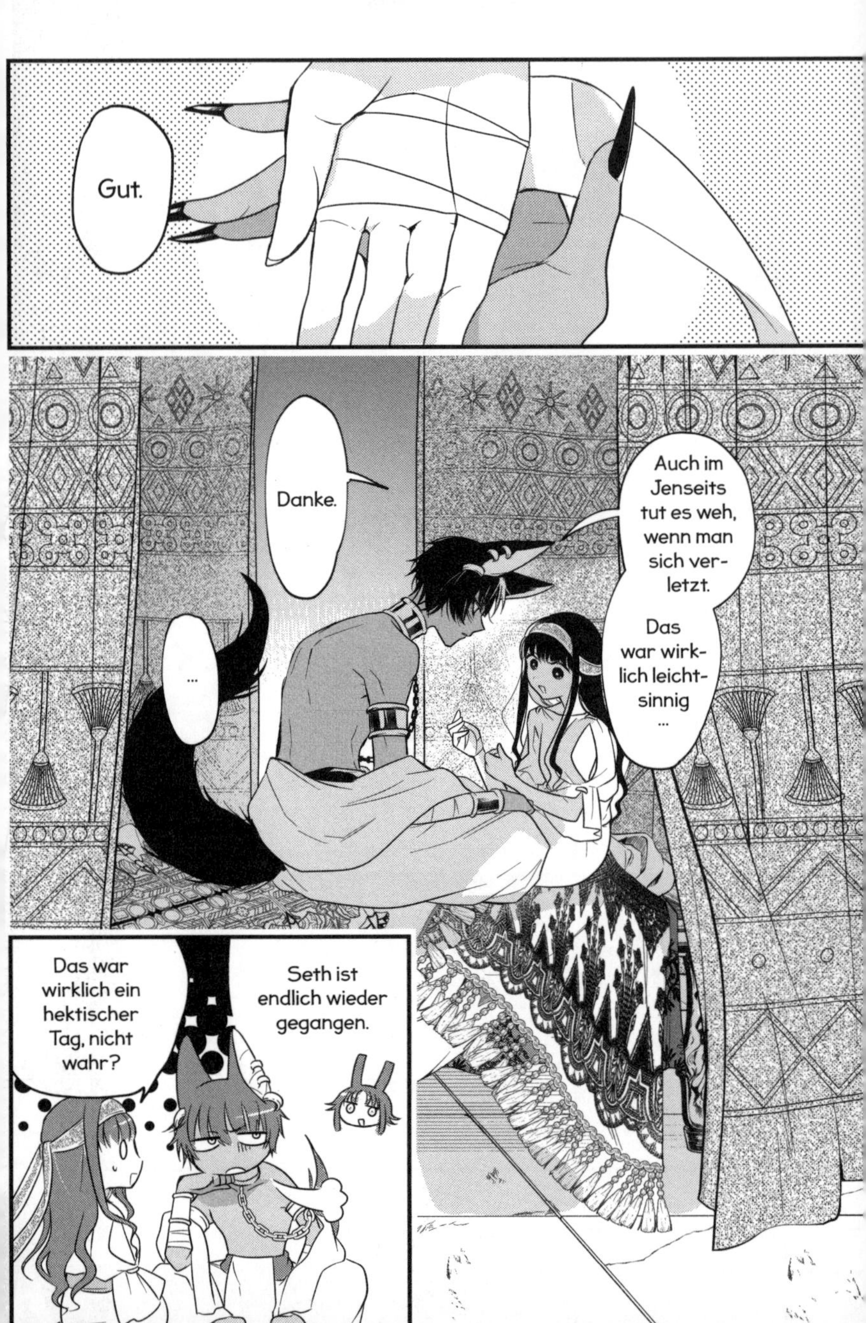
Gut.
Auch im Jenseits tut es weh, wenn man sich ver-letzt.
Das war wirk-lich leicht-sinnig ...
Danke.
...
Seth ist endlich wieder gegangen.
Das war wirklich ein hektischer Tag, nicht wahr?

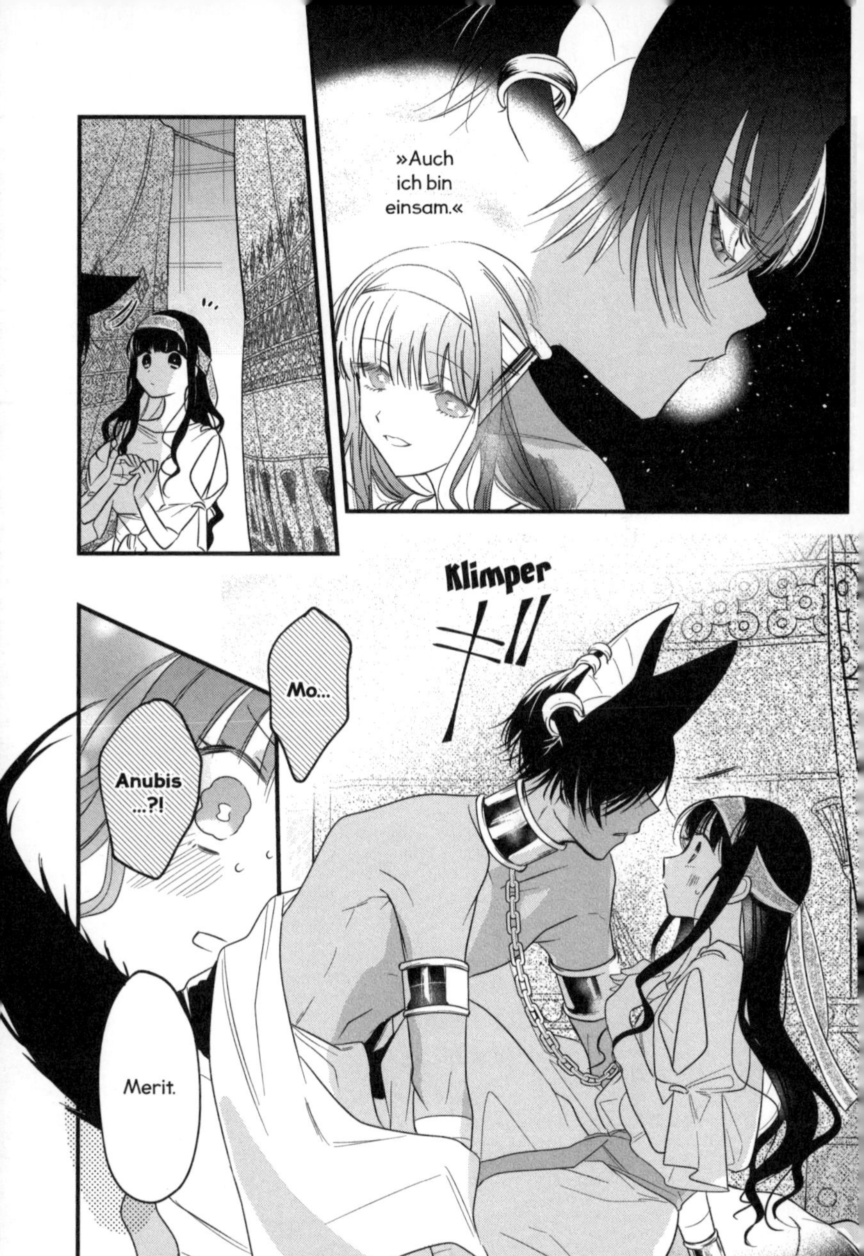
»Auch ich bin einsam.«
Klimper
Mo...
Anubis ...?!
Merit.

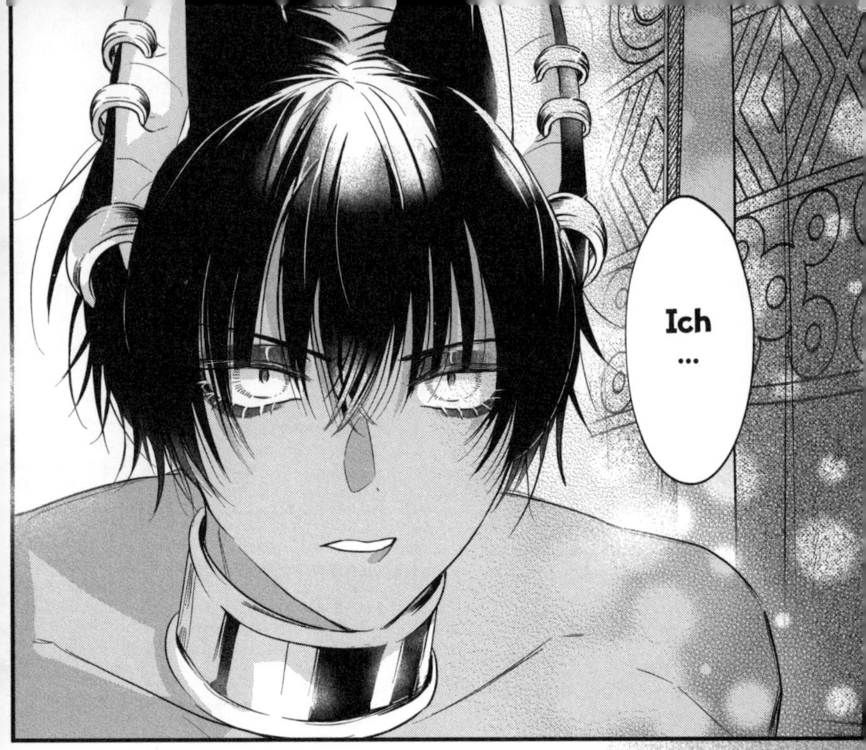
Ich
...

...
schicke
dich zurück
ins Dies-
seits.

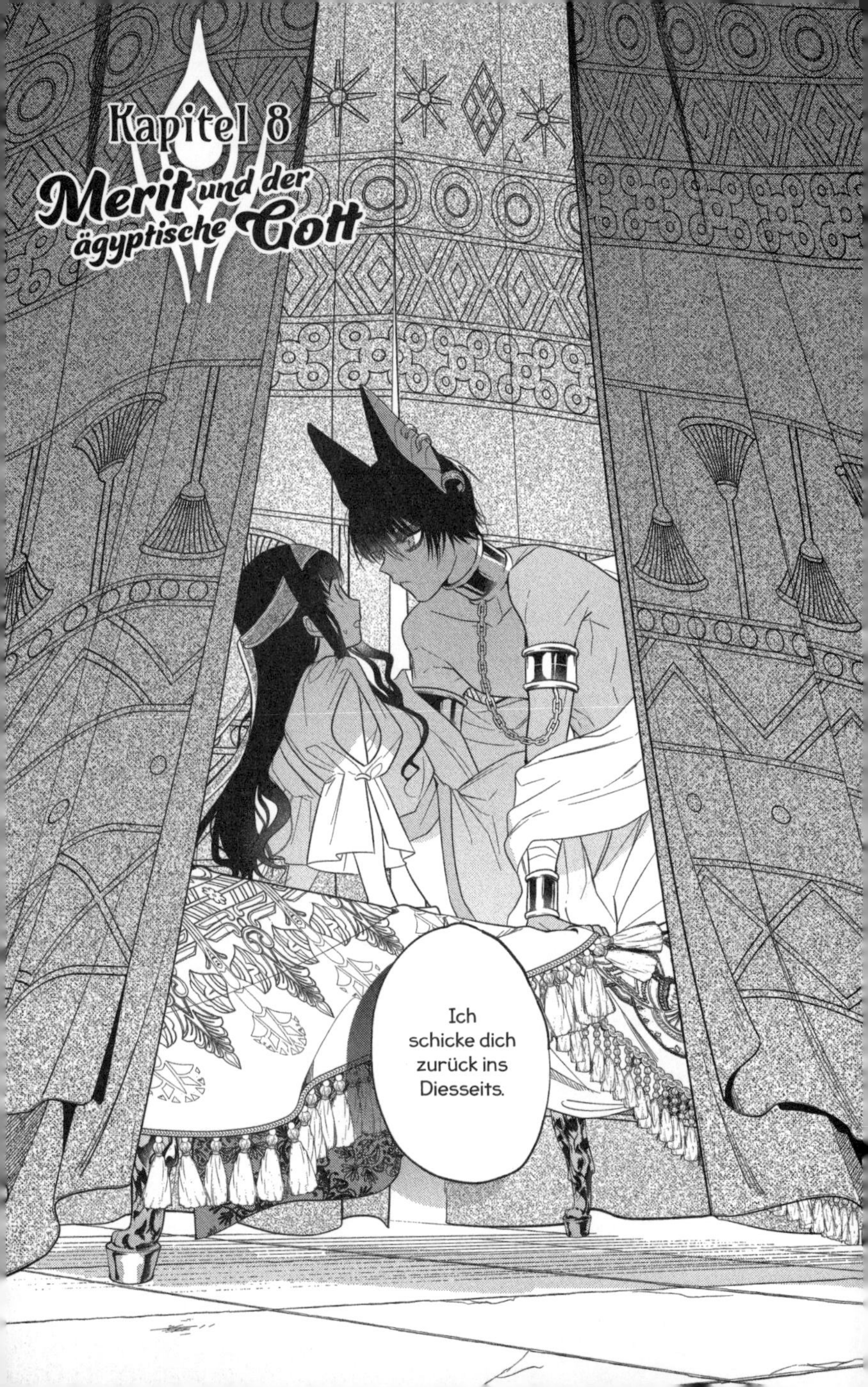
Kapitel 8
Merit und der ägyptische Gott
Ich schicke dich zurück ins Diesseits.

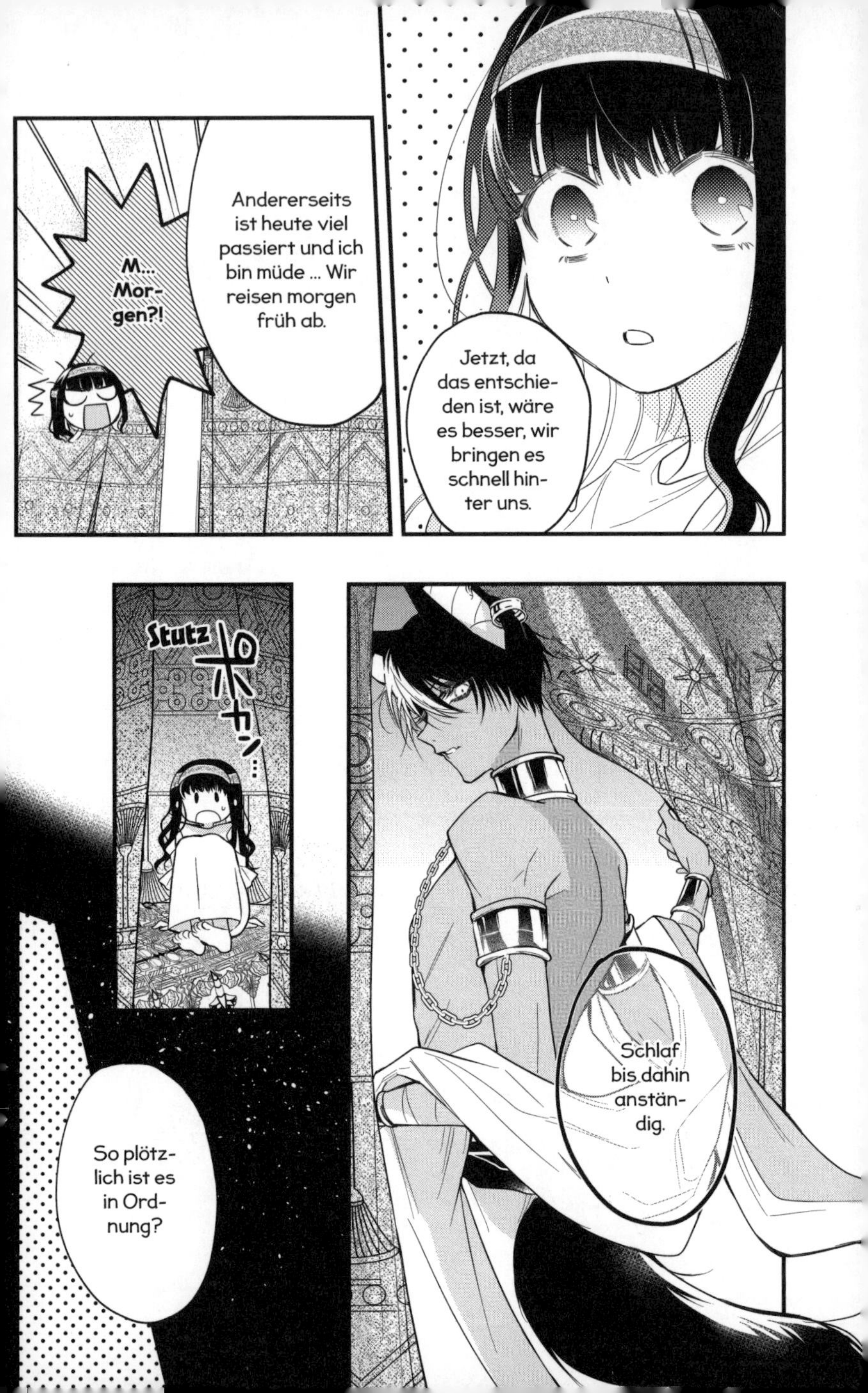

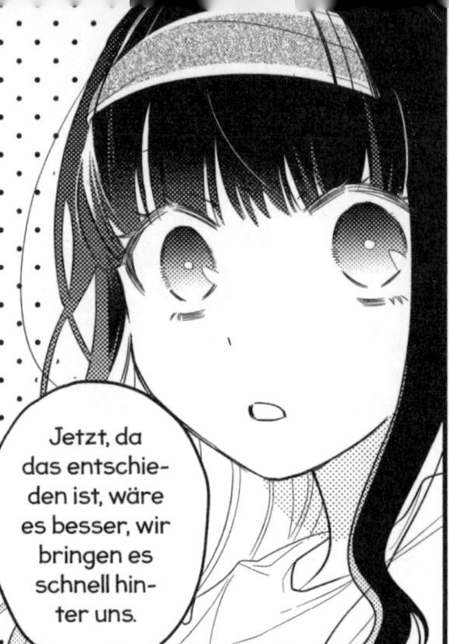

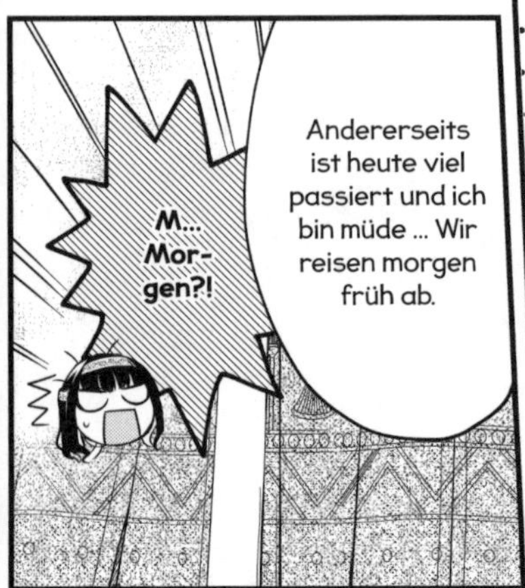

Schlaf bis dahin anständig.

Stutz

So plötzlich ist es in Ordnung?

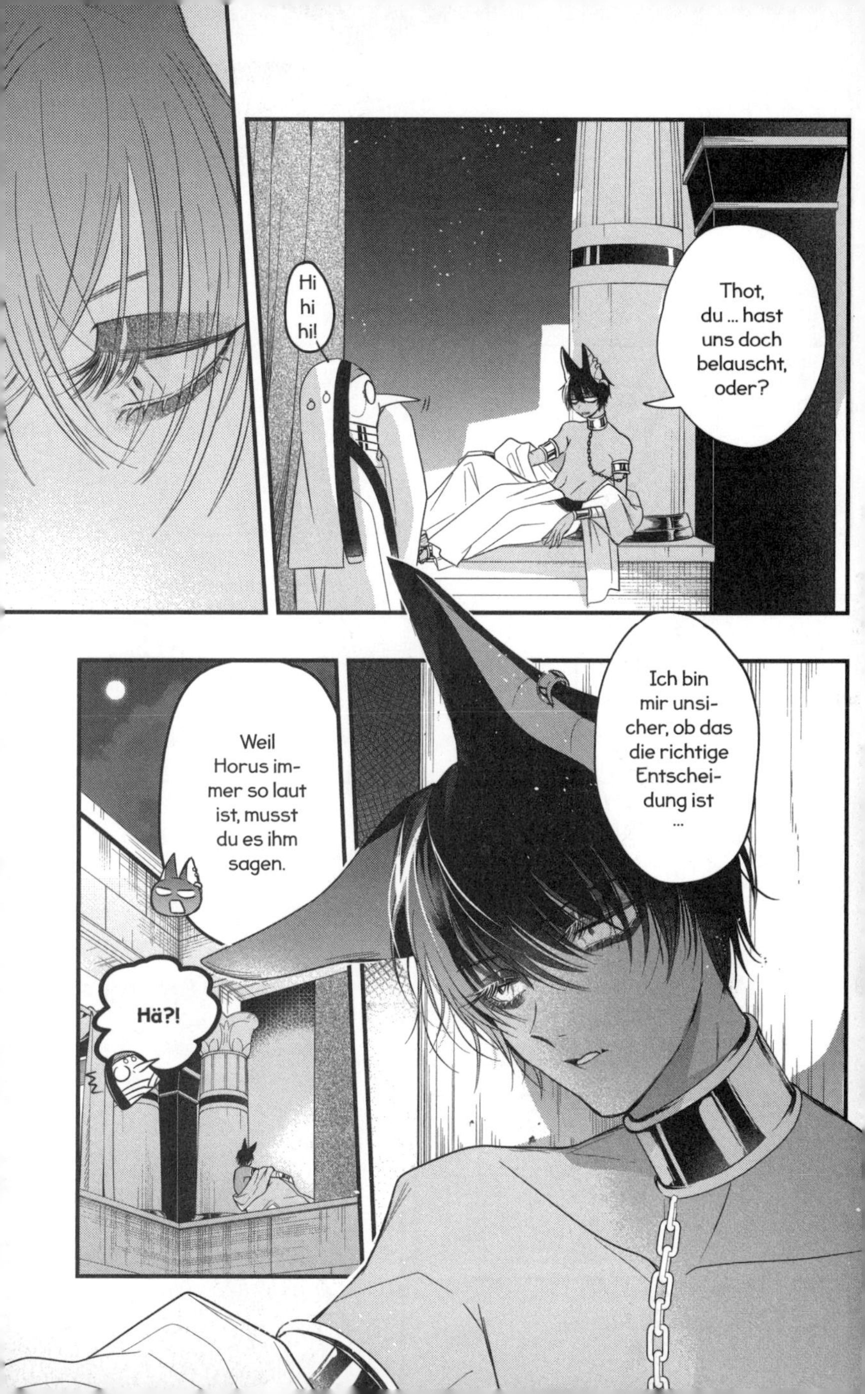
Hi hi hi!
Thot, du ... hast uns doch belauscht, oder?
Ich bin mir unsicher, ob das die richtige Entscheidung ist ...
Weil Horus immer so laut ist, musst du es ihm sagen.
Hä?!

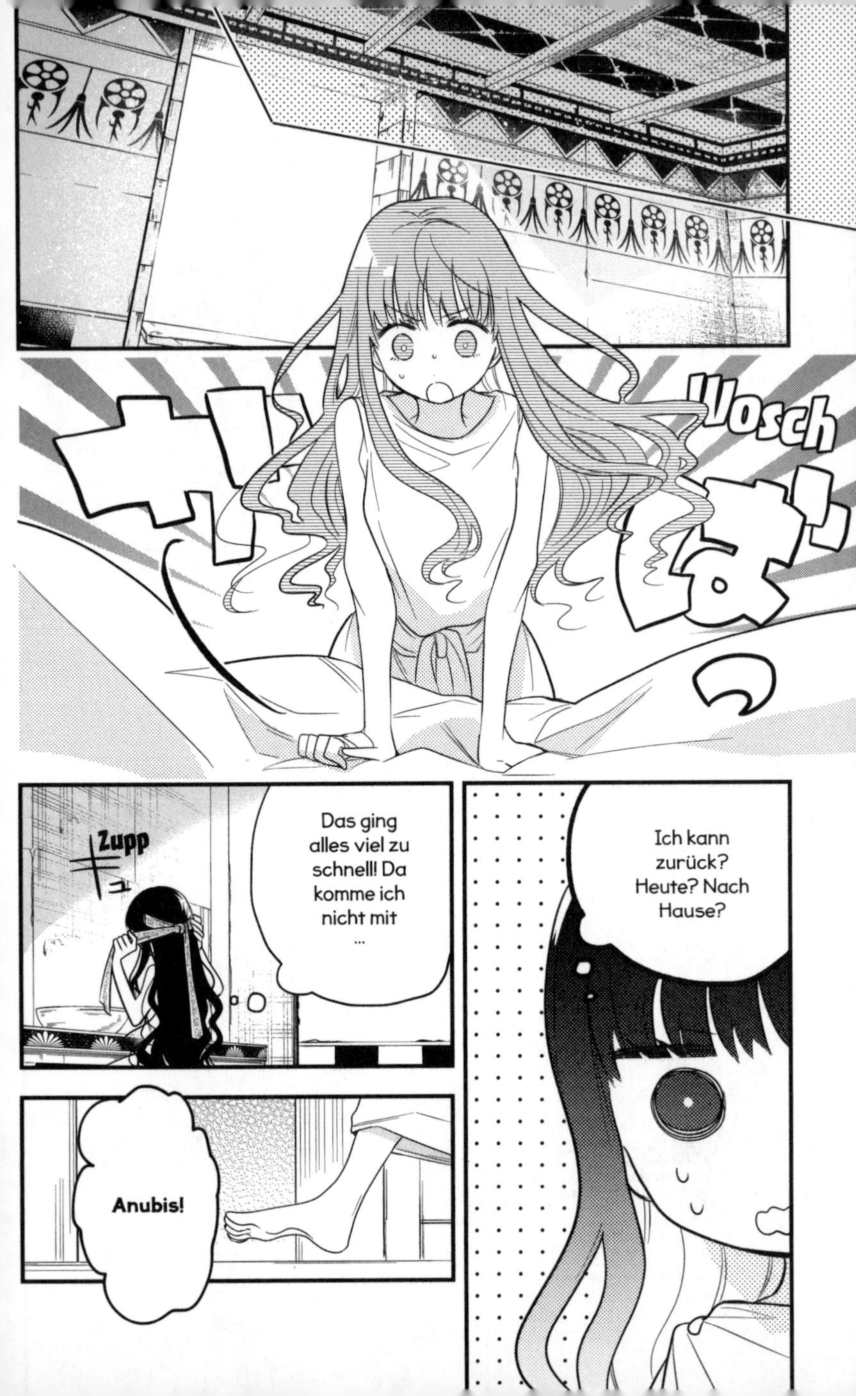
Wosch
Ich kann zurück? Heute? Nach Hause?
Das ging alles viel zu schnell! Da komme ich nicht mit ...
Zupp
Anubis!

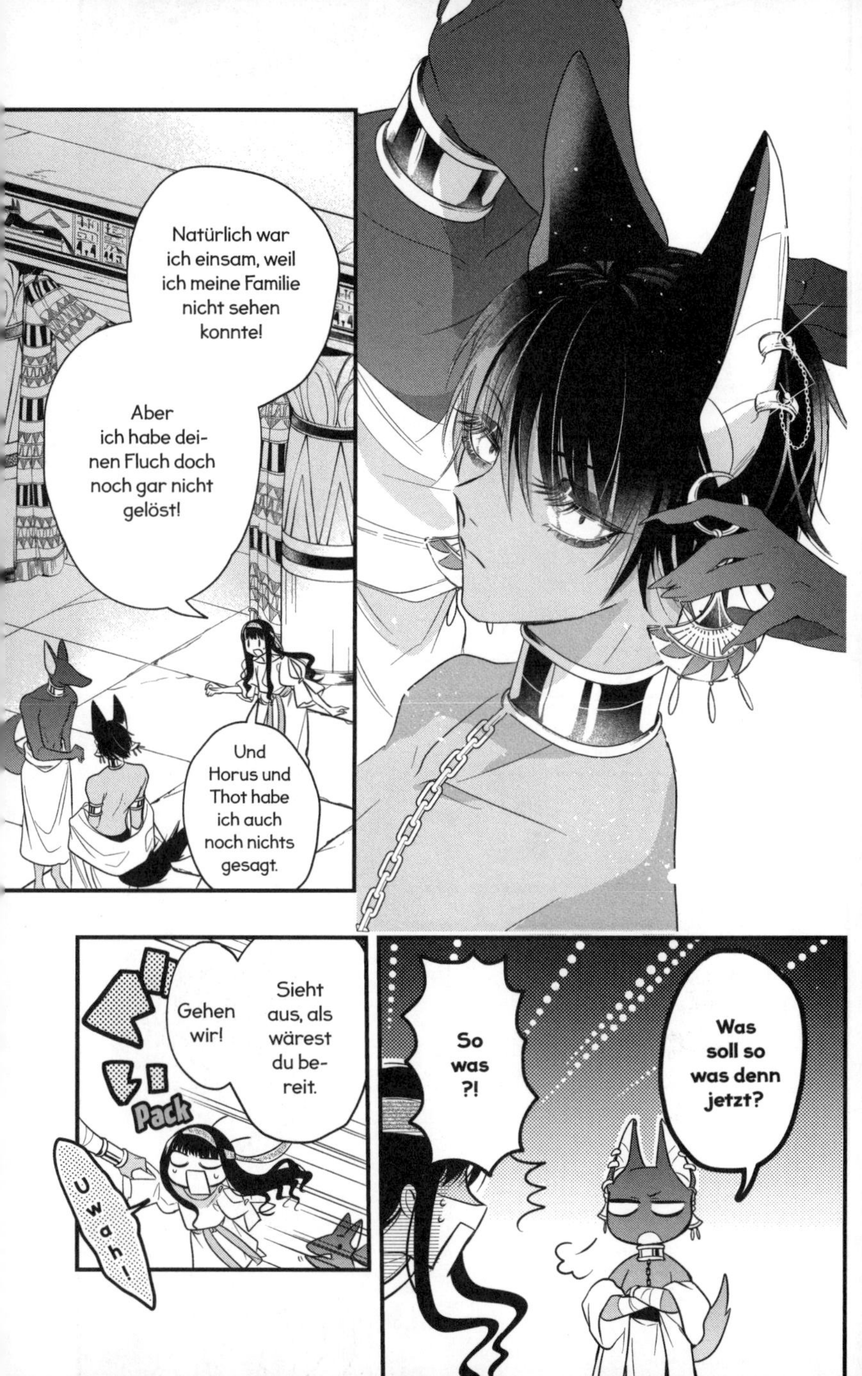

Natürlich war ich einsam, weil ich meine Familie nicht sehen konnte!
Aber ich habe deinen Fluch doch noch gar nicht gelöst!
Und Horus und Thot habe ich auch noch nichts gesagt.
Was soll so was denn jetzt?
So was?!
Sieht aus, als wärest du bereit.
Gehen wir!
Pack
Uwah!

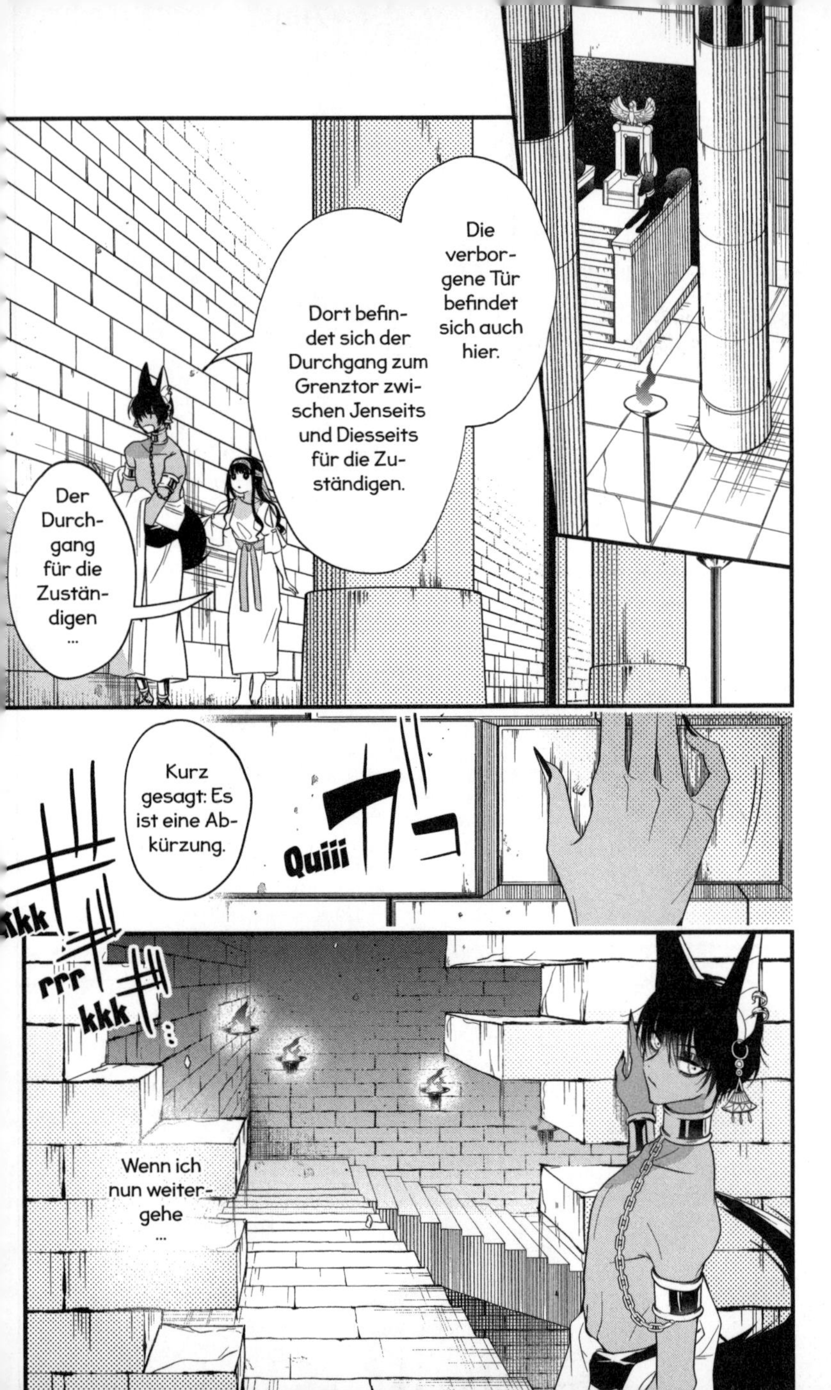

Die verborgene Tür befindet sich auch hier.
Dort befindet sich der Durchgang zum Grenztor zwischen Jenseits und Diesseits für die Zuständigen.
Der Durchgang für die Zuständigen ...
Kurz gesagt: Es ist eine Abkürzung.
Quiii
Kkk
rrr
kkk
Wenn ich nun weitergehe ...

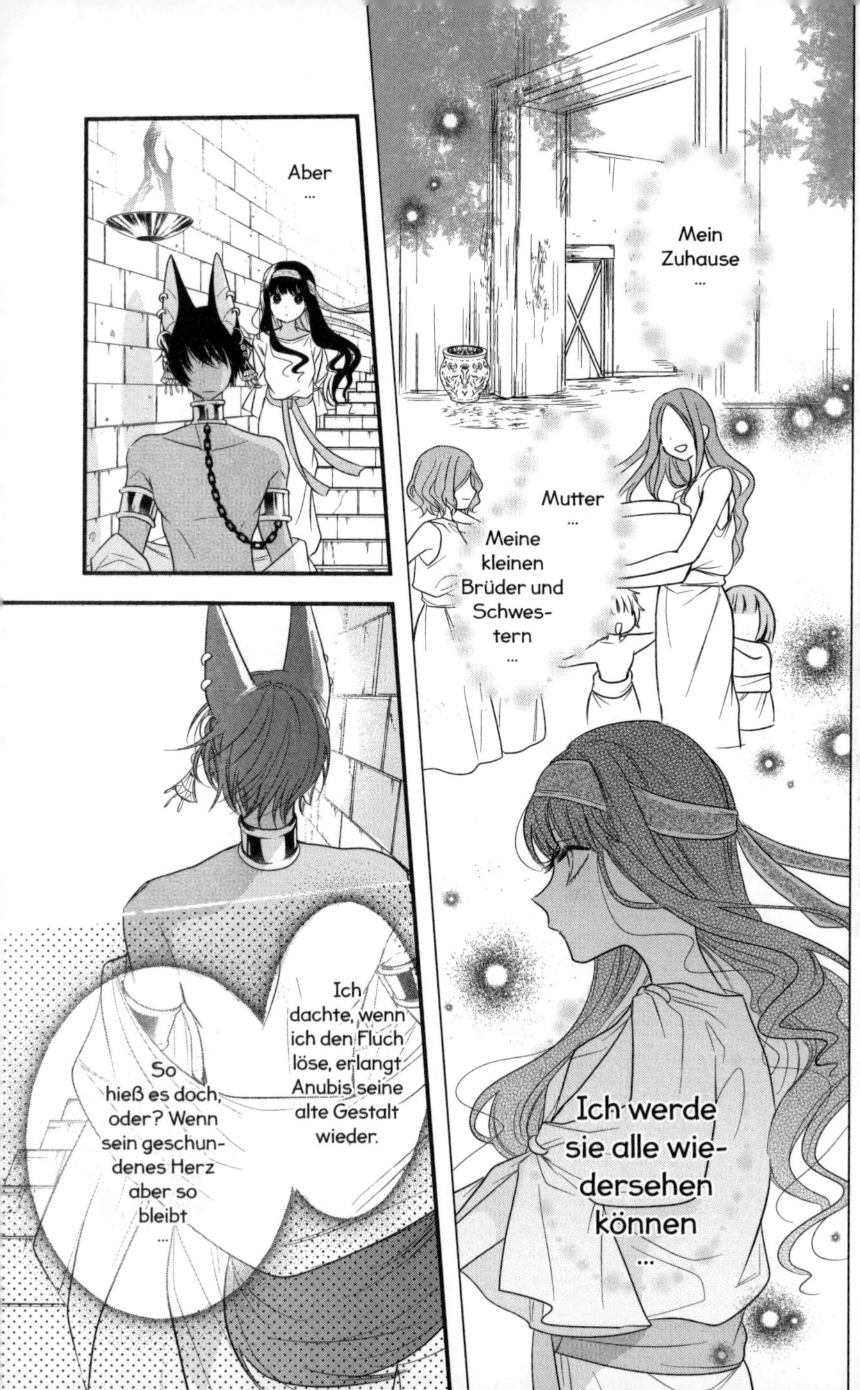
Mein Zuhause …
Mutter …
Meine kleinen Brüder und Schwestern …
Ich werde sie alle wiedersehen können …
Aber …
Ich dachte, wenn ich den Fluch löse, erlangt Anubis seine alte Gestalt wieder.
So hieß es doch, oder? Wenn sein geschundenes Herz aber so bleibt …

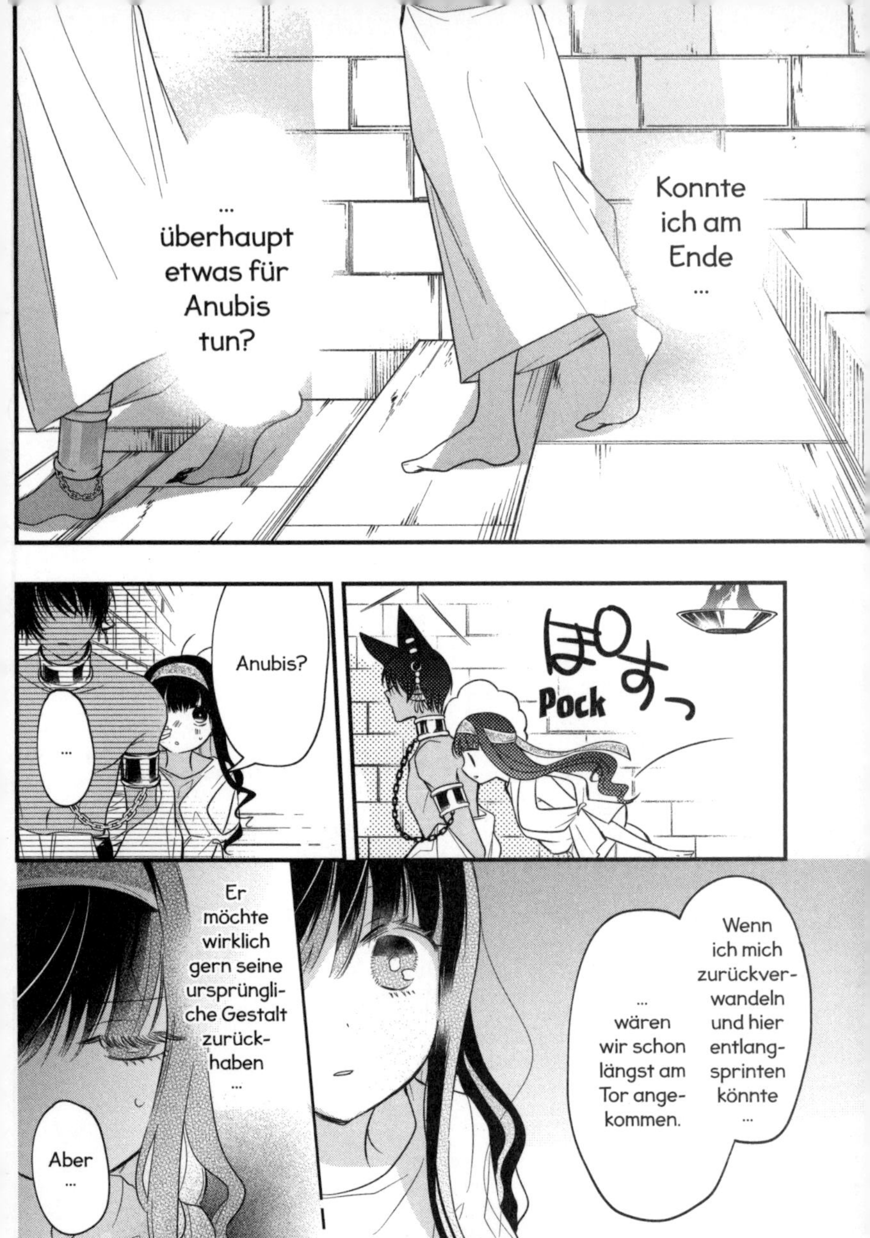
Konnte ich am Ende ...
... überhaupt etwas für Anubis tun?
Anubis?
...
ぽすっ
Pock
Wenn ich mich zurückverwandeln und hier entlangsprinten könnte ...
... wären wir schon längst am Tor angekommen.
Er möchte wirklich gern seine ursprüngliche Gestalt zurückhaben ...
Aber ...

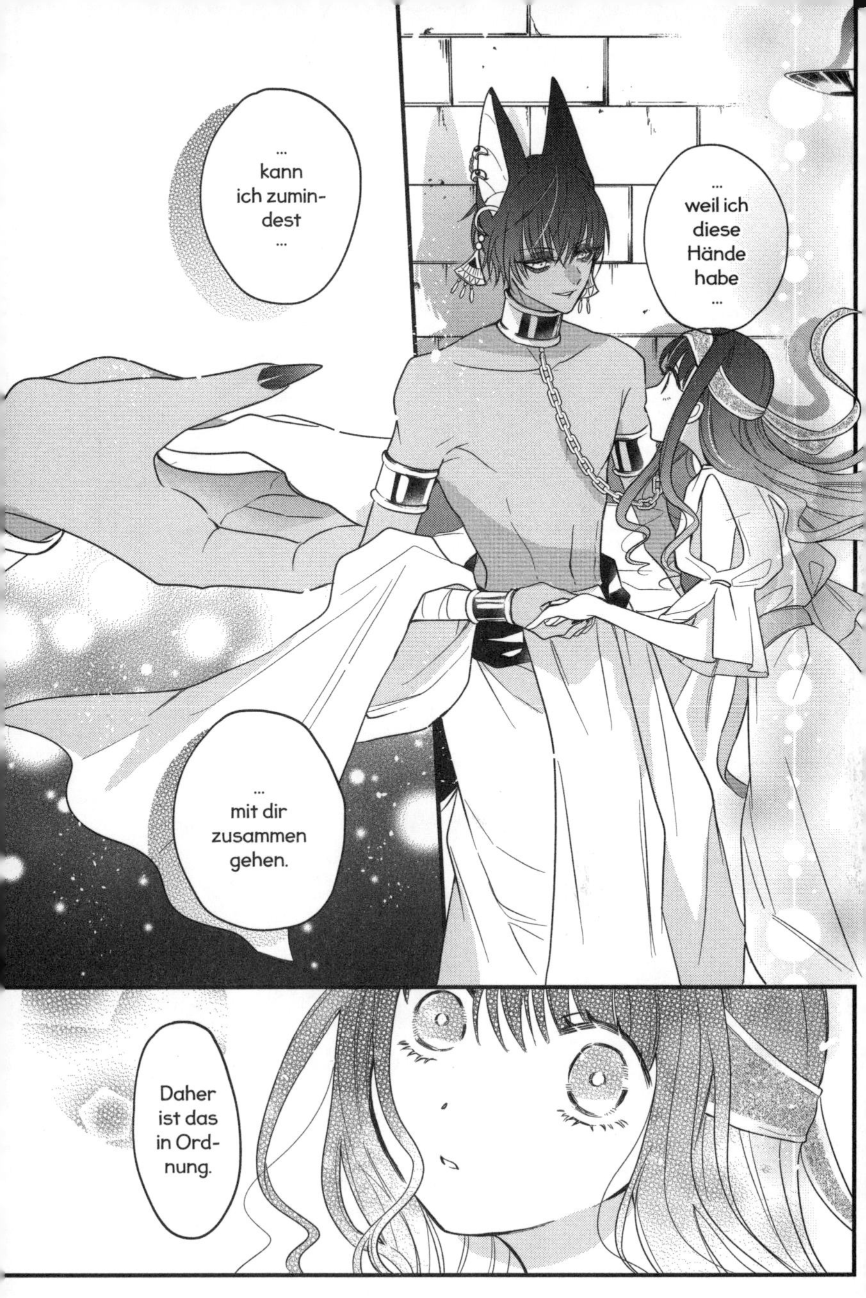
... weil ich diese Hände habe ...
... kann ich zumin-dest ...
... mit dir zusammen gehen.
Daher ist das in Ord-nung.

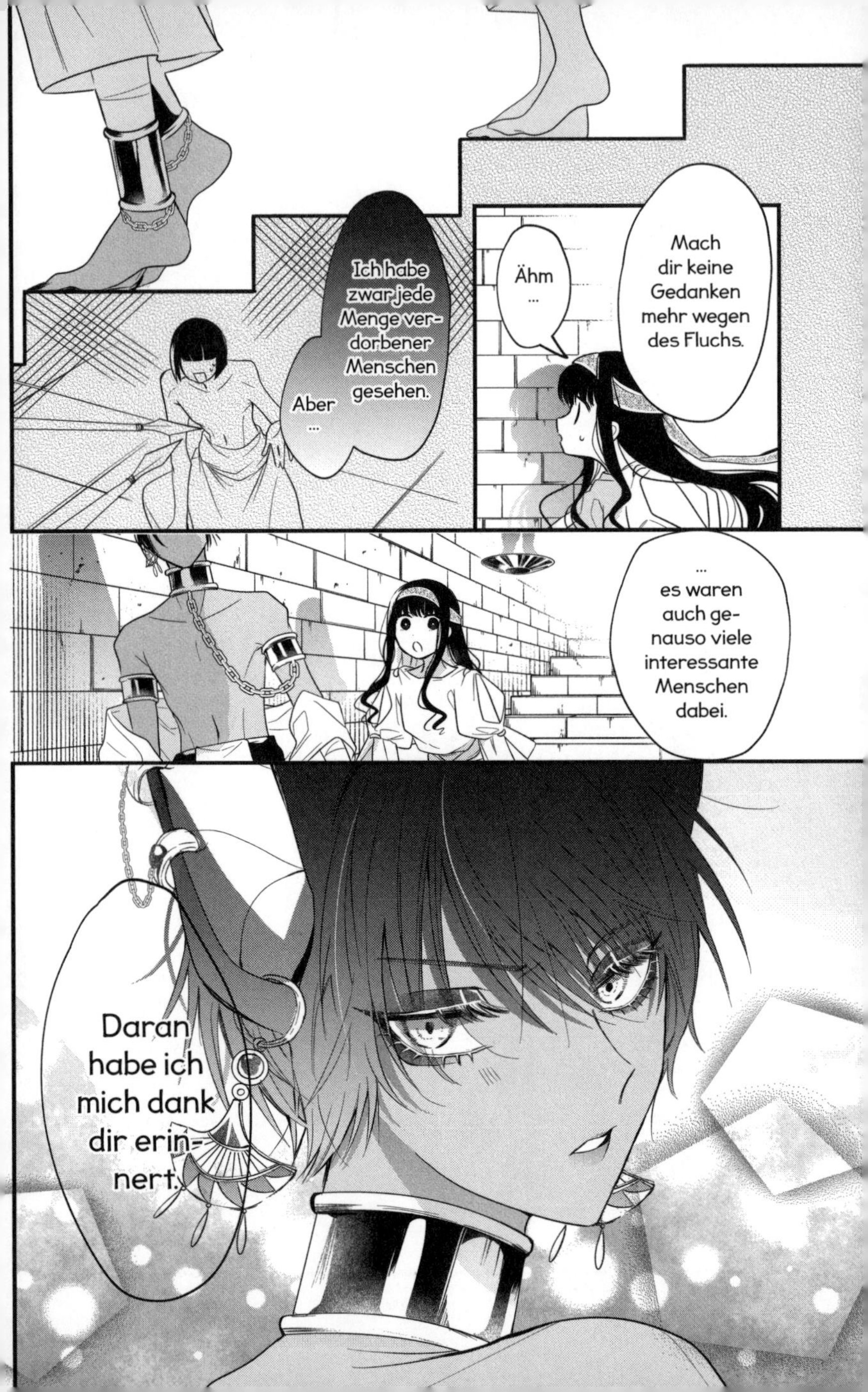
Mach dir keine Gedanken mehr wegen des Fluchs.
Ähm …
Ich habe zwar jede Menge verdorbener Menschen gesehen.
Aber …
… es waren auch genauso viele interessante Menschen dabei.
Daran habe ich mich dank dir erinnert.

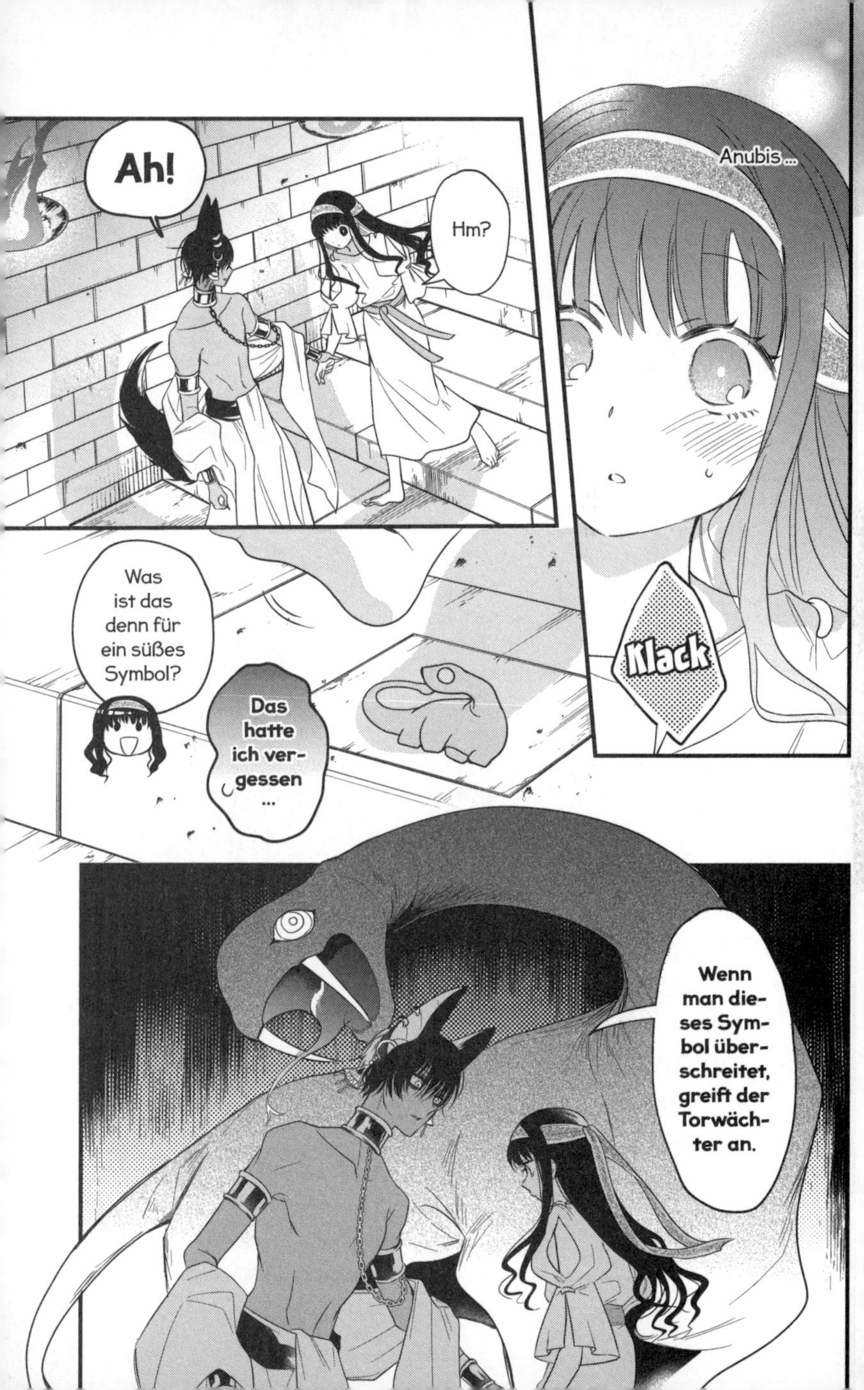
Anubis ...
Hm?
Ah!
Klack
Was ist das denn für ein süßes Symbol?
Das hatte ich vergessen ...
Wenn man dieses Symbol überschreitet, greift der Torwächter an.

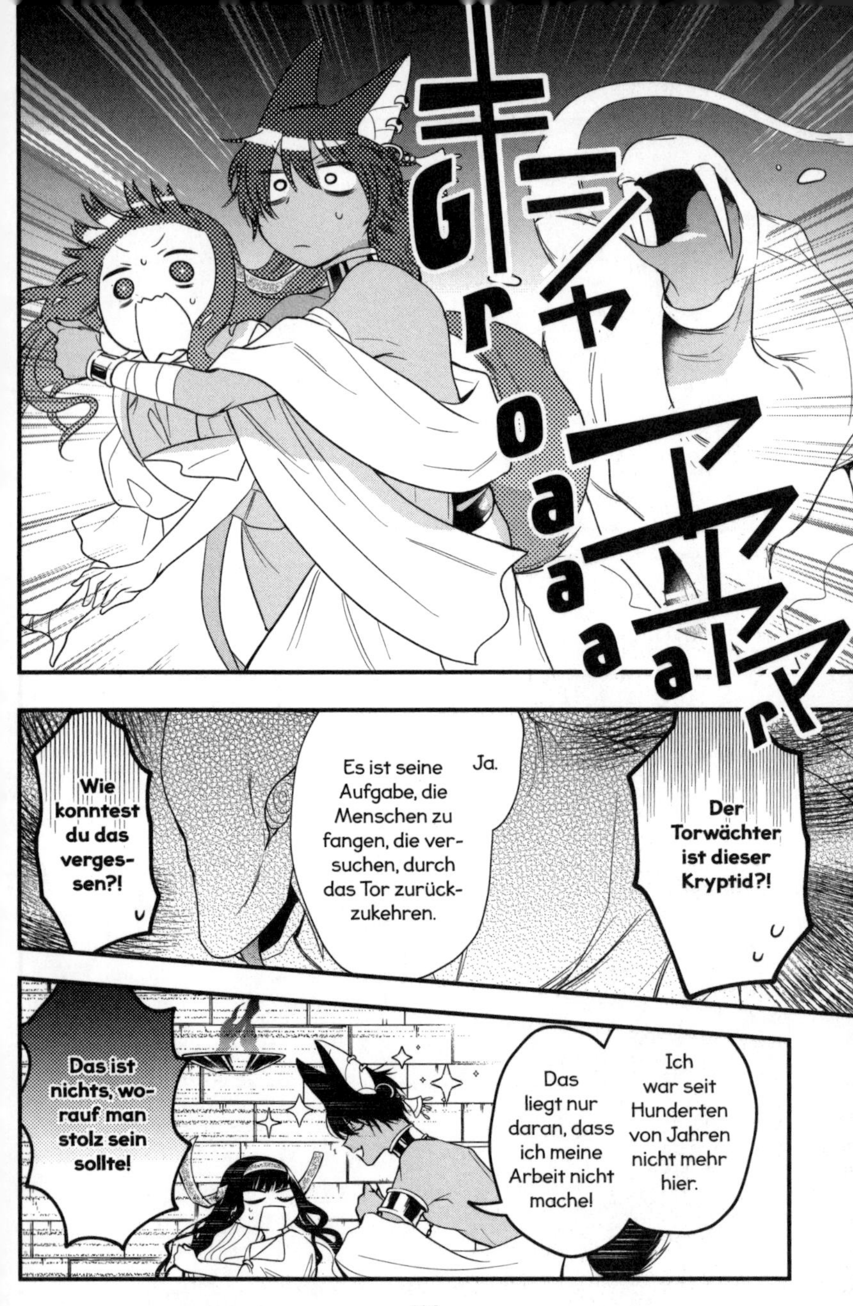
Groaaaaar
Ja.
Es ist seine Aufgabe, die Menschen zu fangen, die ver-suchen, durch das Tor zurück-zukehren.
Der Torwächter ist dieser Kryptid?!
Wie konntest du das verges-sen?!
Ich war seit Hunderten von Jahren nicht mehr hier.
Das liegt nur daran, dass ich meine Arbeit nicht mache!
Das ist nichts, wo-rauf man stolz sein sollte!

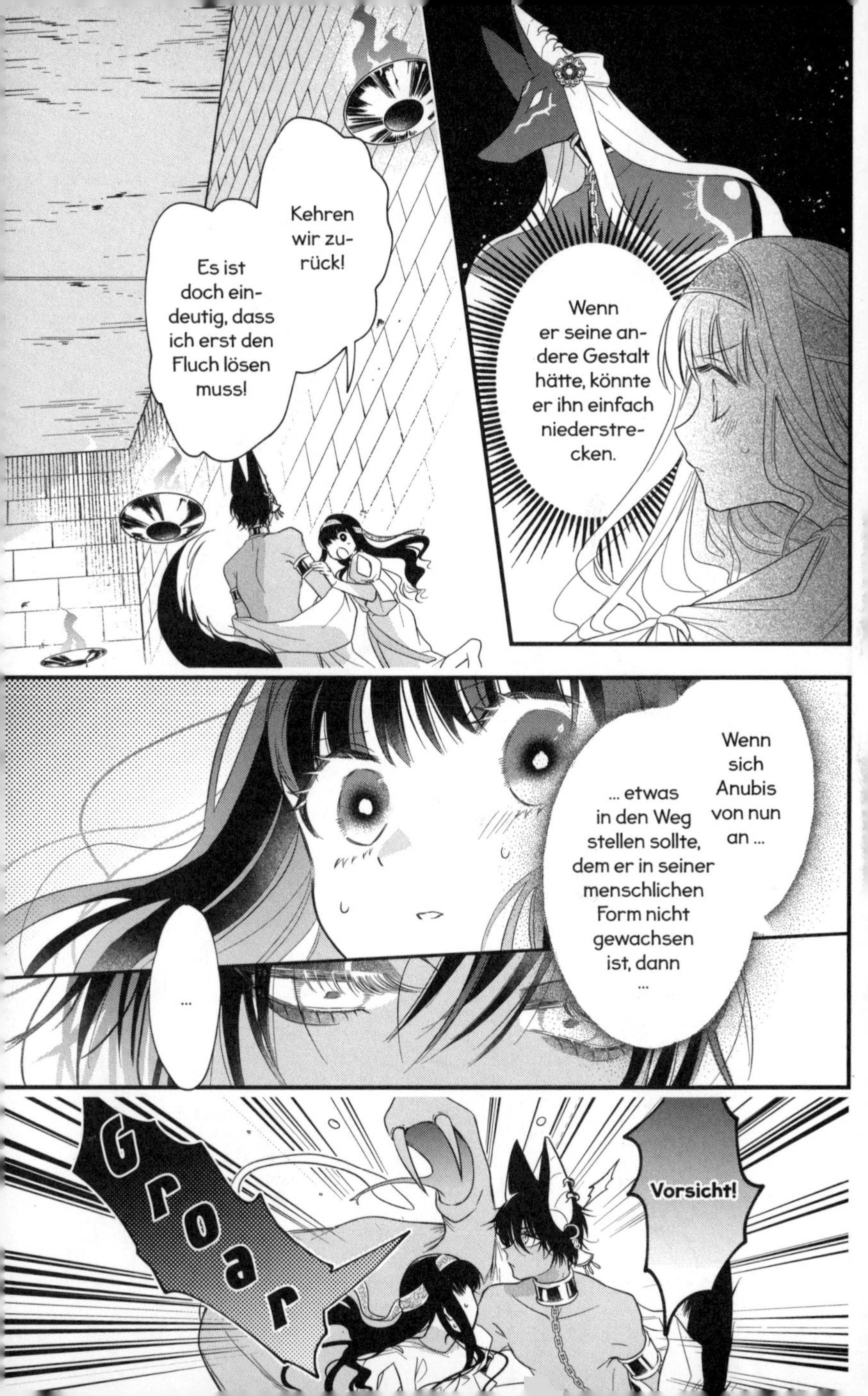

Wenn er seine andere Gestalt hätte, könnte er ihn einfach niederstrecken.
Kehren wir zurück!
Es ist doch eindeutig, dass ich erst den Fluch lösen muss!
Wenn sich Anubis von nun an ...
... etwas in den Weg stellen sollte, dem er in seiner menschlichen Form nicht gewachsen ist, dann ...
...
Vorsicht!
Groar

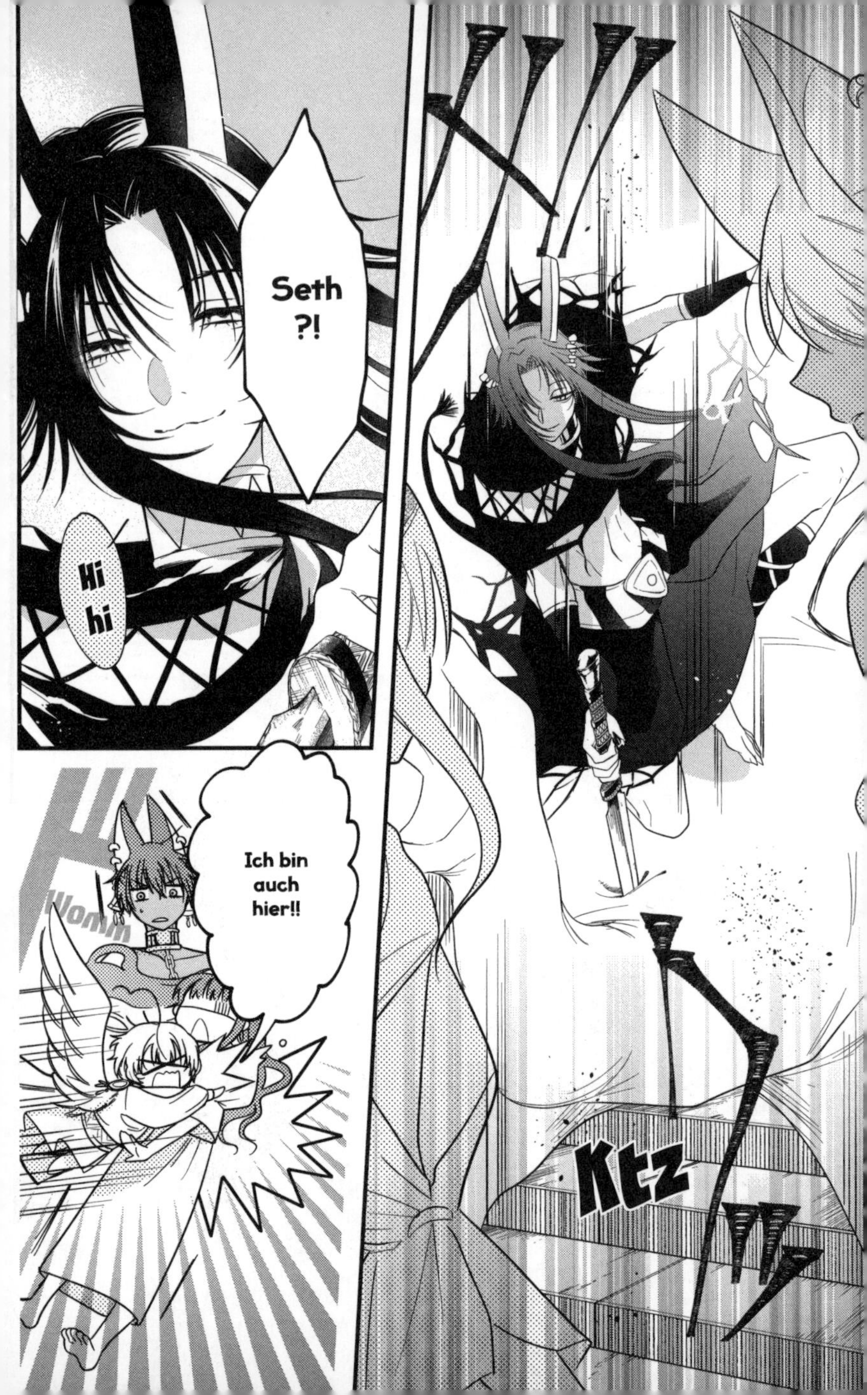
Ktz
Seth ?!
Hi hi
Womm
Ich bin auch hier!!

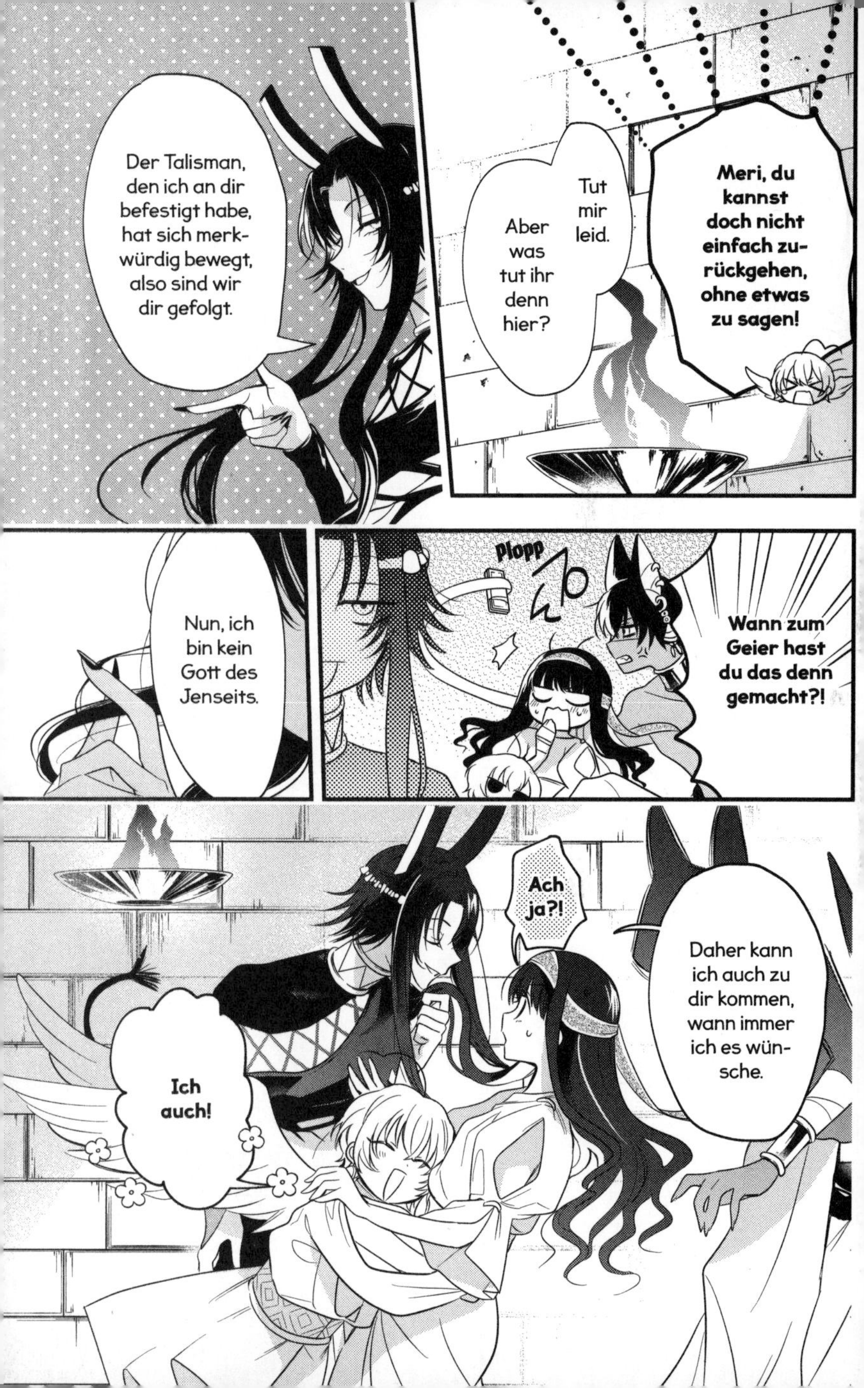
Meri, du kannst doch nicht einfach zurückgehen, ohne etwas zu sagen!
Tut mir leid.
Aber was tut ihr denn hier?
Der Talisman, den ich an dir befestigt habe, hat sich merkwürdig bewegt, also sind wir dir gefolgt.
Plopp
Wann zum Geier hast du das denn gemacht?!
Nun, ich bin kein Gott des Jenseits.
Daher kann ich auch zu dir kommen, wann immer ich es wünsche.
Ach ja?!
Ich auch!

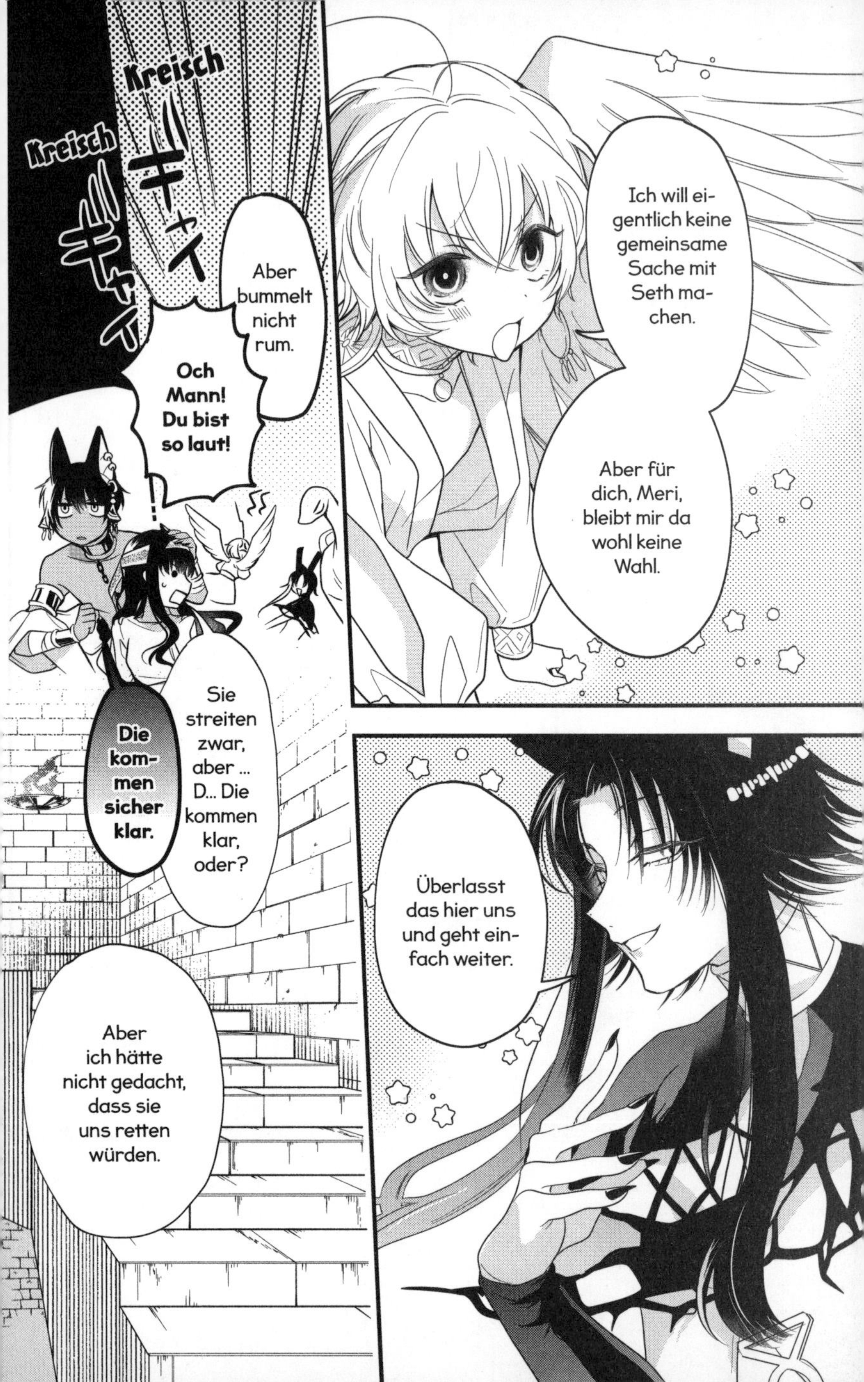
Ich will eigentlich keine gemeinsame Sache mit Seth machen.
Aber für dich, Meri, bleibt mir da wohl keine Wahl.
Kreisch
ギャイ
Kreisch
ギャイ
Aber bummelt nicht rum.
Och Mann! Du bist so laut!
Überlasst das hier uns und geht einfach weiter.
Sie streiten zwar, aber ... D... Die kommen klar, oder?
Die kommen sicher klar.
Aber ich hätte nicht gedacht, dass sie uns retten würden.

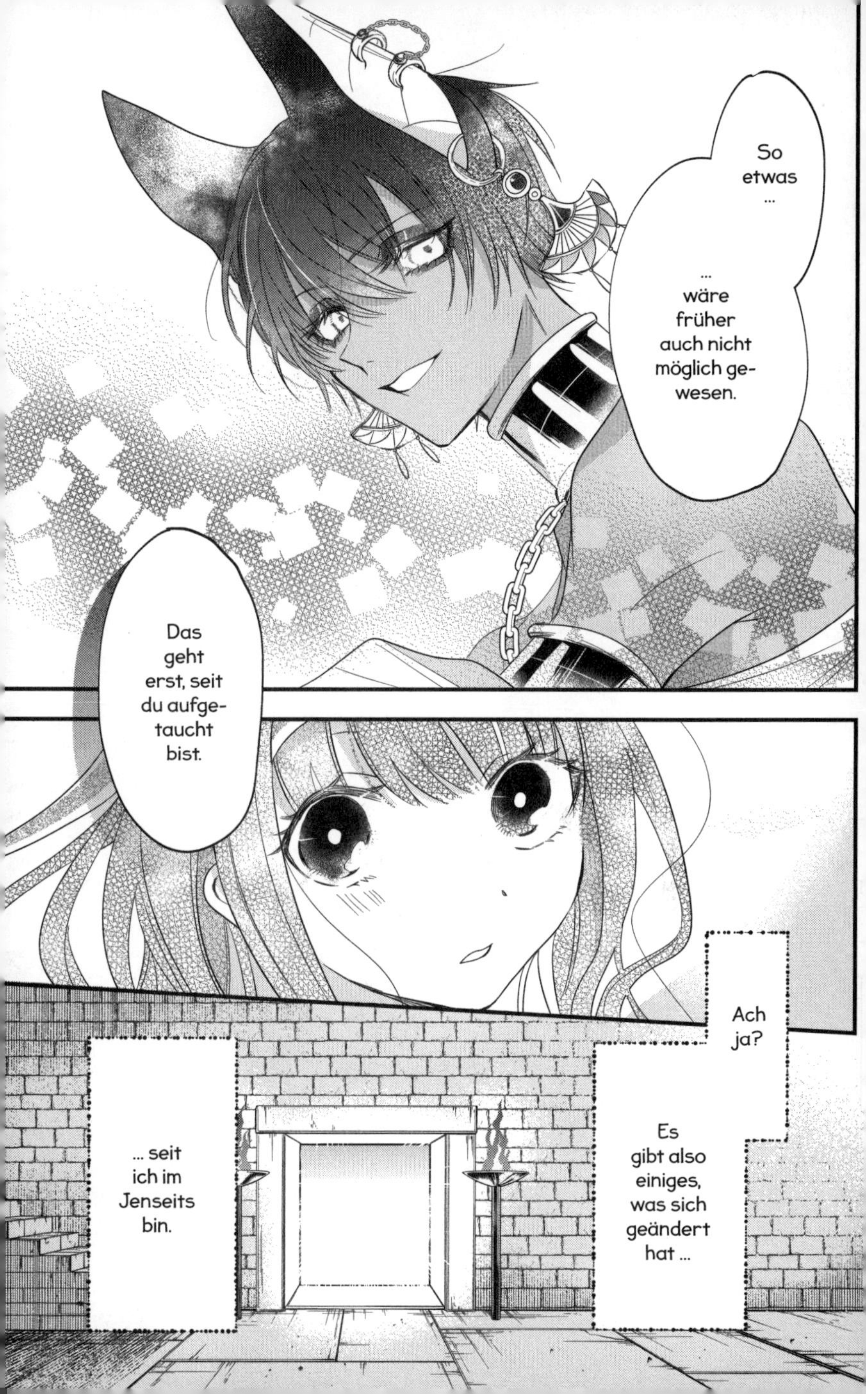
So etwas ...
... wäre früher auch nicht möglich gewesen.
Das geht erst, seit du aufgetaucht bist.
Ach ja?
Es gibt also einiges, was sich geändert hat ...
... seit ich im Jenseits bin.

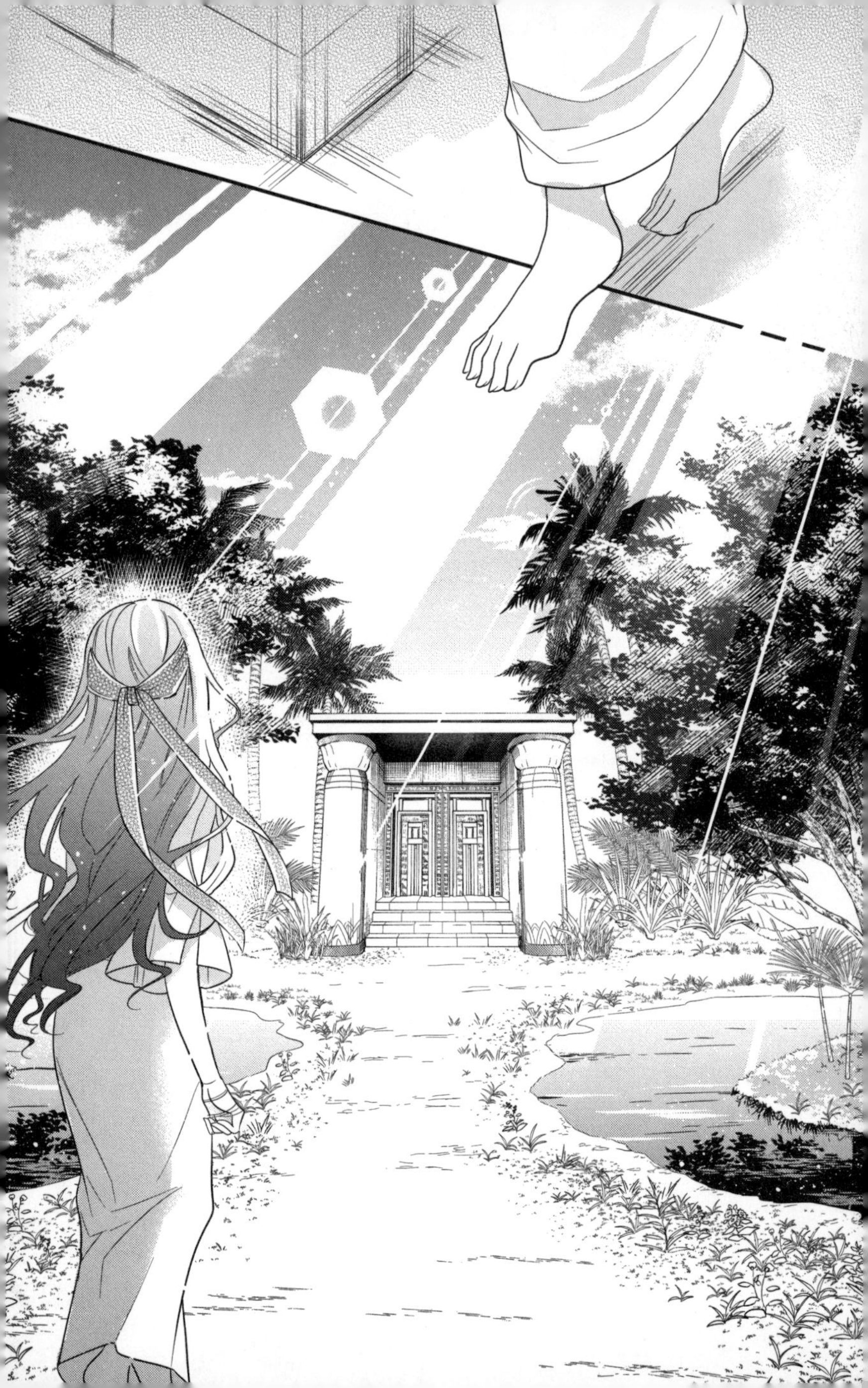

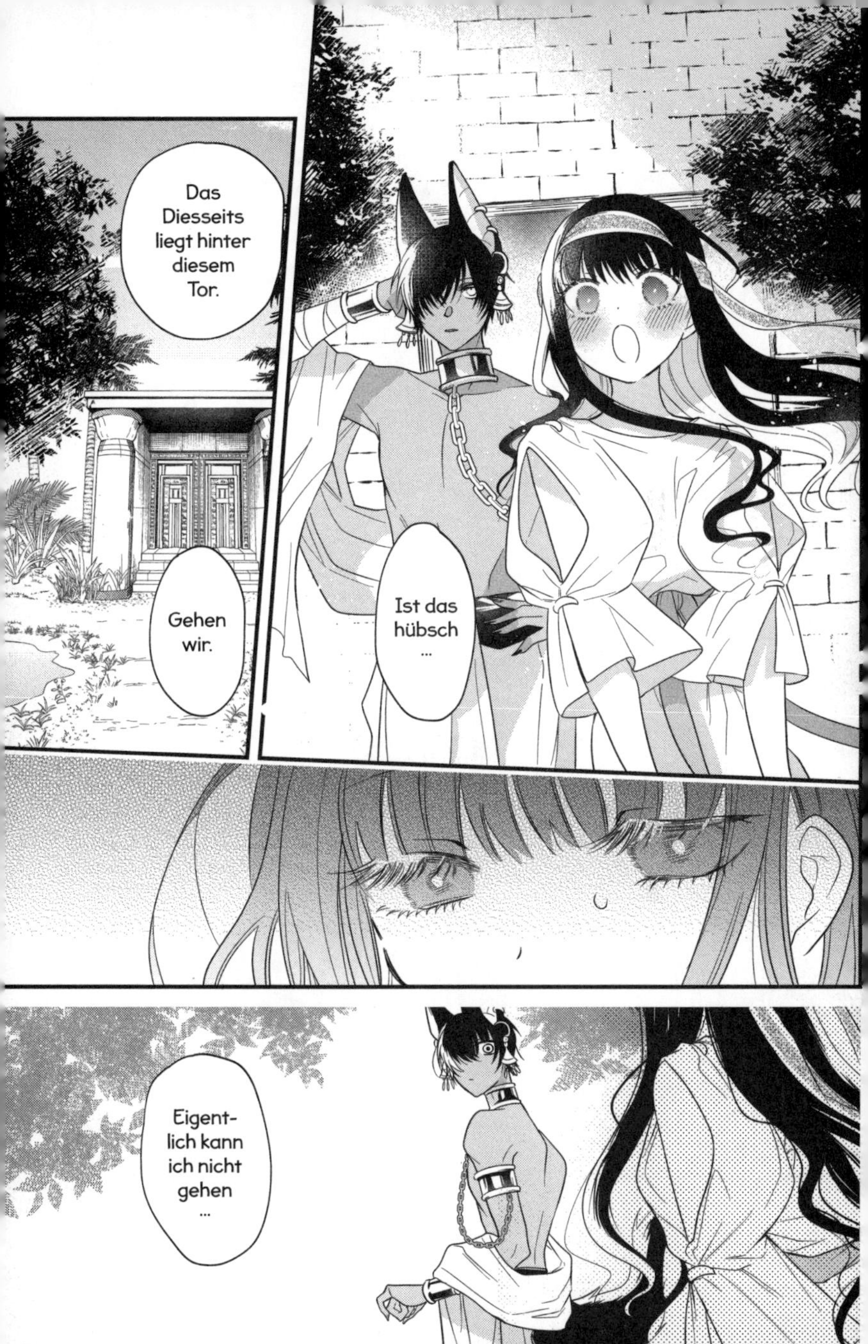
Das Diesseits liegt hinter diesem Tor.
Ist das hübsch ...
Gehen wir.
Eigentlich kann ich nicht gehen ...

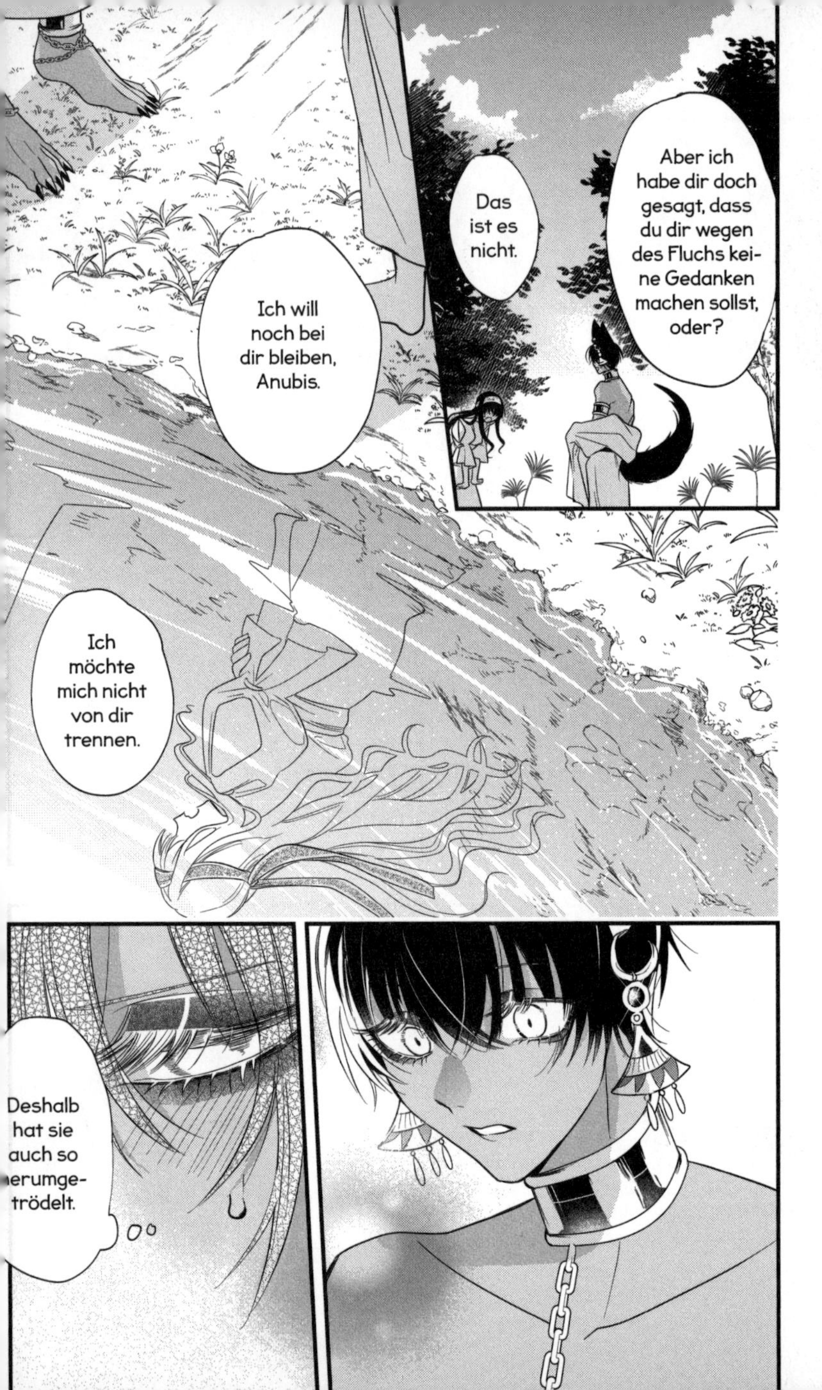

Aber ich habe dir doch gesagt, dass du dir wegen des Fluchs keine Gedanken machen sollst, oder?
Das ist es nicht.
Ich will noch bei dir bleiben, Anubis.
Ich möchte mich nicht von dir trennen.
Deshalb hat sie auch so herumgetrödelt.

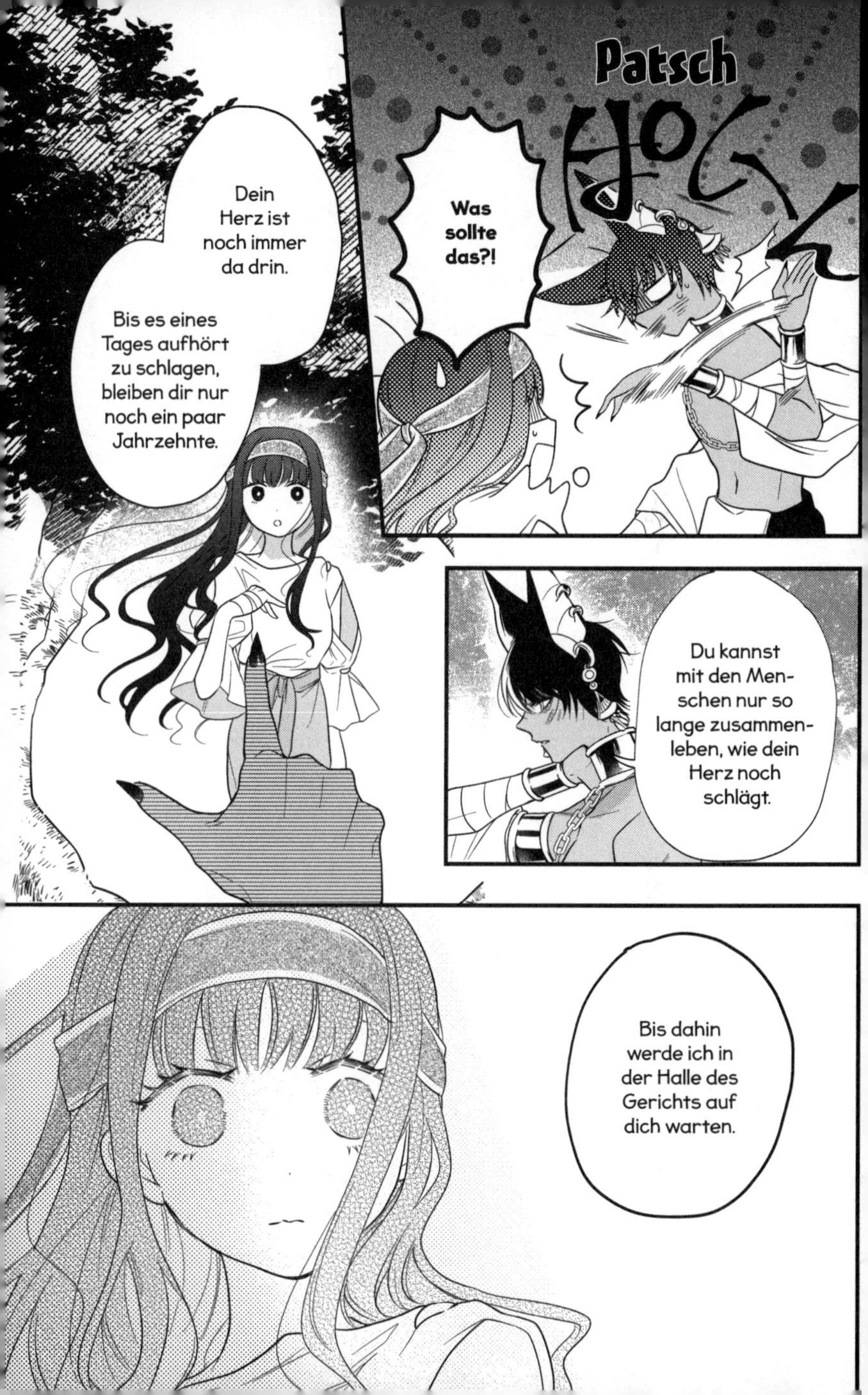
Patsch
Was sollte das?!
Dein Herz ist noch immer da drin.
Bis es eines Tages aufhört zu schlagen, bleiben dir nur noch ein paar Jahrzehnte.
Du kannst mit den Men-schen nur so lange zusammen-leben, wie dein Herz noch schlägt.
Bis dahin werde ich in der Halle des Gerichts auf dich warten.

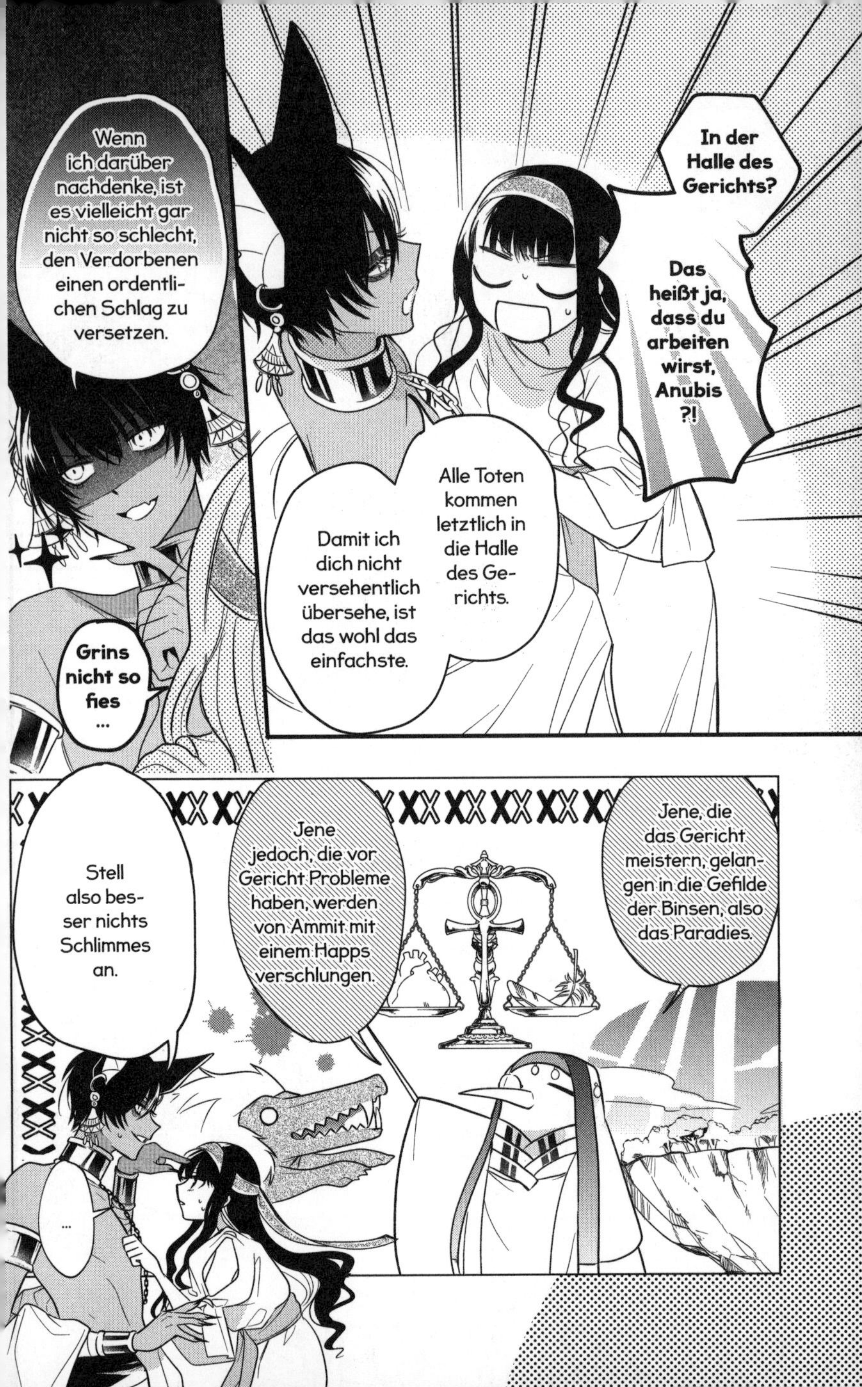
In der Halle des Gerichts?
Das heißt ja, dass du arbeiten wirst, Anubis?!
Alle Toten kommen letztlich in die Halle des Gerichts.
Damit ich dich nicht versehentlich übersehe, ist das wohl das einfachste.
Wenn ich darüber nachdenke, ist es vielleicht gar nicht so schlecht, den Verdorbenen einen ordentlichen Schlag zu versetzen.
Grins nicht so fies ...
Jene, die das Gericht meistern, gelangen in die Gefilde der Binsen, also das Paradies.
Jene jedoch, die vor Gericht Probleme haben, werden von Ammit mit einem Happs verschlungen.
Stell also besser nichts Schlimmes an.
...

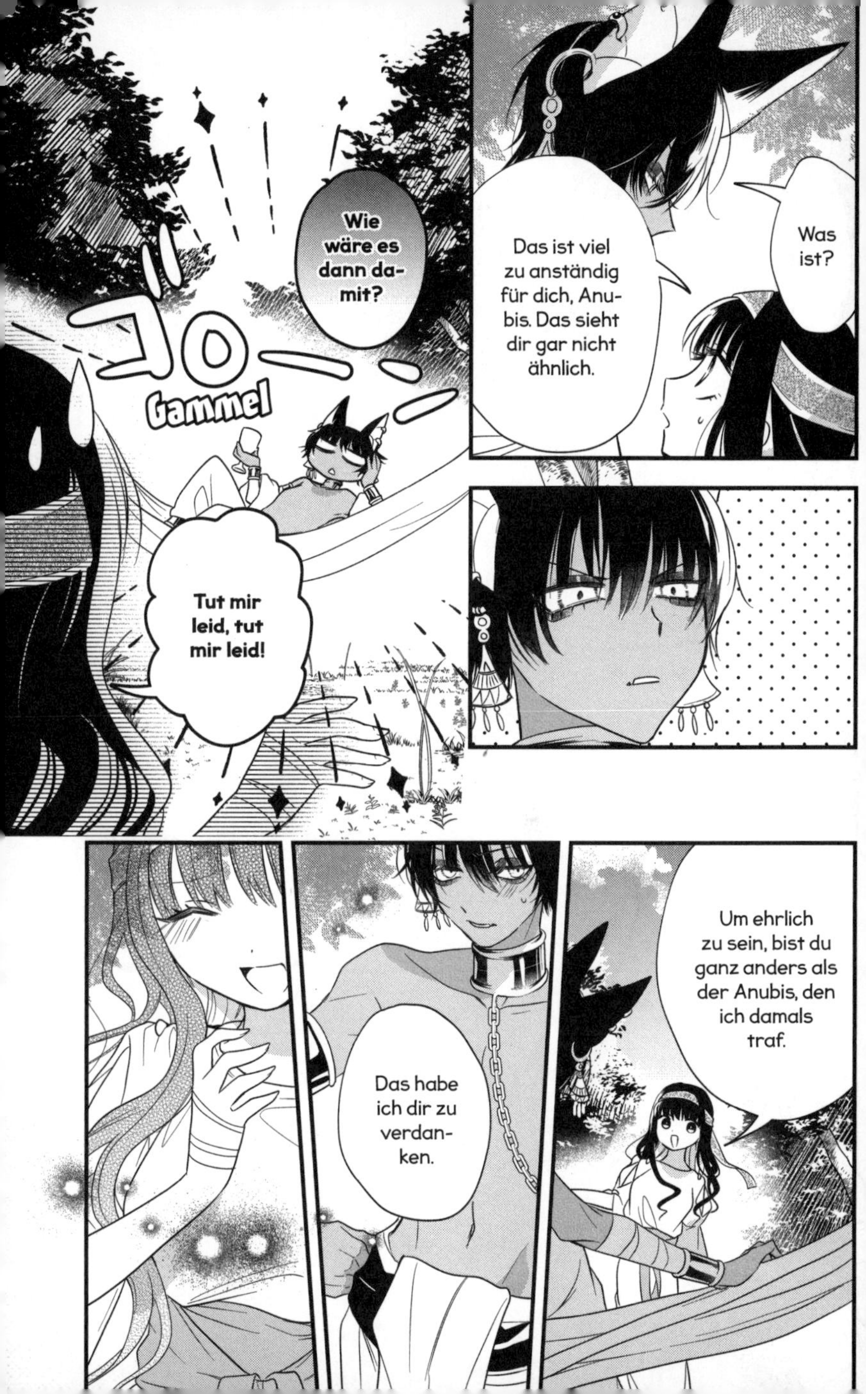
Was ist?
Das ist viel zu anständig für dich, Anubis. Das sieht dir gar nicht ähnlich.
Wie wäre es dann damit?
Gammel
Tut mir leid, tut mir leid!
Um ehrlich zu sein, bist du ganz anders als der Anubis, den ich damals traf.
Das habe ich dir zu verdanken.

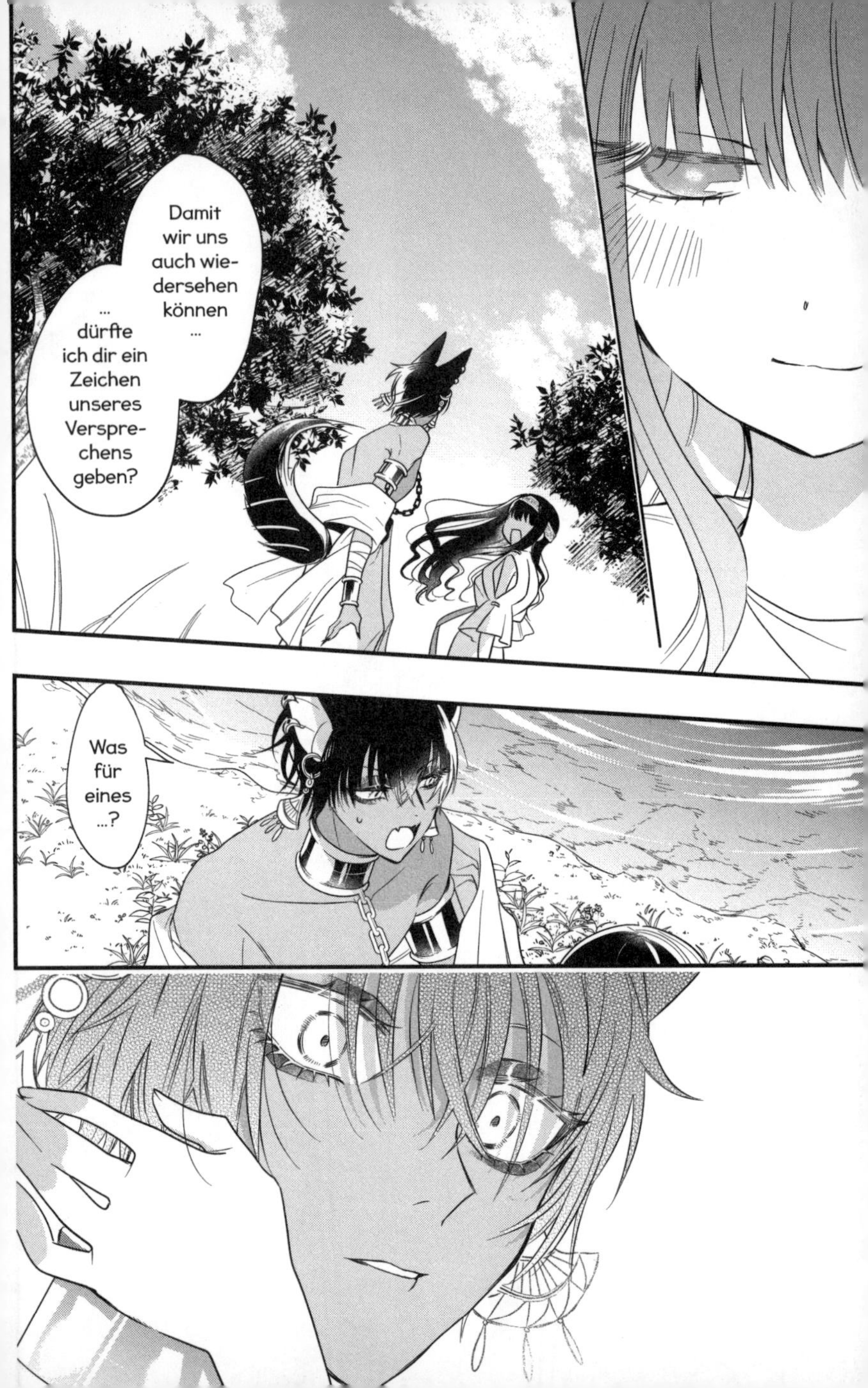
Damit wir uns auch wiedersehen können ...
... dürfte ich dir ein Zeichen unseres Versprechens geben?
Was für eines ...?

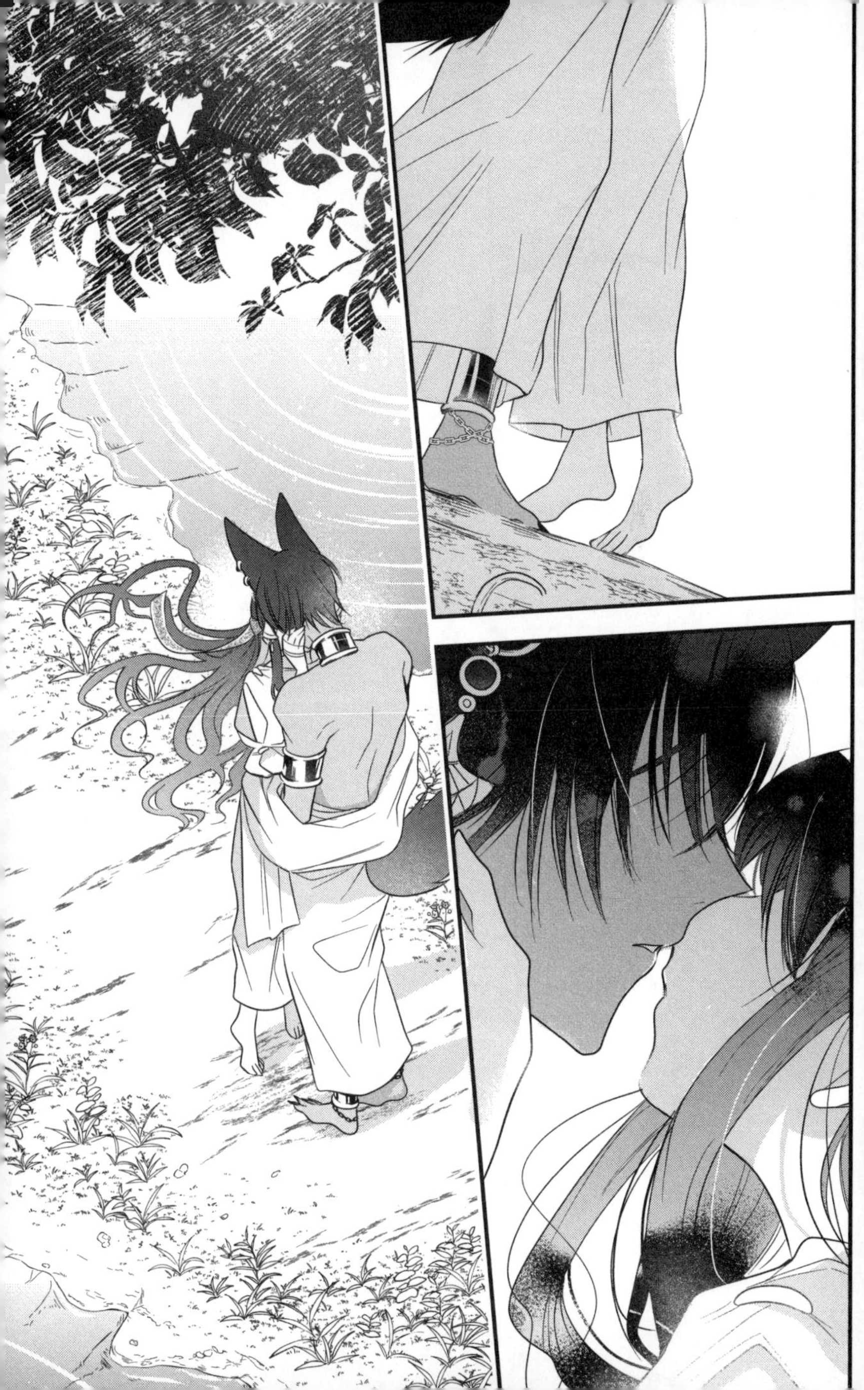

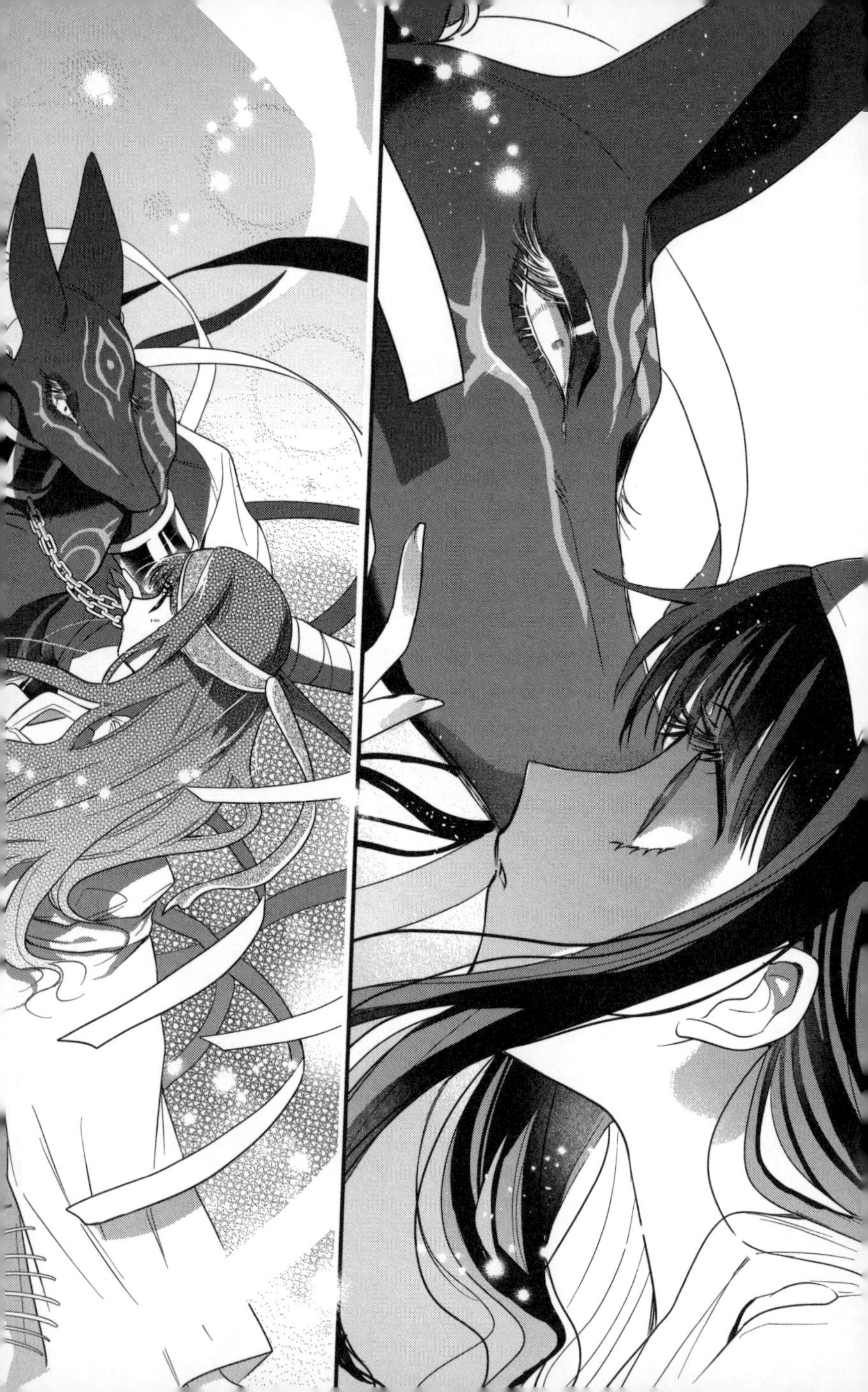

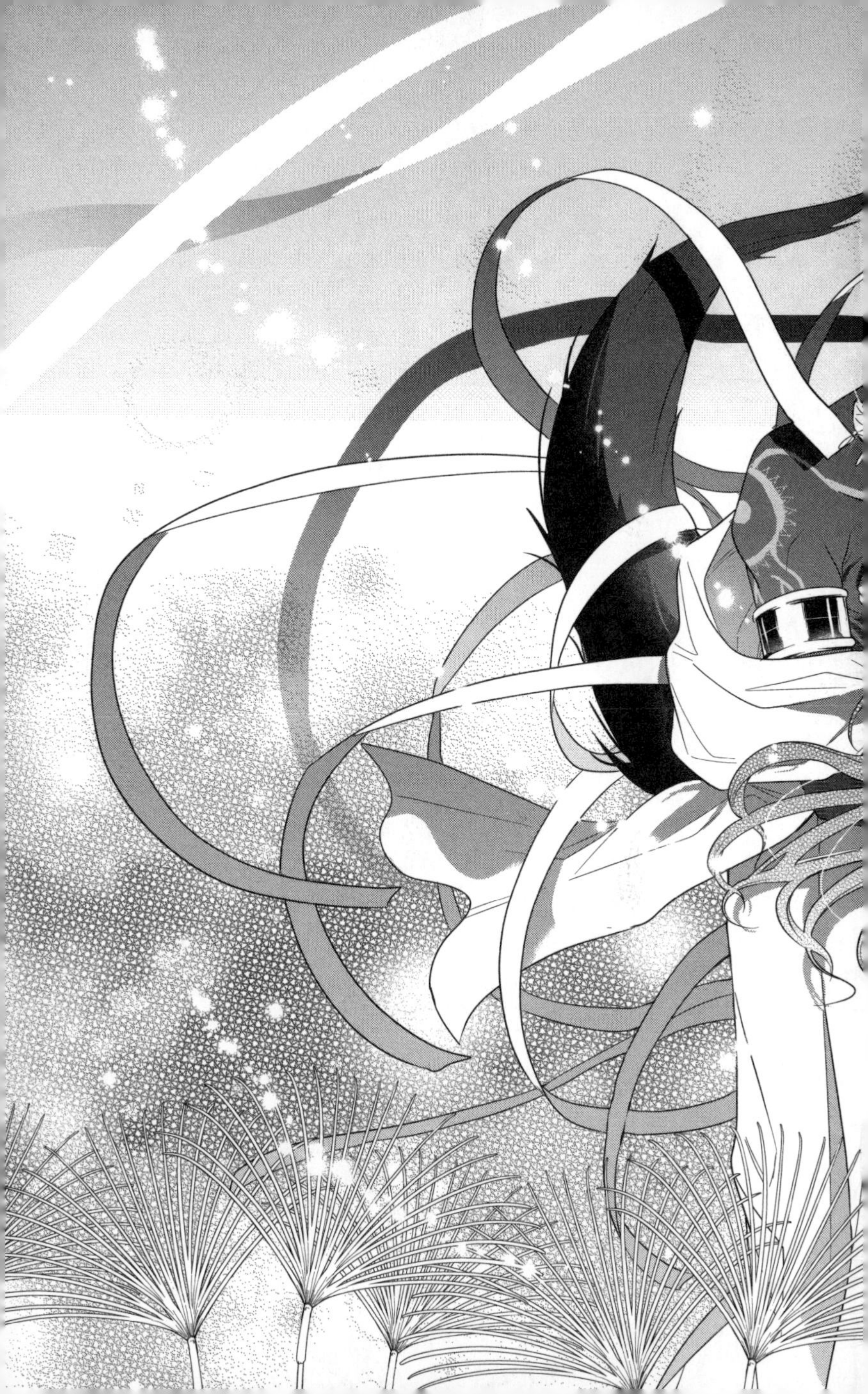

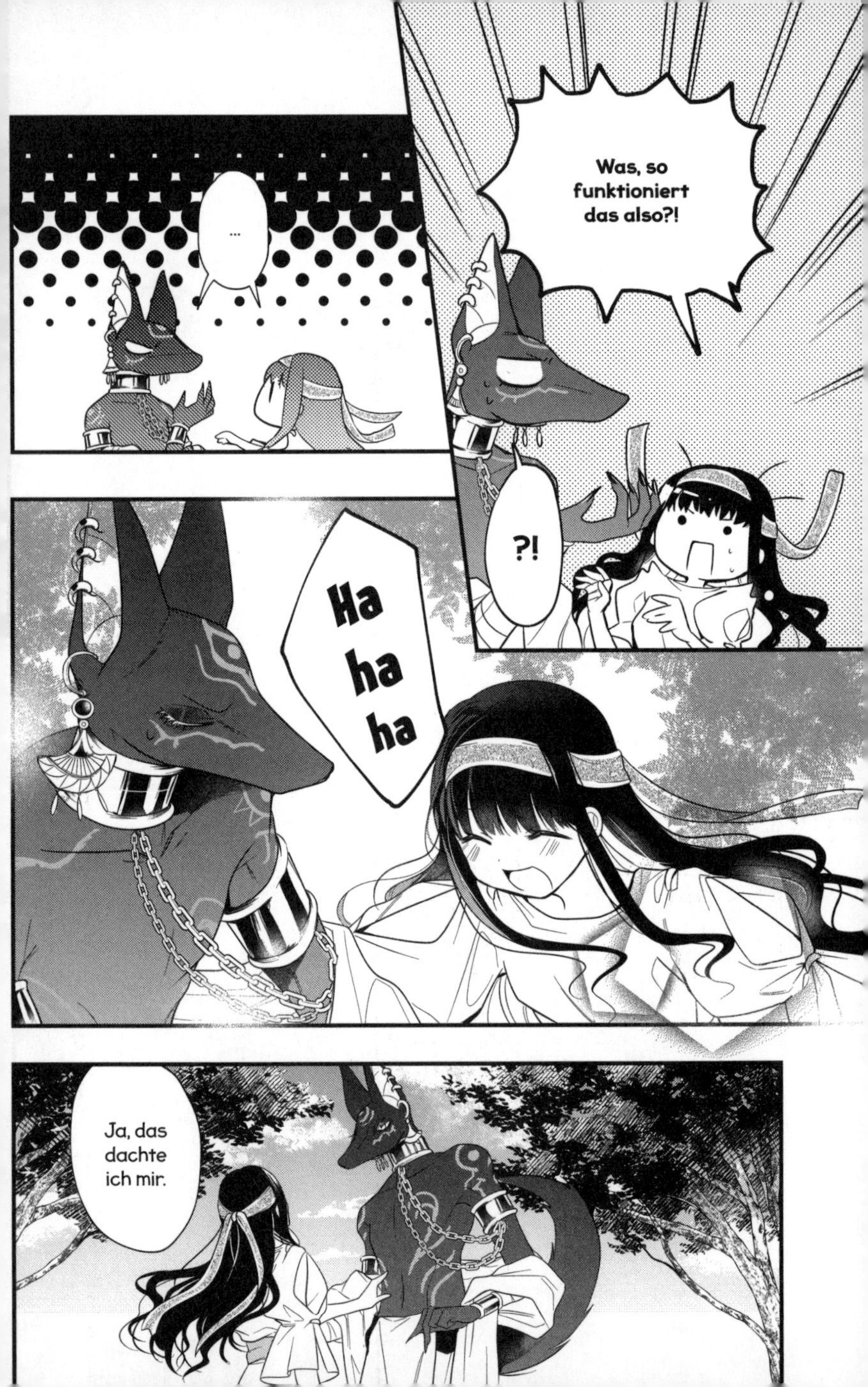
…
Was, so funktioniert das also?!
?!
Ha ha ha
Ja, das dachte ich mir.

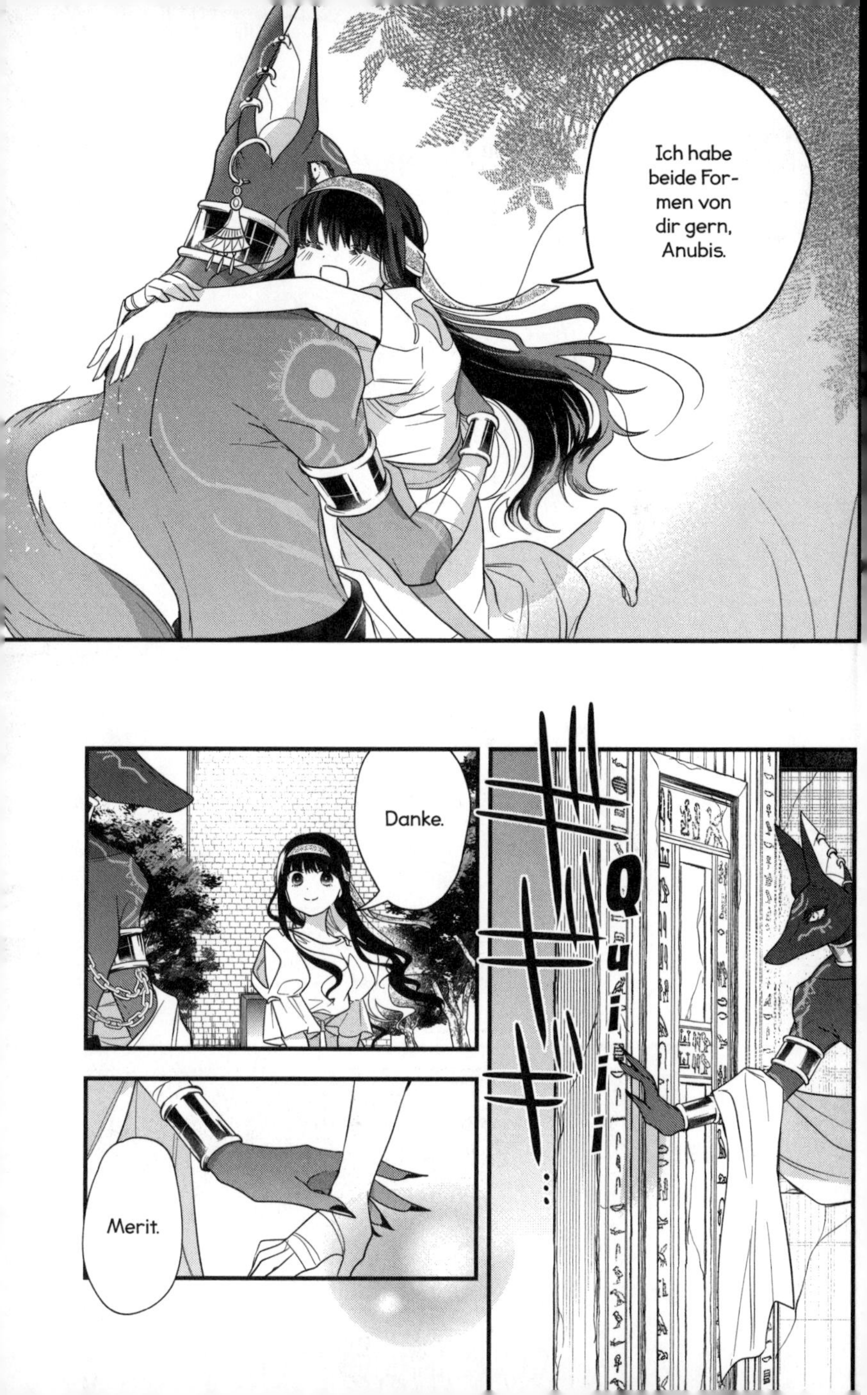

Ich habe beide Formen von dir gern, Anubis.

Quiiiii...

Danke.

Merit.

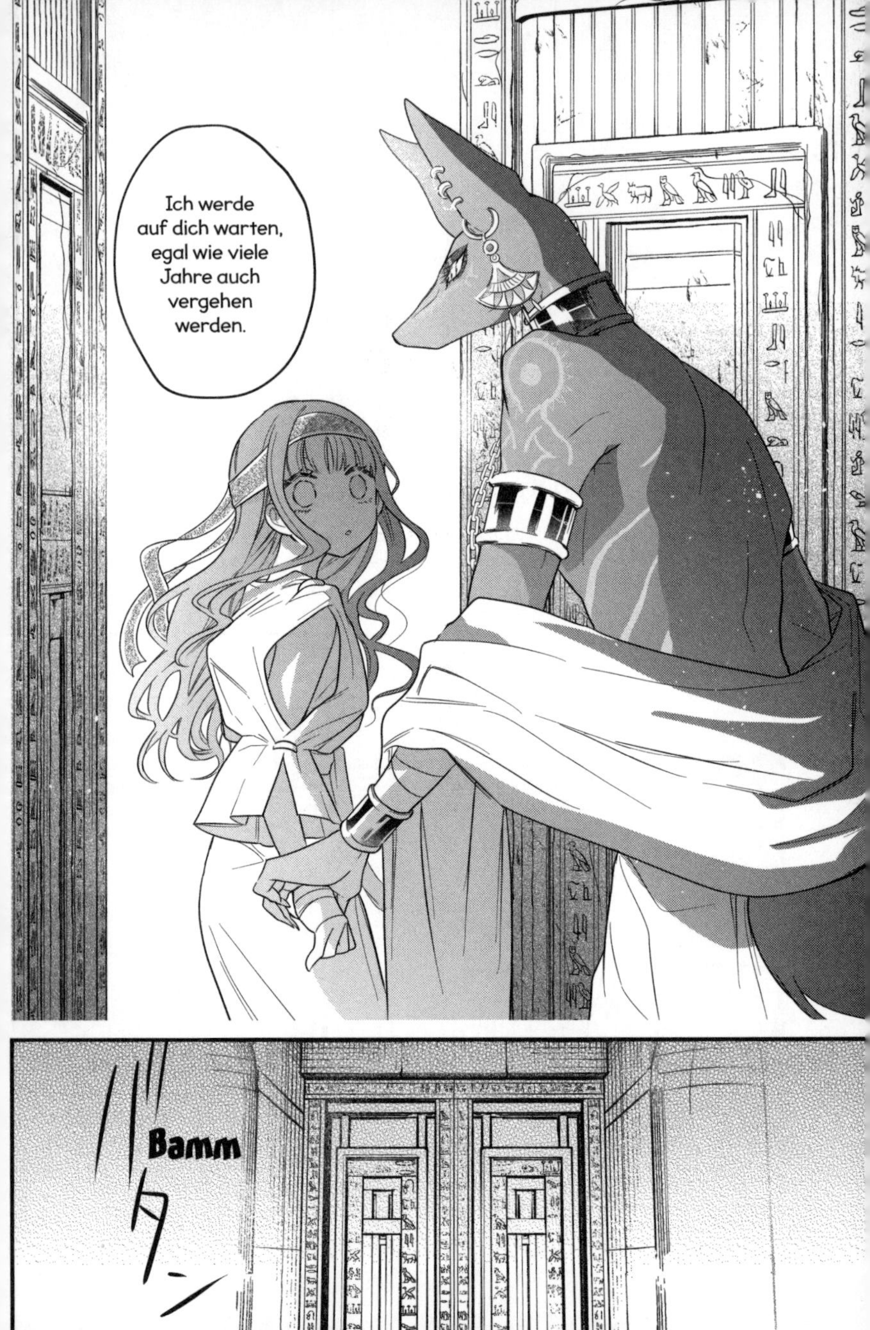
Ich werde auf dich warten, egal wie viele Jahre auch vergehen werden.
Bamm

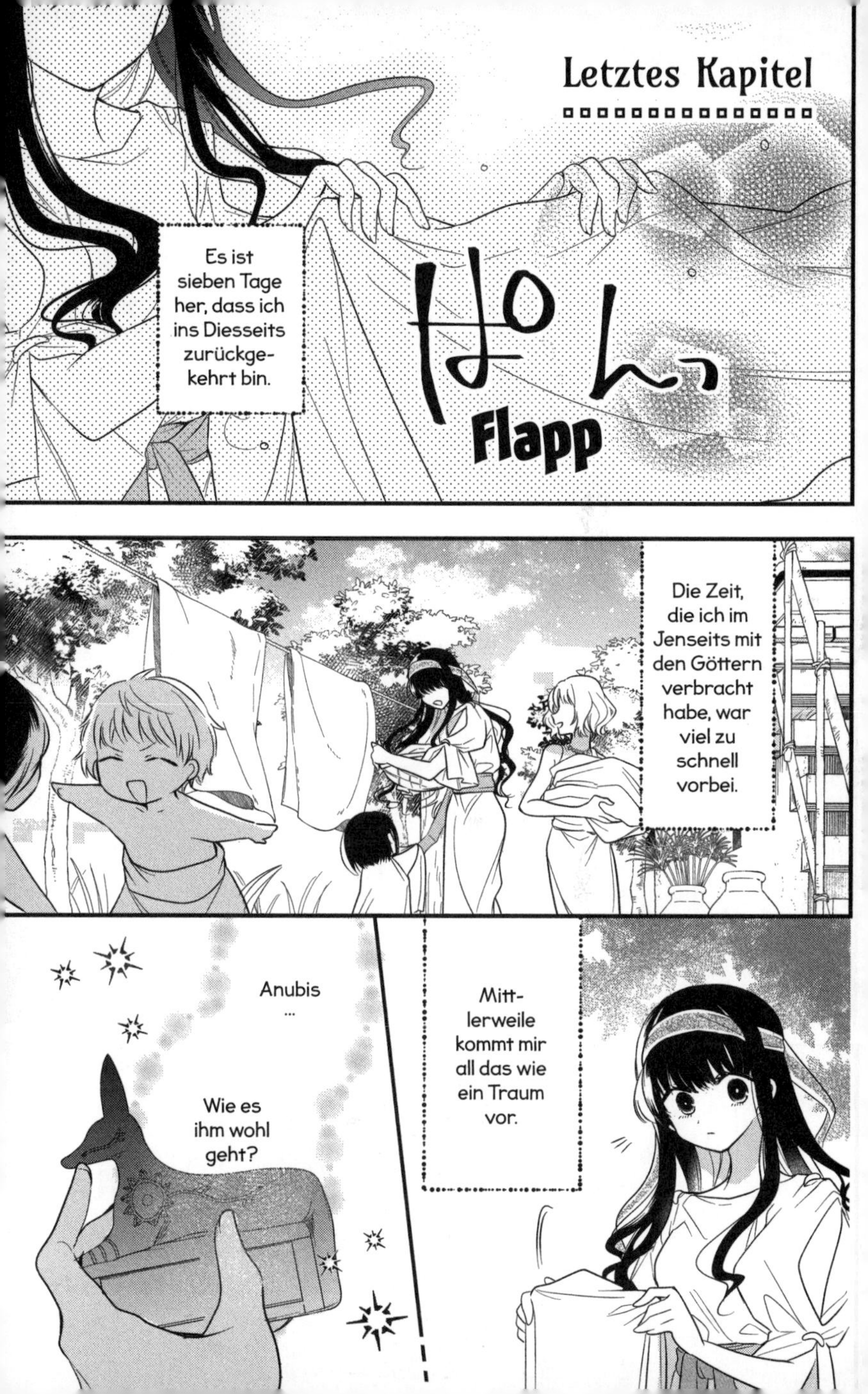

Letztes Kapitel

ぱんっ
Flapp

Es ist sieben Tage her, dass ich ins Diesseits zurückgekehrt bin.

Die Zeit, die ich im Jenseits mit den Göttern verbracht habe, war viel zu schnell vorbei.

Mittlerweile kommt mir all das wie ein Traum vor.

Anubis …

Wie es ihm wohl geht?

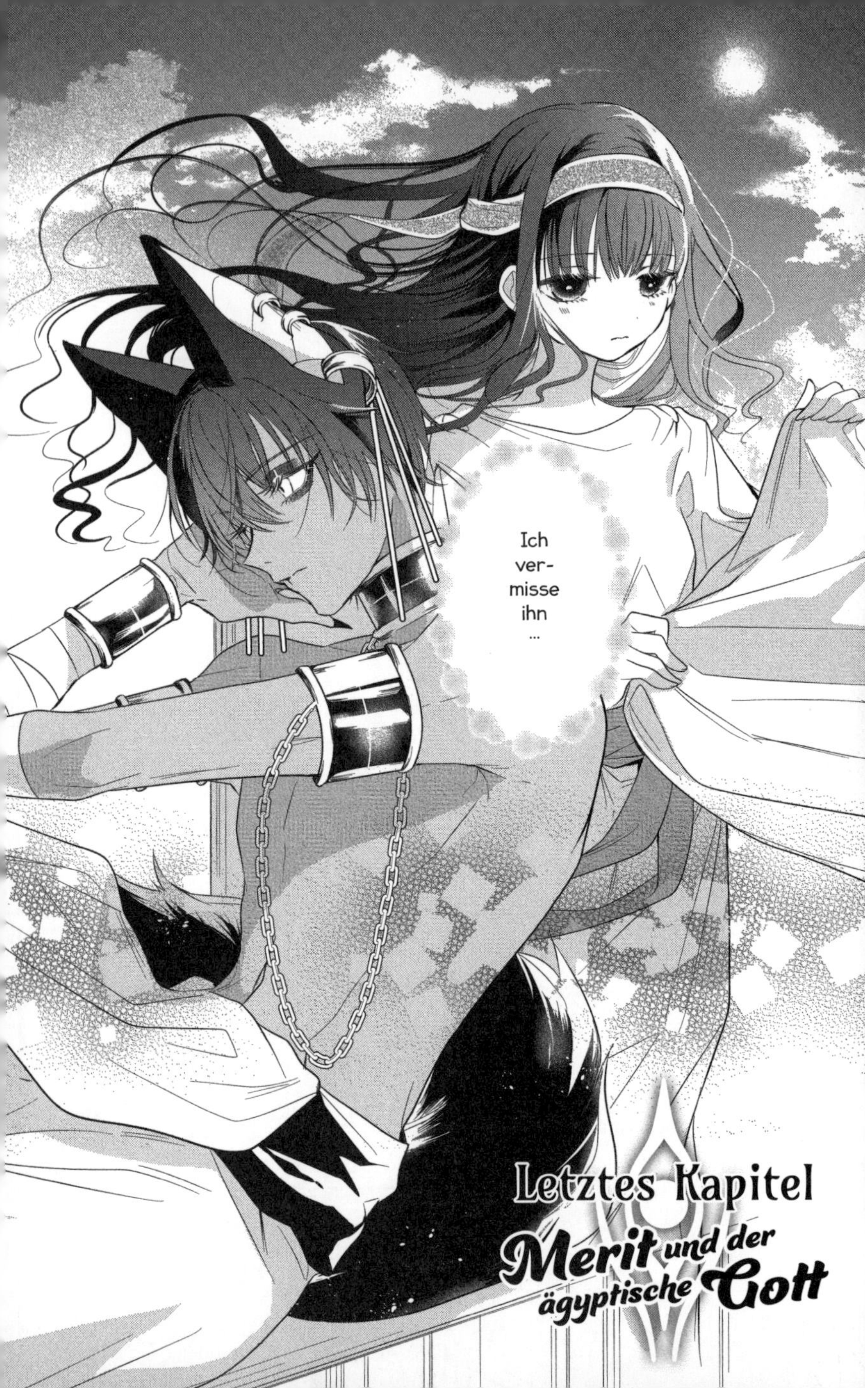
Ich vermisse ihn …
Letztes Kapitel
Merit und der ägyptische Gott

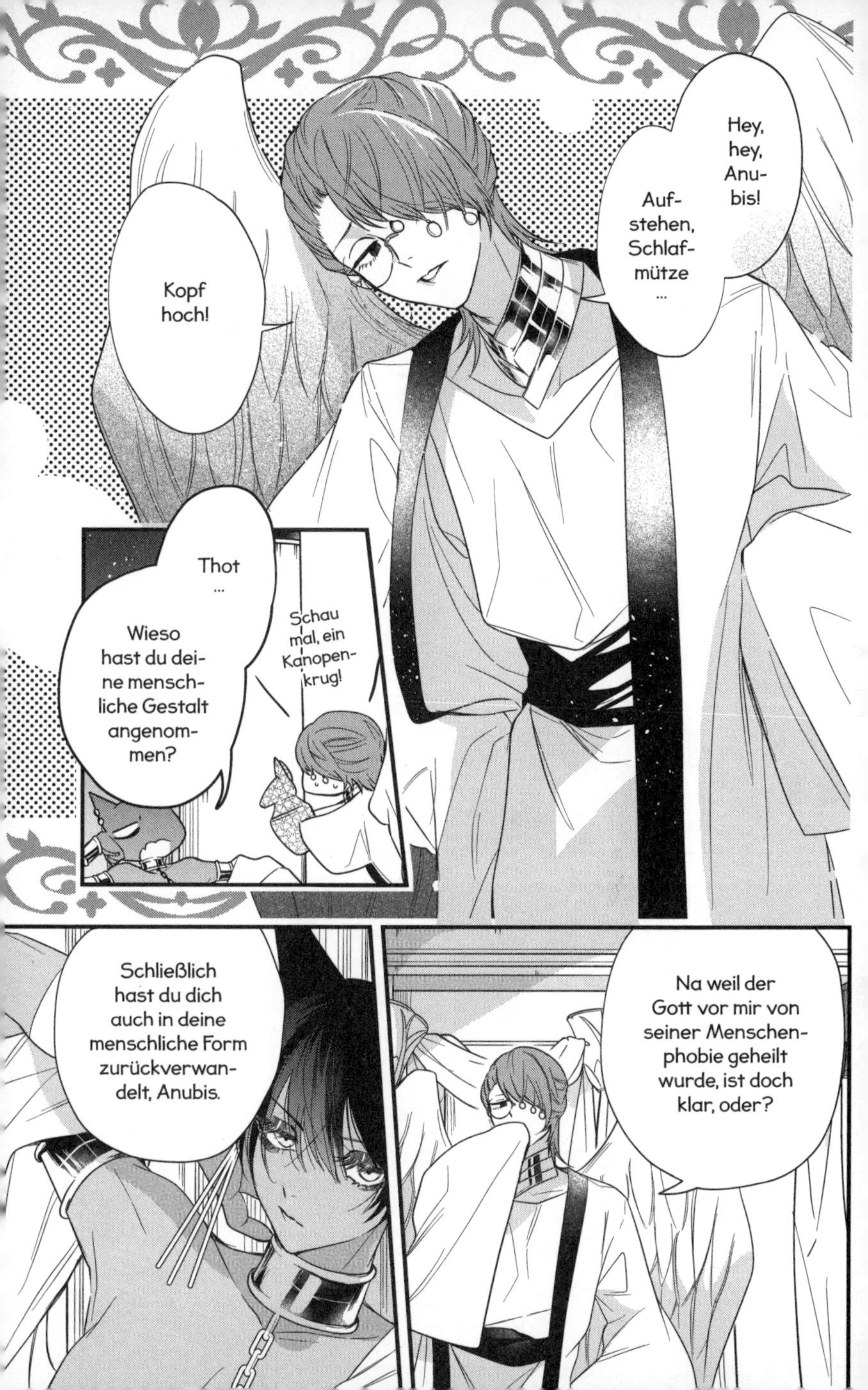
Hey, hey, Anubis!
Aufstehen, Schlafmütze ...
Kopf hoch!
Schau mal, ein Kanopenkrug!
Thot ...
Wieso hast du deine menschliche Gestalt angenommen?
Na weil der Gott vor mir von seiner Menschenphobie geheilt wurde, ist doch klar, oder?
Schließlich hast du dich auch in deine menschliche Form zurückverwandelt, Anubis.

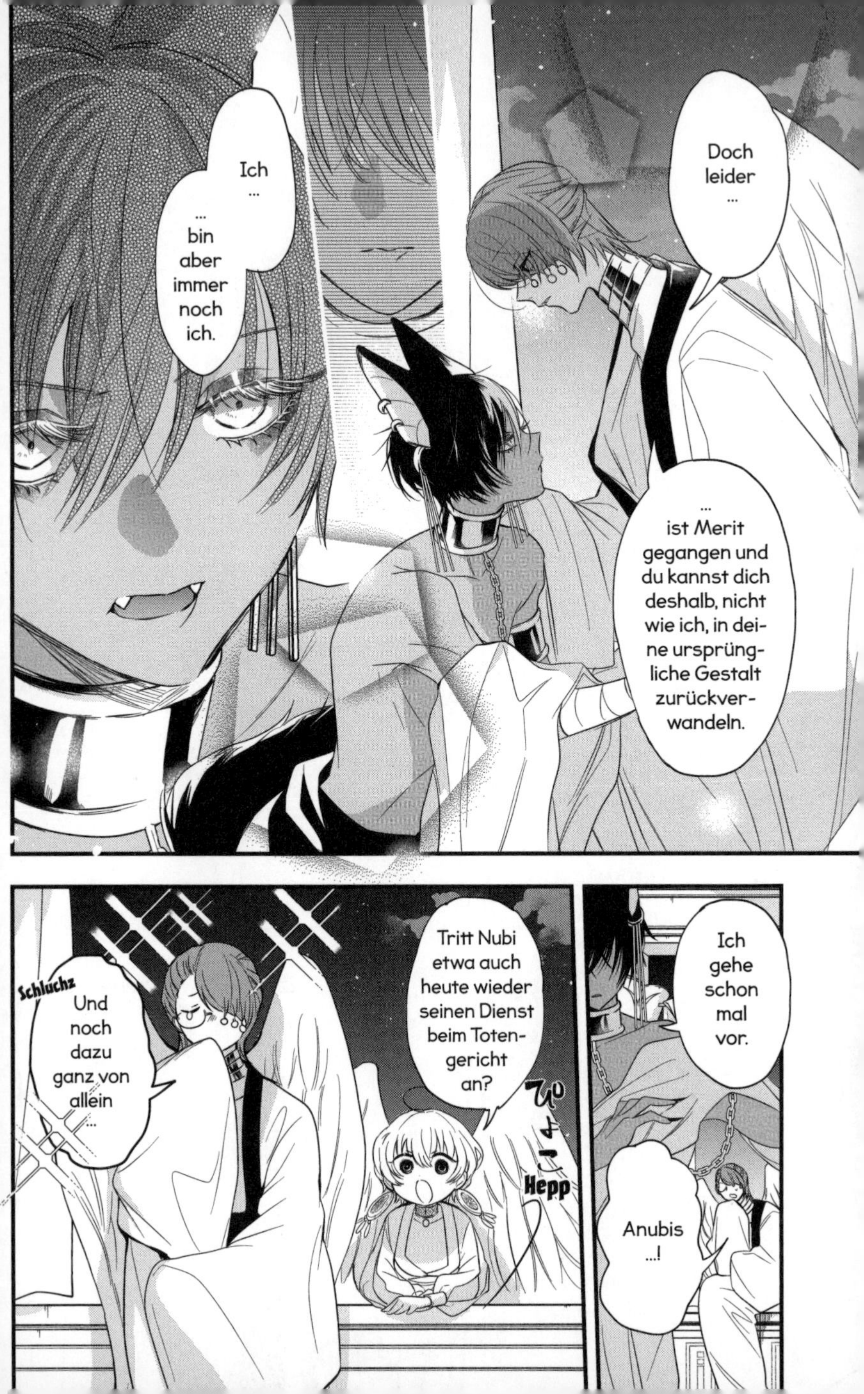

Doch leider ...

... ist Merit gegangen und du kannst dich deshalb, nicht wie ich, in deine ursprüngliche Gestalt zurückverwandeln.

Ich ...

... bin aber immer noch ich.

Ich gehe schon mal vor.

Anubis ...!

Tritt Nubi etwa auch heute wieder seinen Dienst beim Totengericht an?

Hepp

Schluchz

Und noch dazu ganz von allein ...

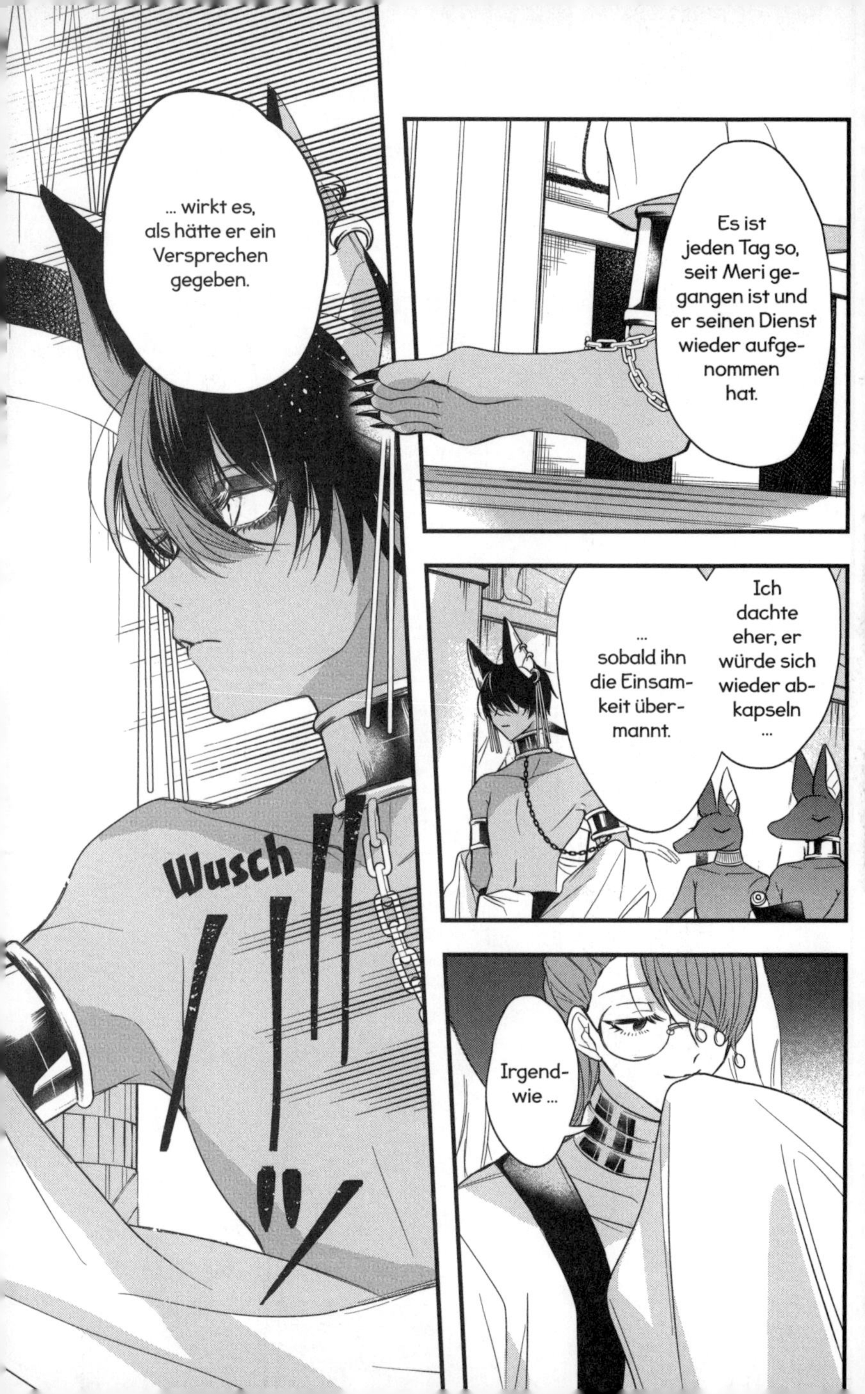
Es ist jeden Tag so, seit Meri gegangen ist und er seinen Dienst wieder aufgenommen hat.
Ich dachte eher, er würde sich wieder abkapseln ...
... sobald ihn die Einsamkeit übermannt.
Irgendwie ...
... wirkt es, als hätte er ein Versprechen gegeben.
Wusch

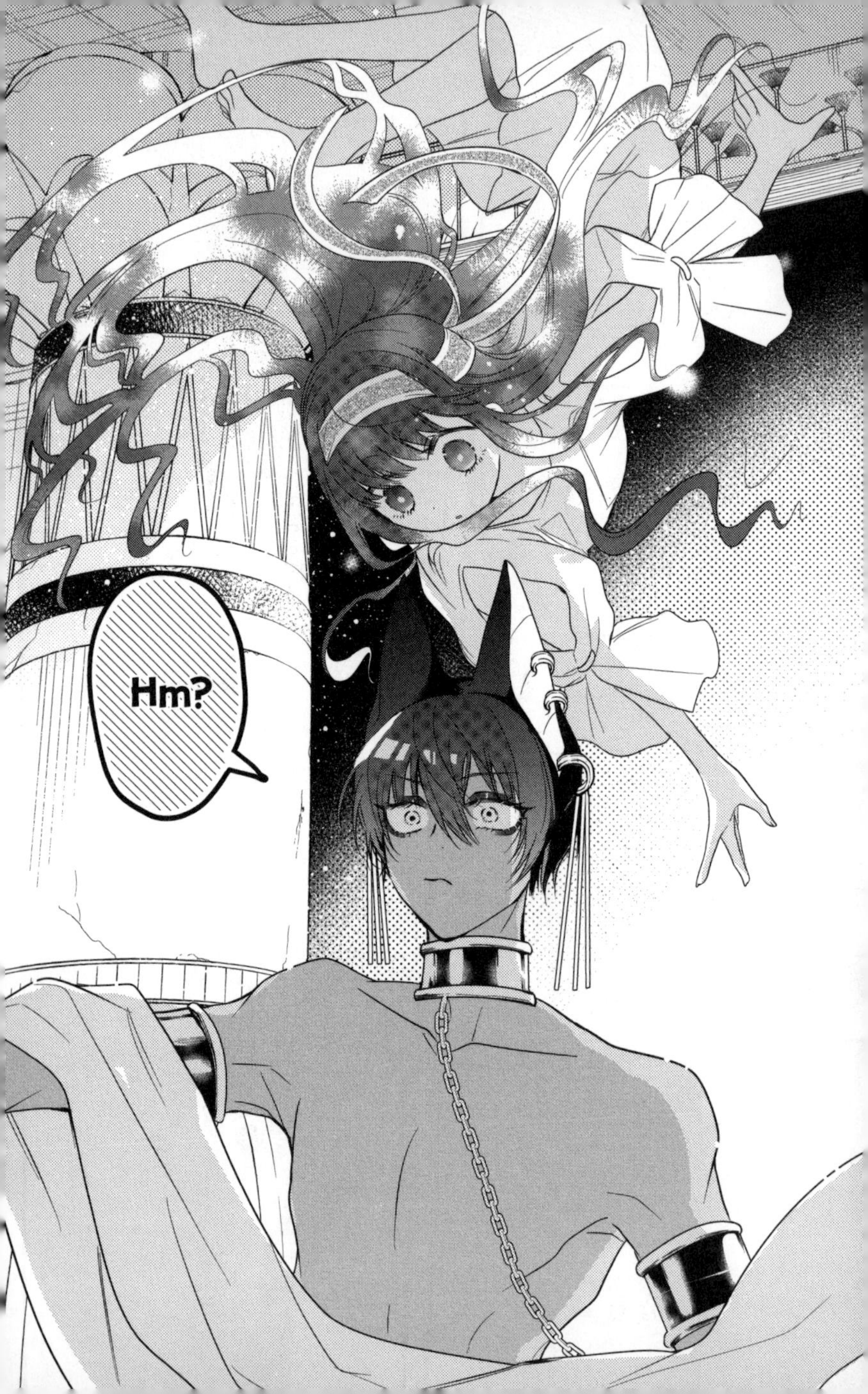
Hm?

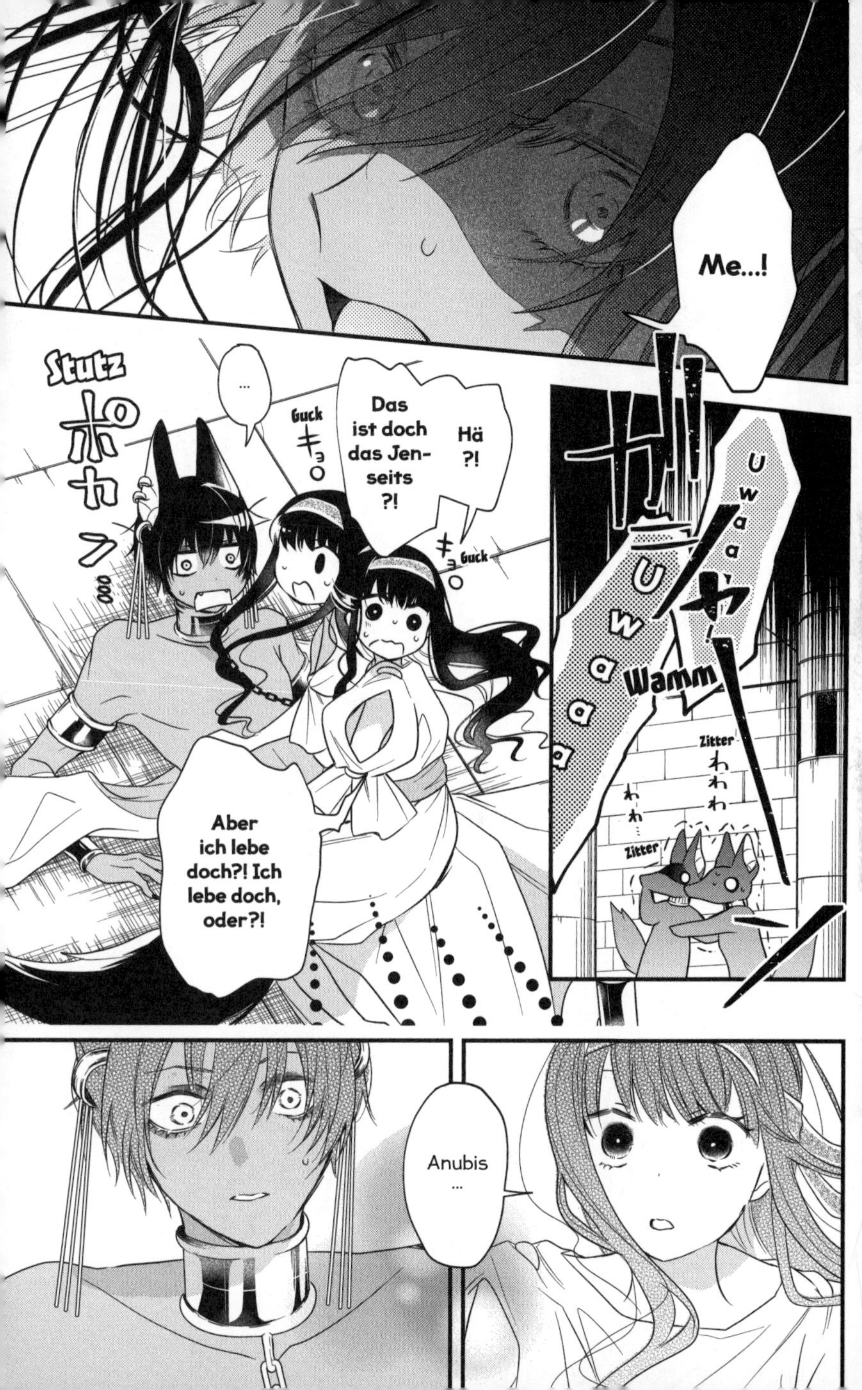

Me...!
Uwaa
Uwaaaa
Wamm
Zitter
Zitter
Hä ?!
Das ist doch das Jenseits ?!
Guck
Guck
...
Stutz
Aber ich lebe doch?! Ich lebe doch, oder?!
Anubis ...

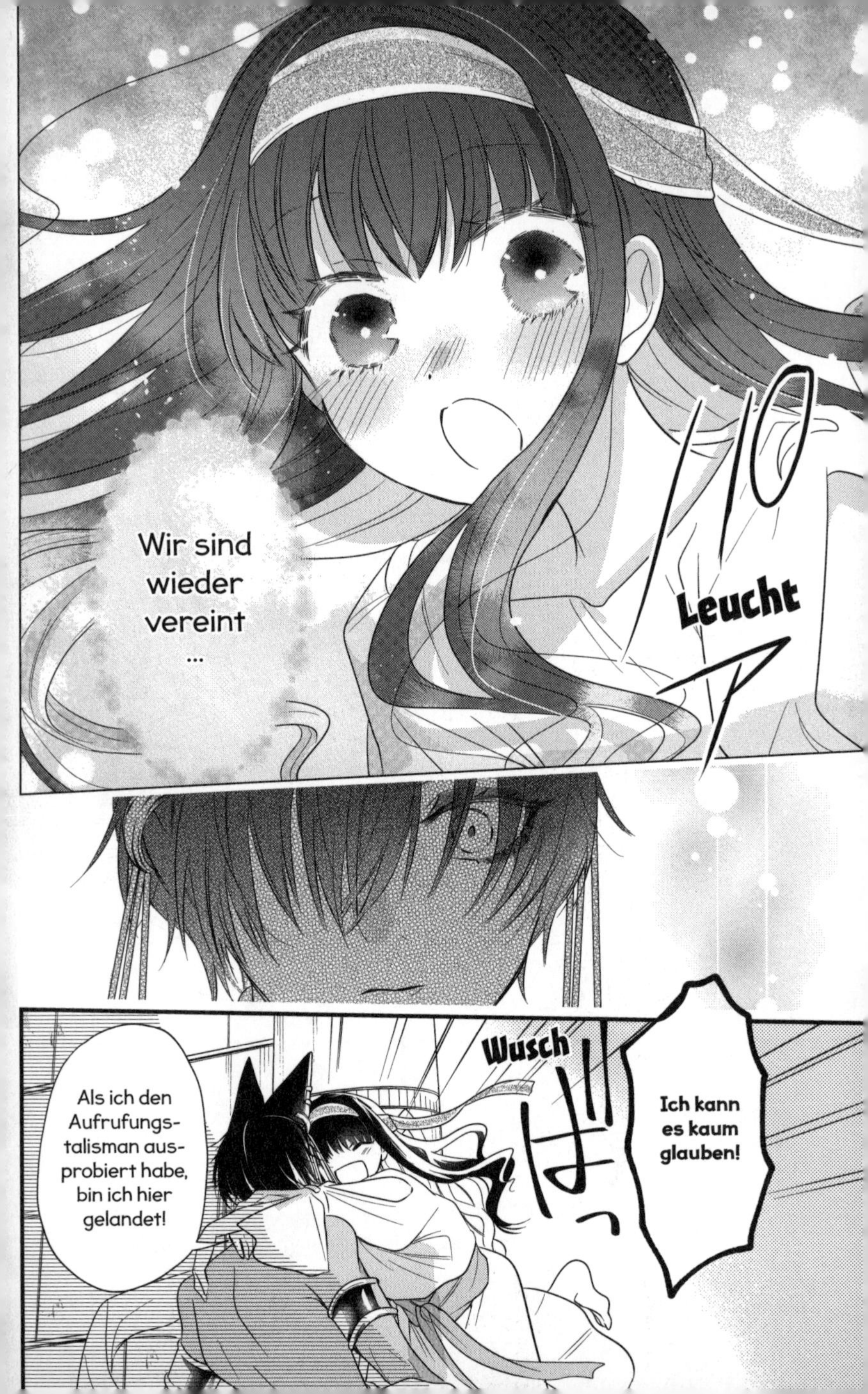
Leucht
Wir sind
wieder
vereint
...
Wusch
Ich kann
es kaum
glauben!
Als ich den
Aufrufungs-
talisman aus-
probiert habe,
bin ich hier
gelandet!

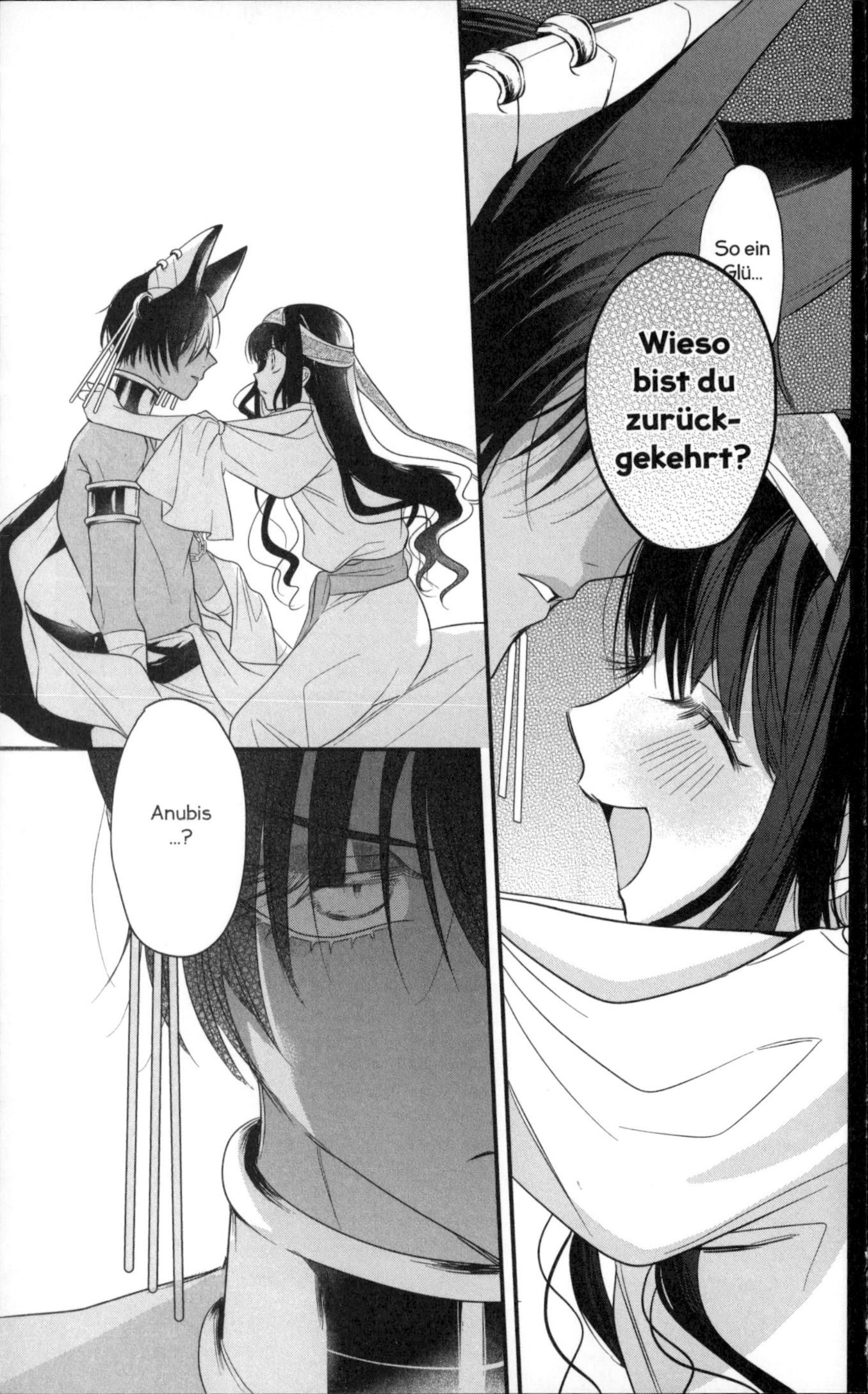
So ein Glü...
Wieso bist du zurück-gekehrt?
Anubis ...?

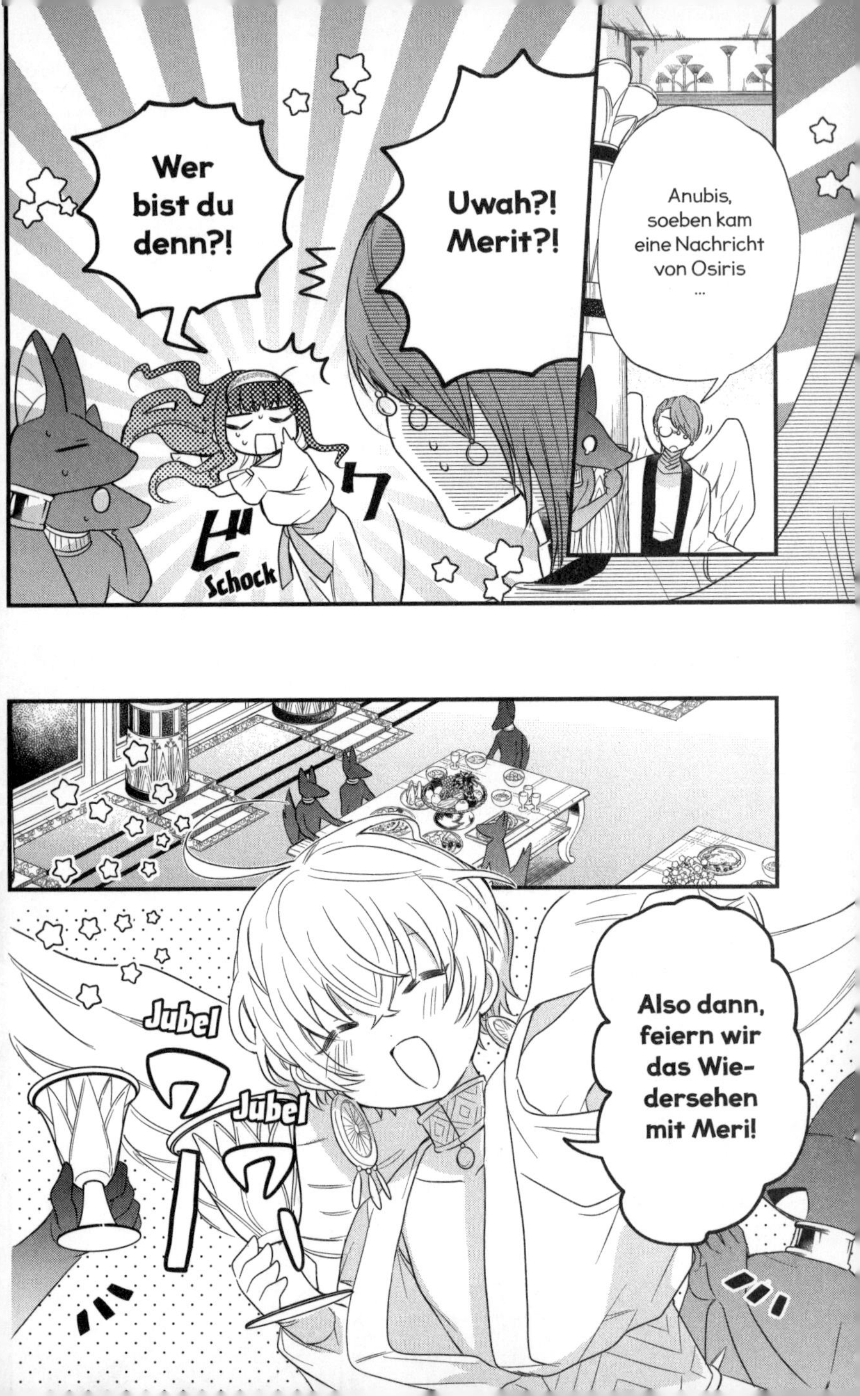

Anubis, soeben kam eine Nachricht von Osiris ...

Uwah?! Merit?!

Wer bist du denn?!

Schock

Also dann, feiern wir das Wiedersehen mit Meri!

Jubel

Jubel

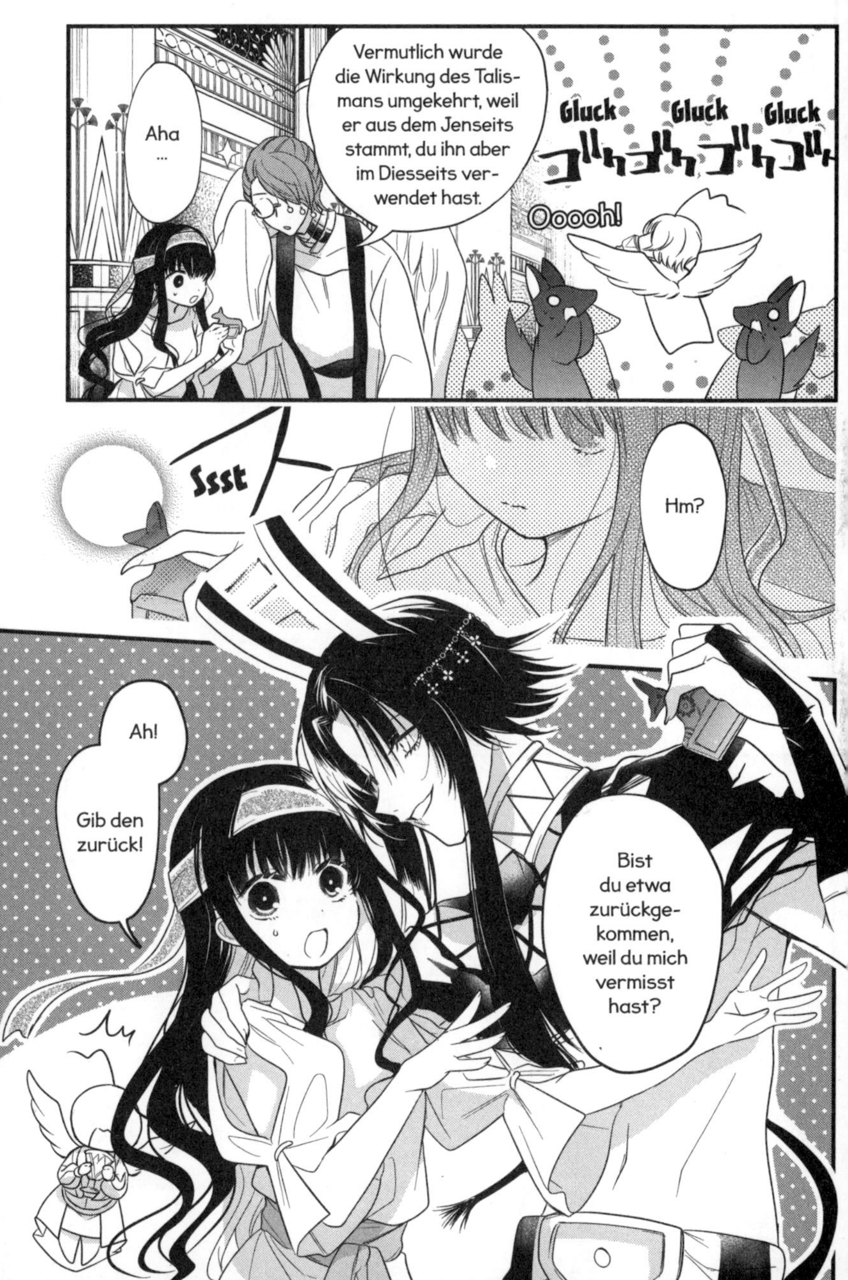
Vermutlich wurde die Wirkung des Talismans umgekehrt, weil er aus dem Jenseits stammt, du ihn aber im Diesseits verwendet hast.
Aha ...
Gluck Gluck Gluck
Ooooh!
Hm?
Ssst
Bist du etwa zurückgekommen, weil du mich vermisst hast?
Ah!
Gib den zurück!

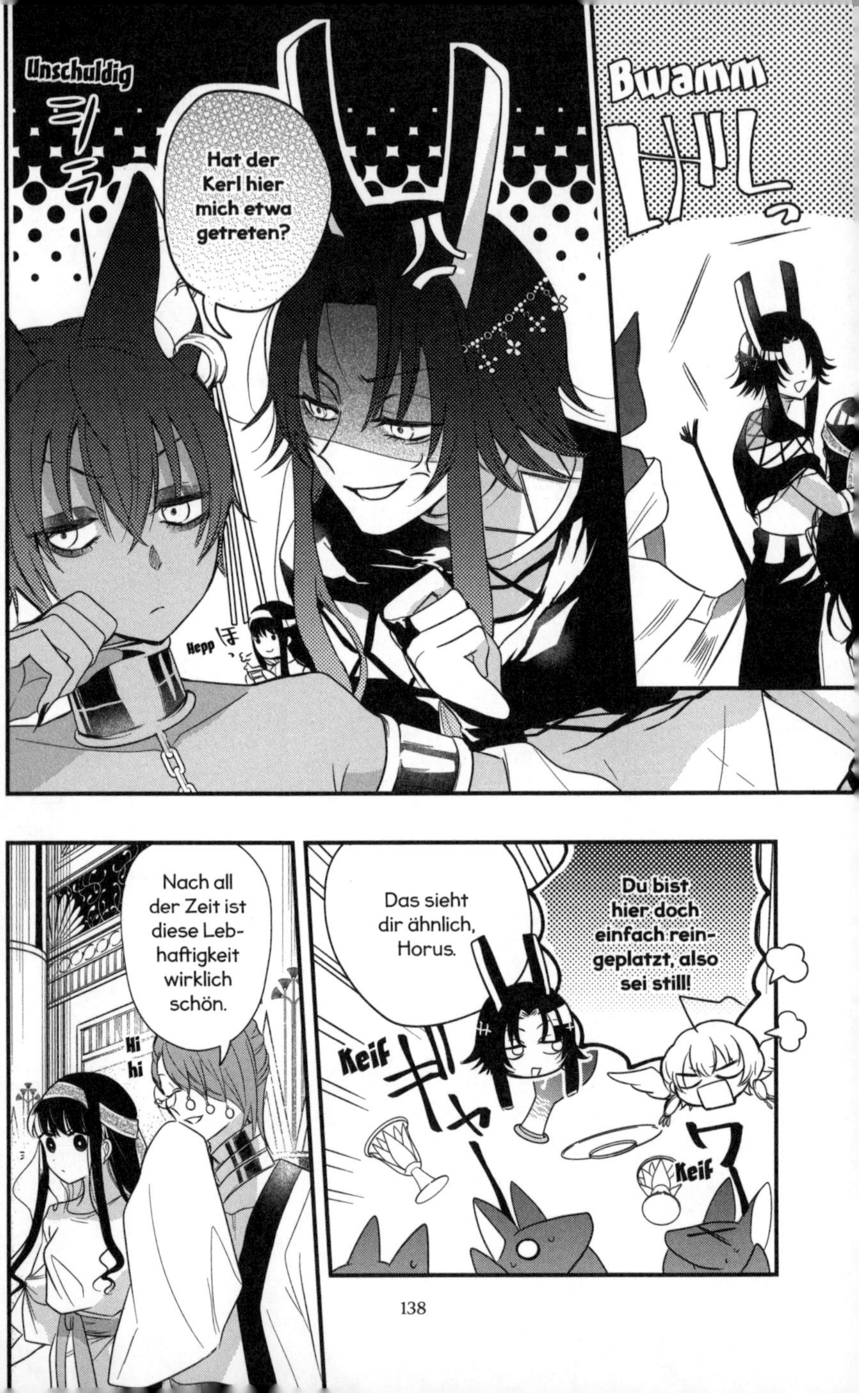

Bwamm

Unschuldig

Hat der Kerl hier mich etwa getreten?

Hepp

Du bist hier doch einfach reingeplatzt, also sei still!

Das sieht dir ähnlich, Horus.

Keif

Keif

Nach all der Zeit ist diese Lebhaftigkeit wirklich schön.

Hi hi

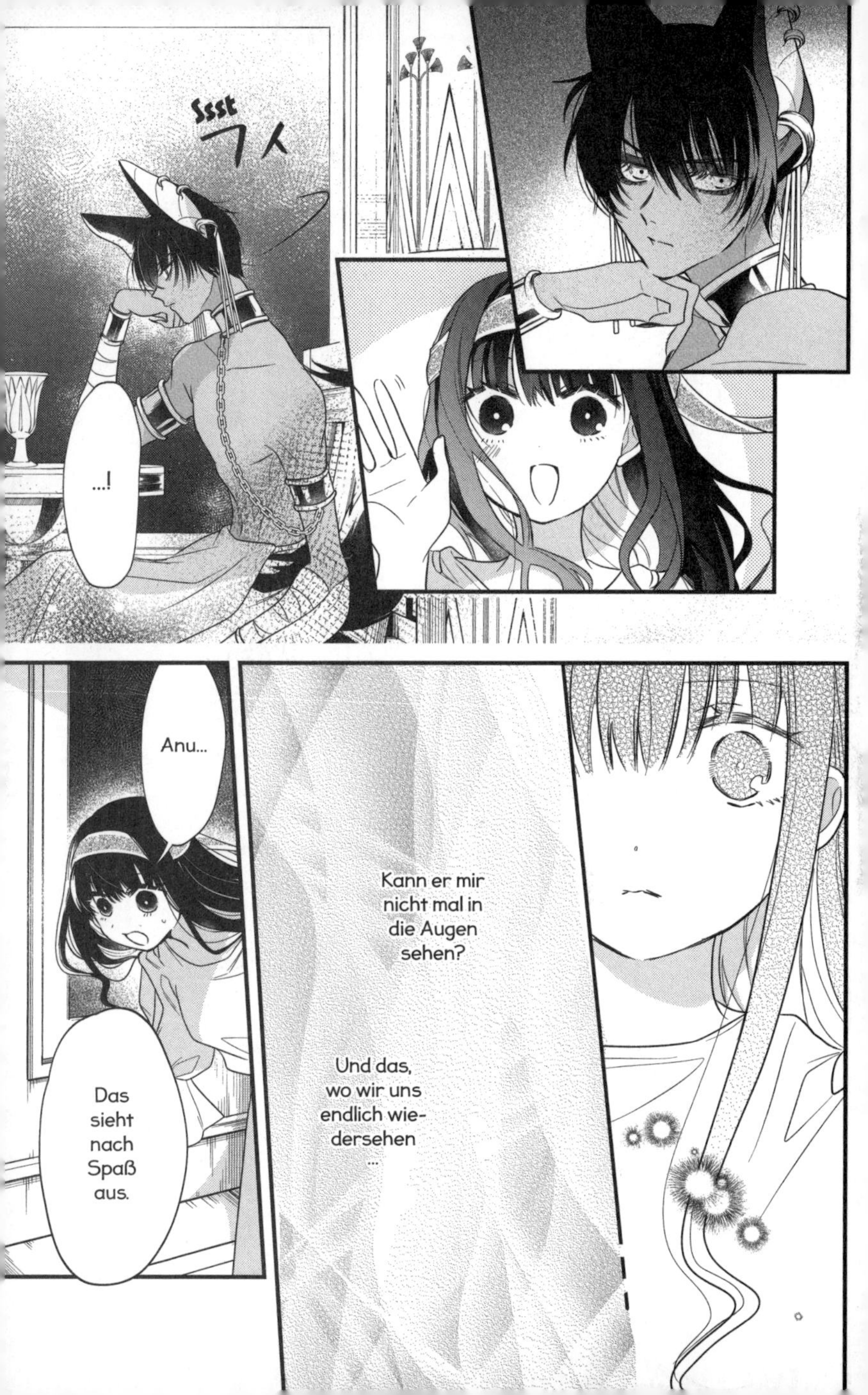

Ssst
フイ

...!

Kann er mir nicht mal in die Augen sehen?

Und das, wo wir uns endlich wiedersehen ...

Anu...

Das sieht nach Spaß aus.

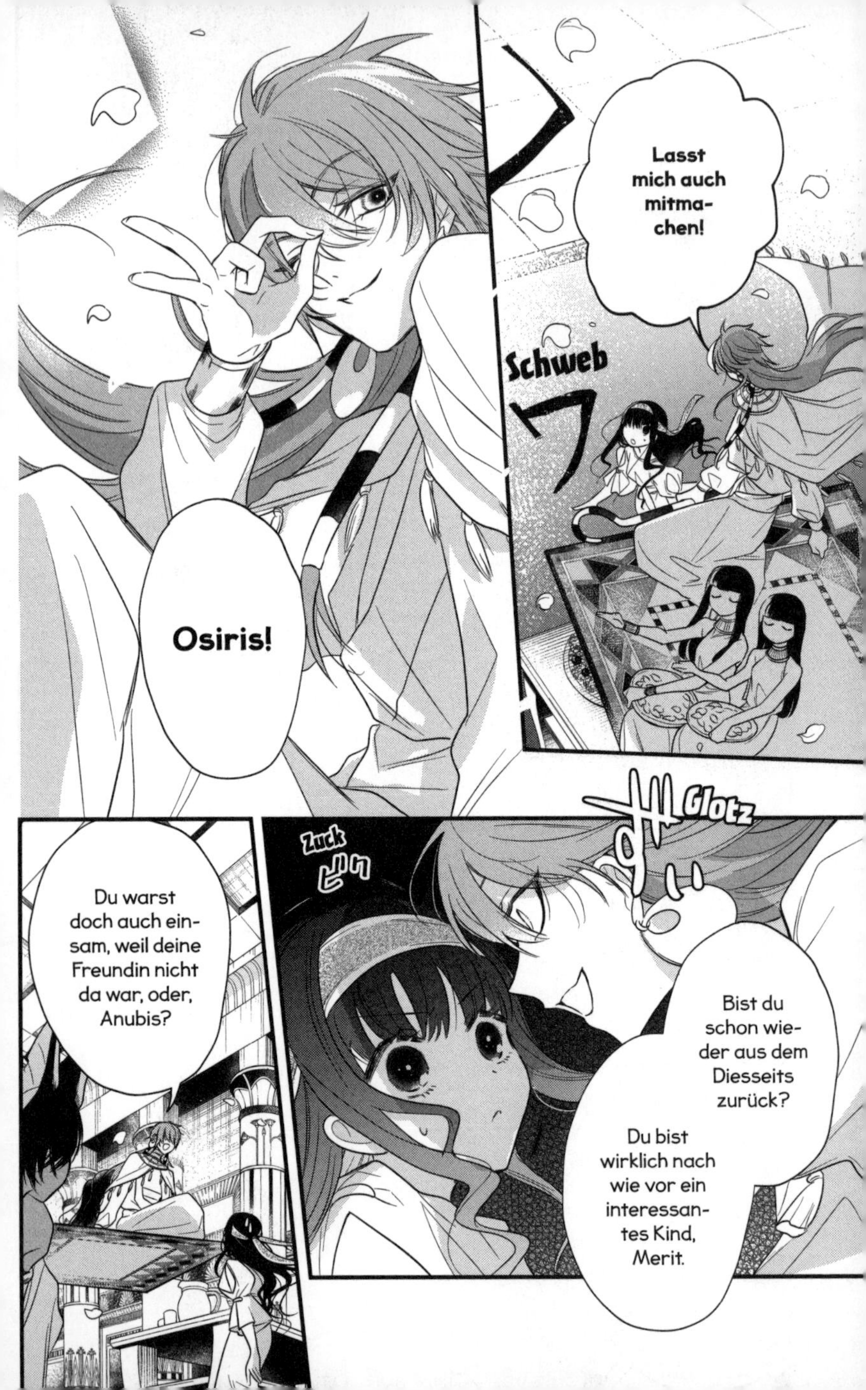
Lasst mich auch mitmachen!
Schweb
Osiris!
Glotz
Zuck
Bist du schon wieder aus dem Diesseits zurück?
Du bist wirklich nach wie vor ein interessantes Kind, Merit.
Du warst doch auch einsam, weil deine Freundin nicht da war, oder, Anubis?

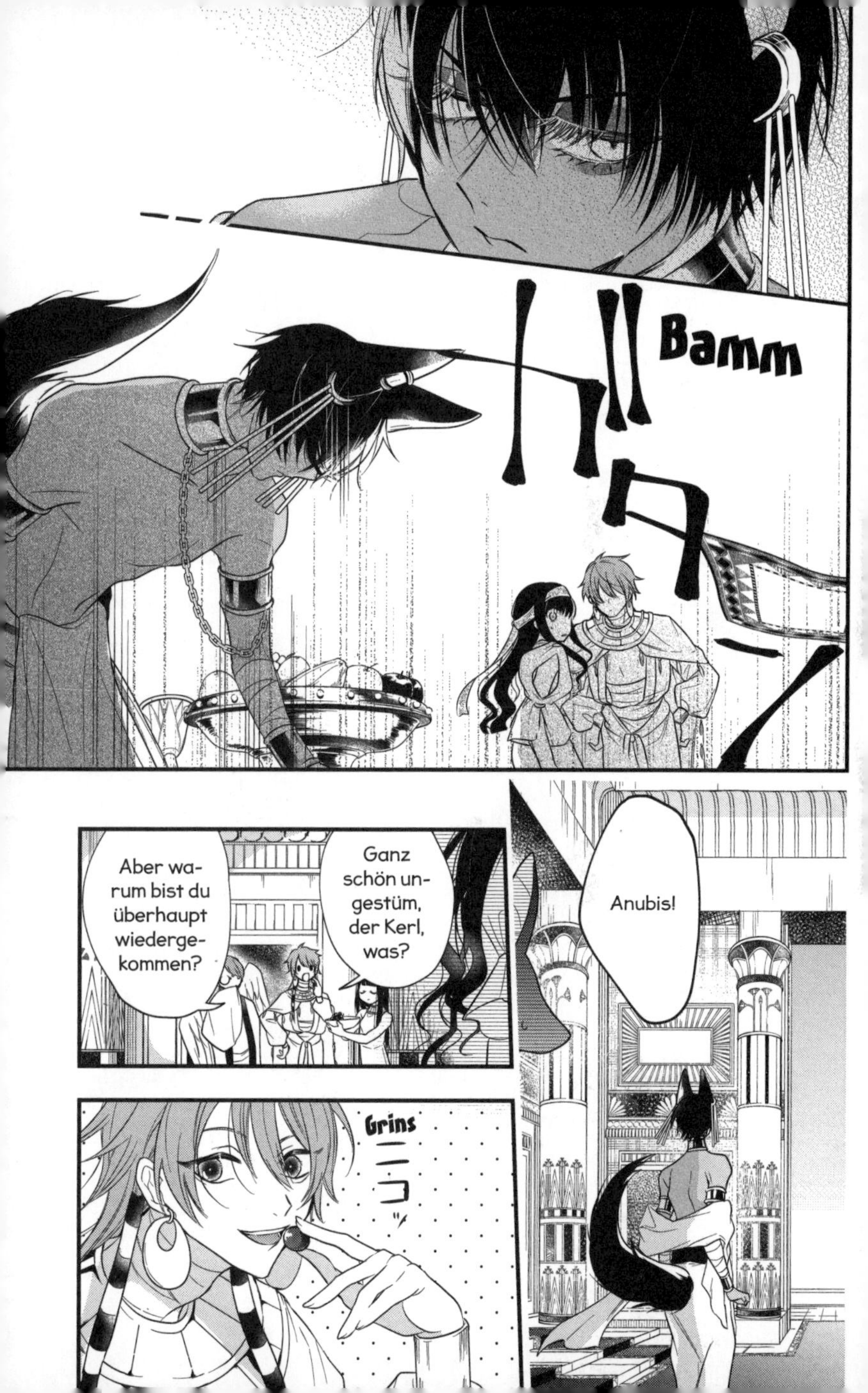

Bamm

ガタン

Anubis!

Ganz schön ungestüm, der Kerl, was?

Aber warum bist du überhaupt wiedergekommen?

Grins

ニコッ

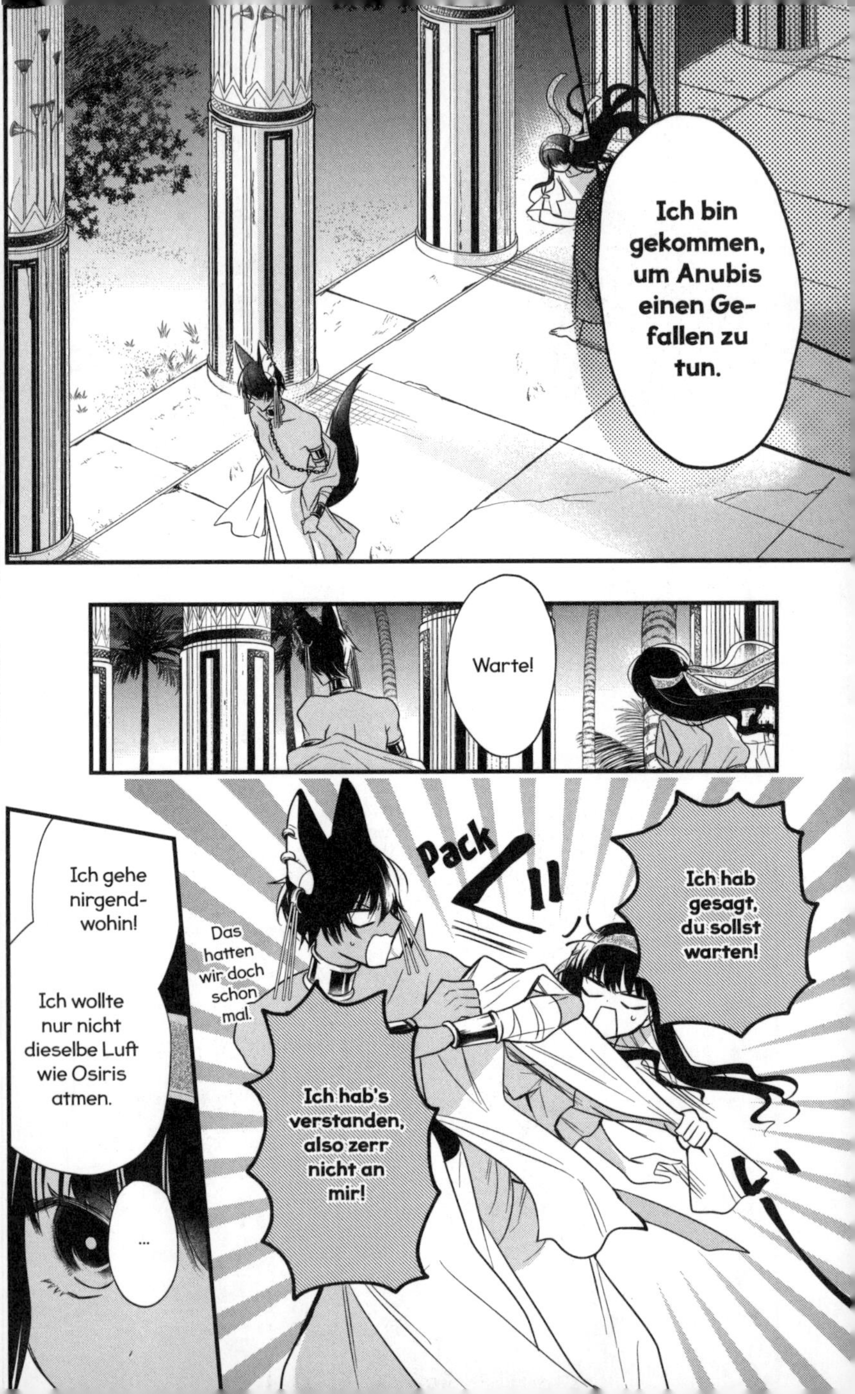

Ich bin gekommen, um Anubis einen Gefallen zu tun.

Warte!

Pack

Ich hab gesagt, du sollst warten!

Ich hab's verstanden, also zerr nicht an mir!

Das hatten wir doch schon mal.

Ich gehe nirgendwohin!

Ich wollte nur nicht dieselbe Luft wie Osiris atmen.

...

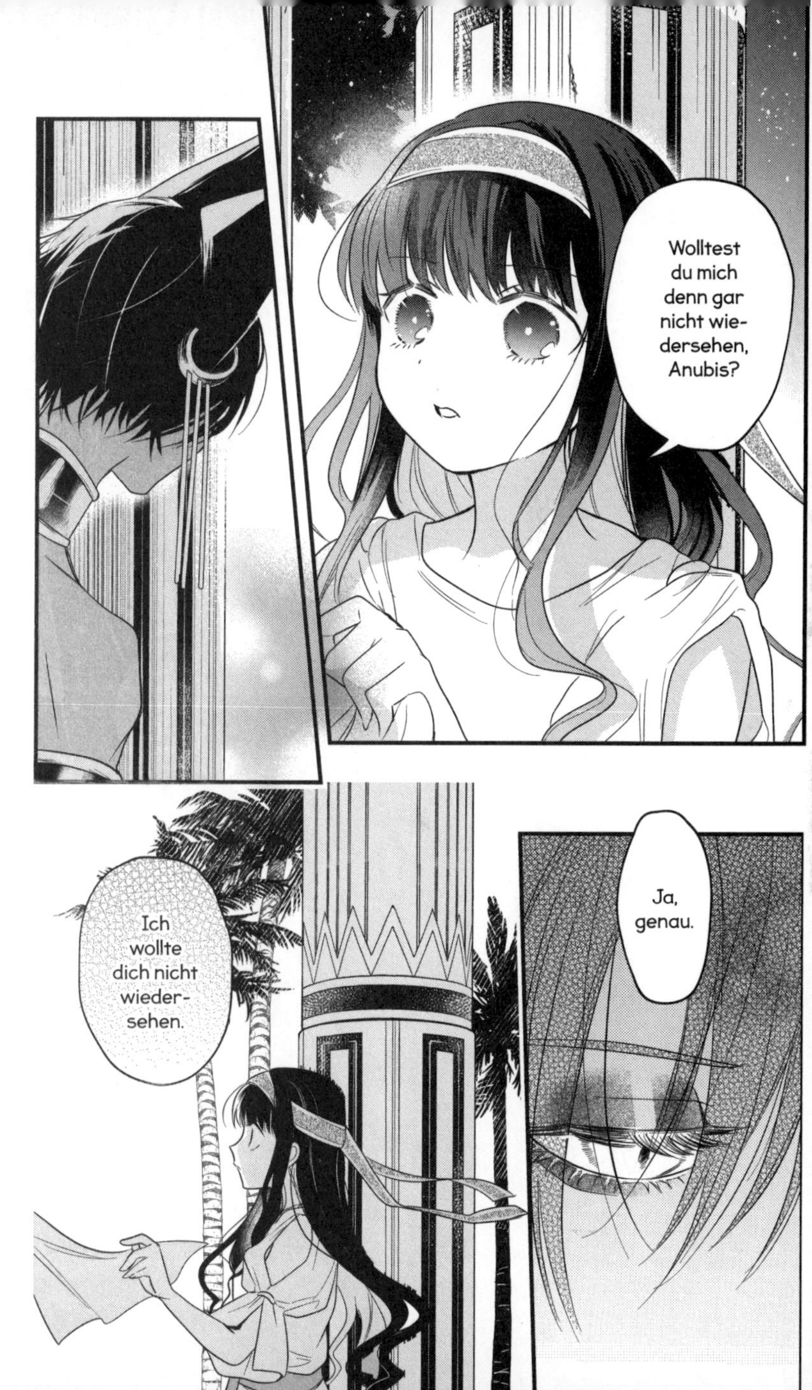
Wolltest du mich denn gar nicht wiedersehen, Anubis?
Ja, genau.
Ich wollte dich nicht wiedersehen.

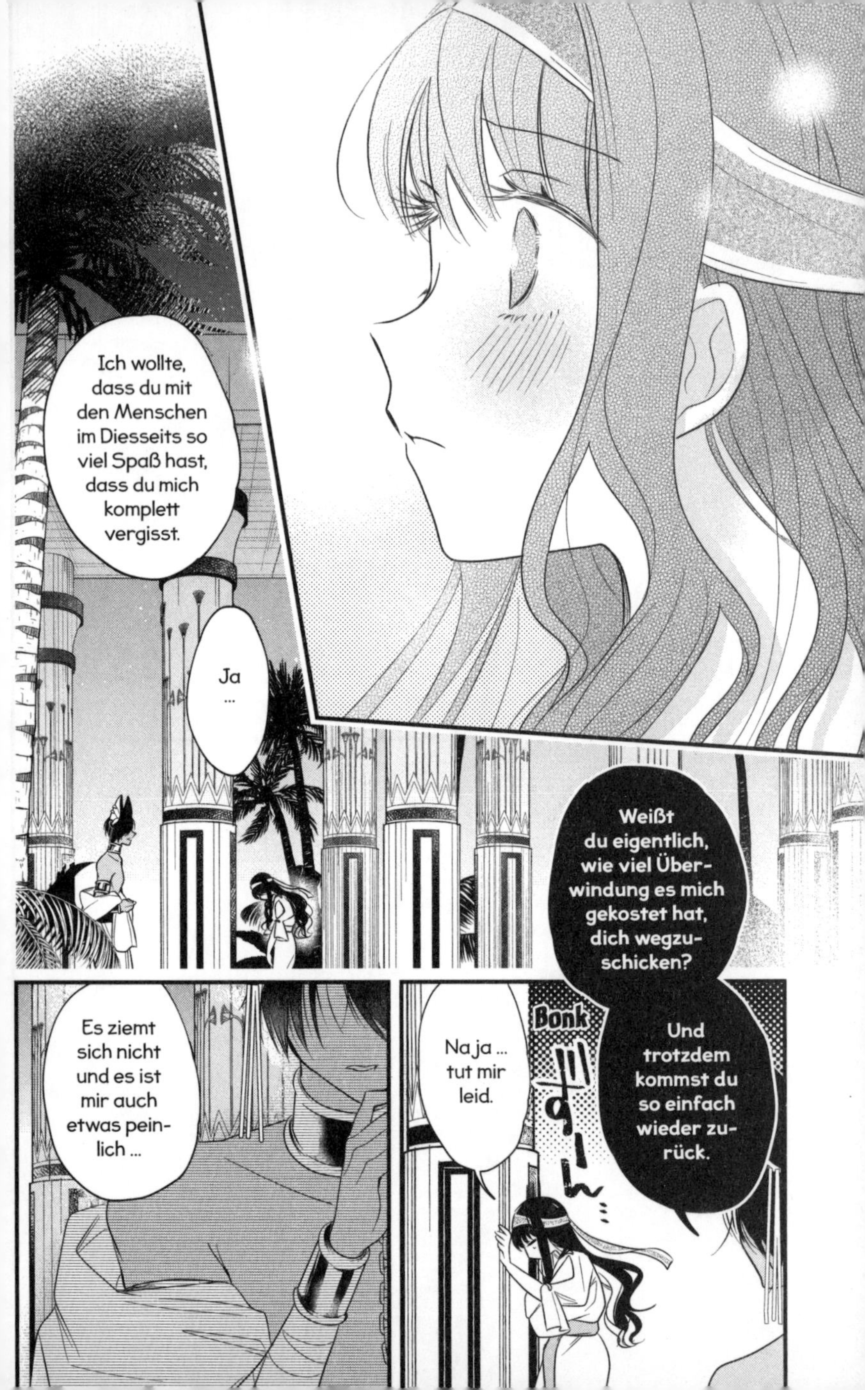
Ich wollte, dass du mit den Menschen im Diesseits so viel Spaß hast, dass du mich komplett vergisst.
Ja ...
Weißt du eigentlich, wie viel Überwindung es mich gekostet hat, dich wegzuschicken?
Und trotzdem kommst du so einfach wieder zurück.
Bonk
Na ja ... tut mir leid.
Es ziemt sich nicht und es ist mir auch etwas peinlich ...

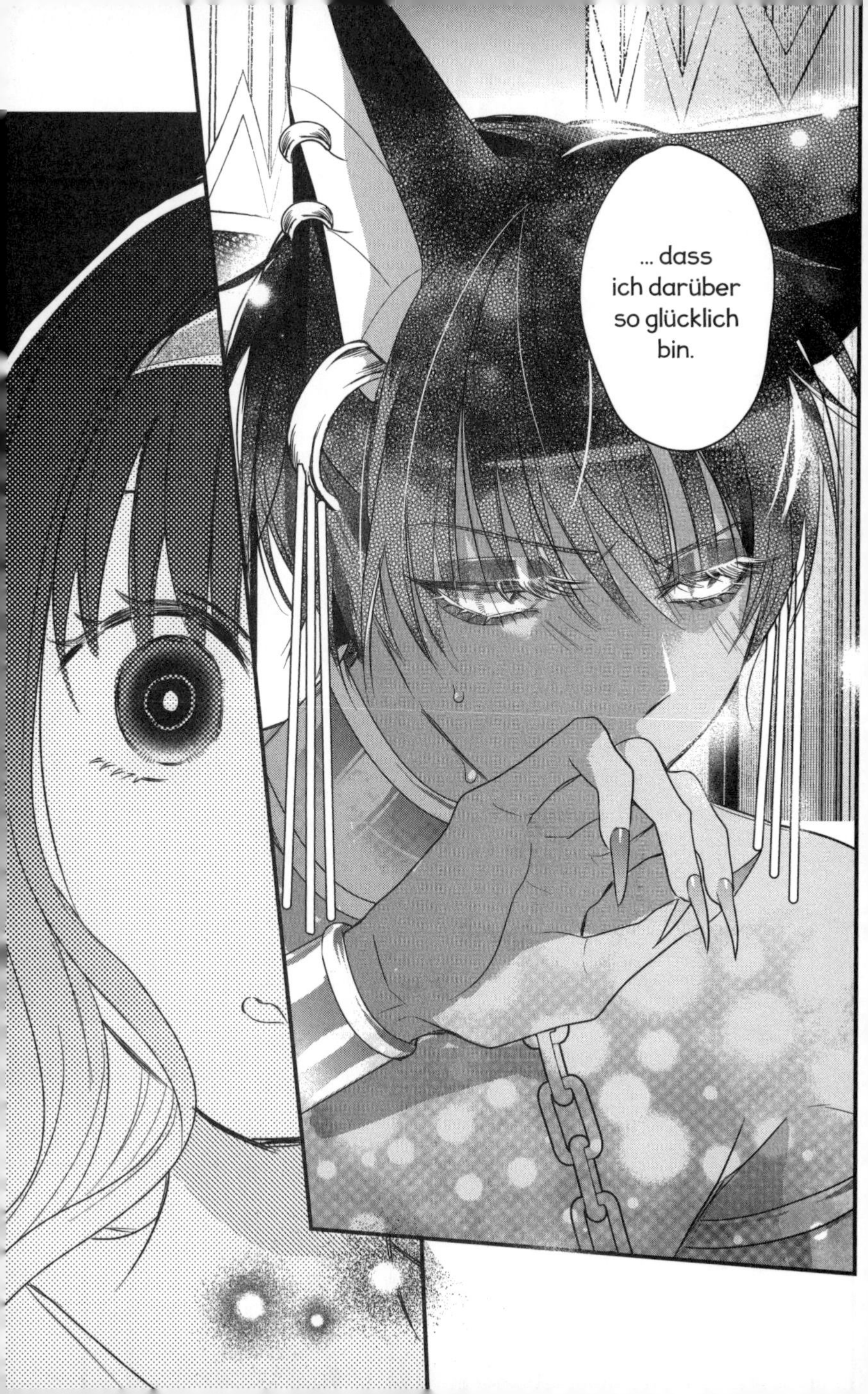
... dass
ich darüber
so glücklich
bin.

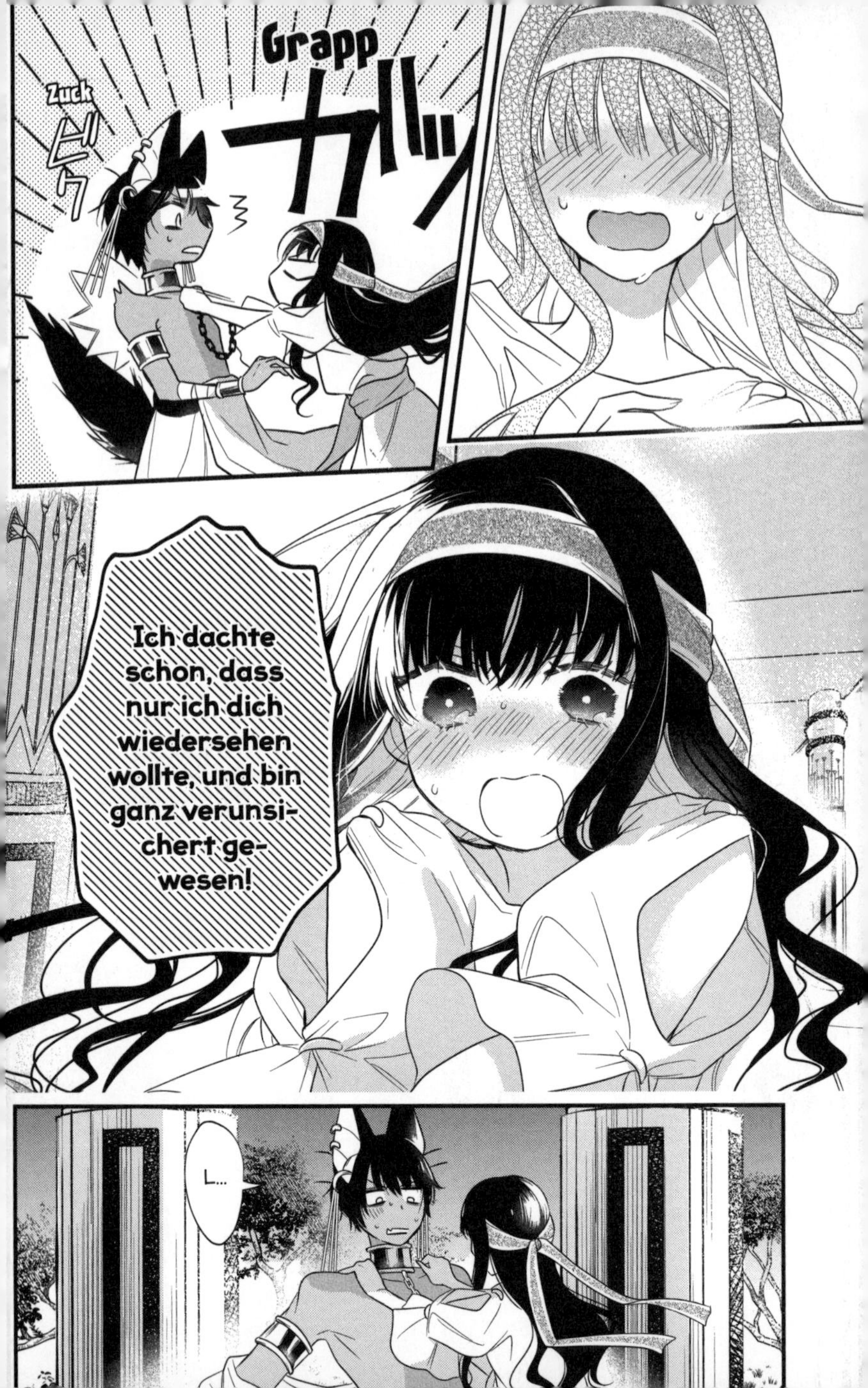

Grapp
Zuck
Ich dachte schon, dass nur ich dich wiedersehen wollte, und bin ganz verunsichert gewesen!
L...

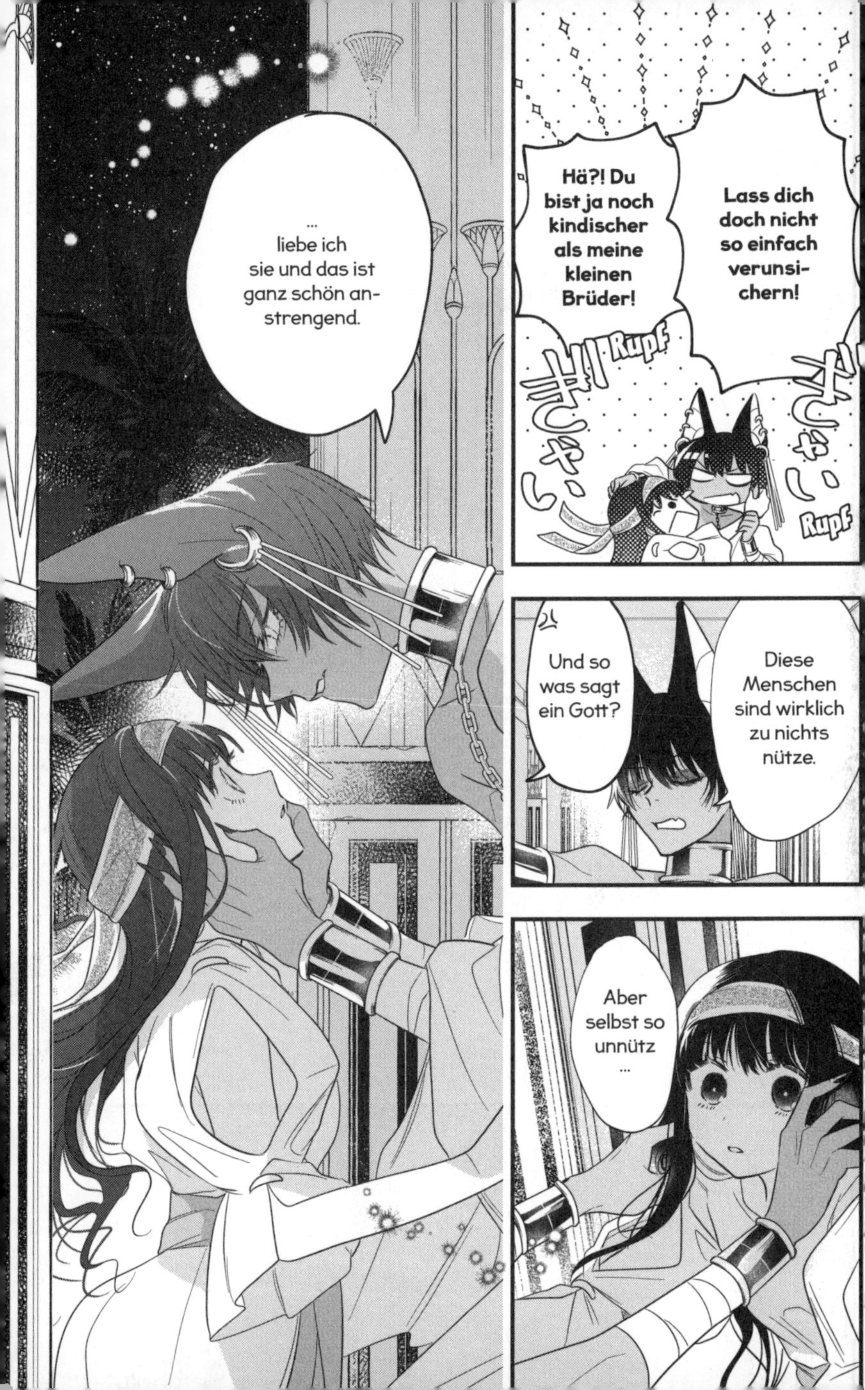
Lass dich doch nicht so einfach verunsichern!
Hä?! Du bist ja noch kindischer als meine kleinen Brüder!
Rupf
Rupf
Diese Menschen sind wirklich zu nichts nütze.
Und so was sagt ein Gott?
Aber selbst so unnütz ...
... liebe ich sie und das ist ganz schön anstrengend.

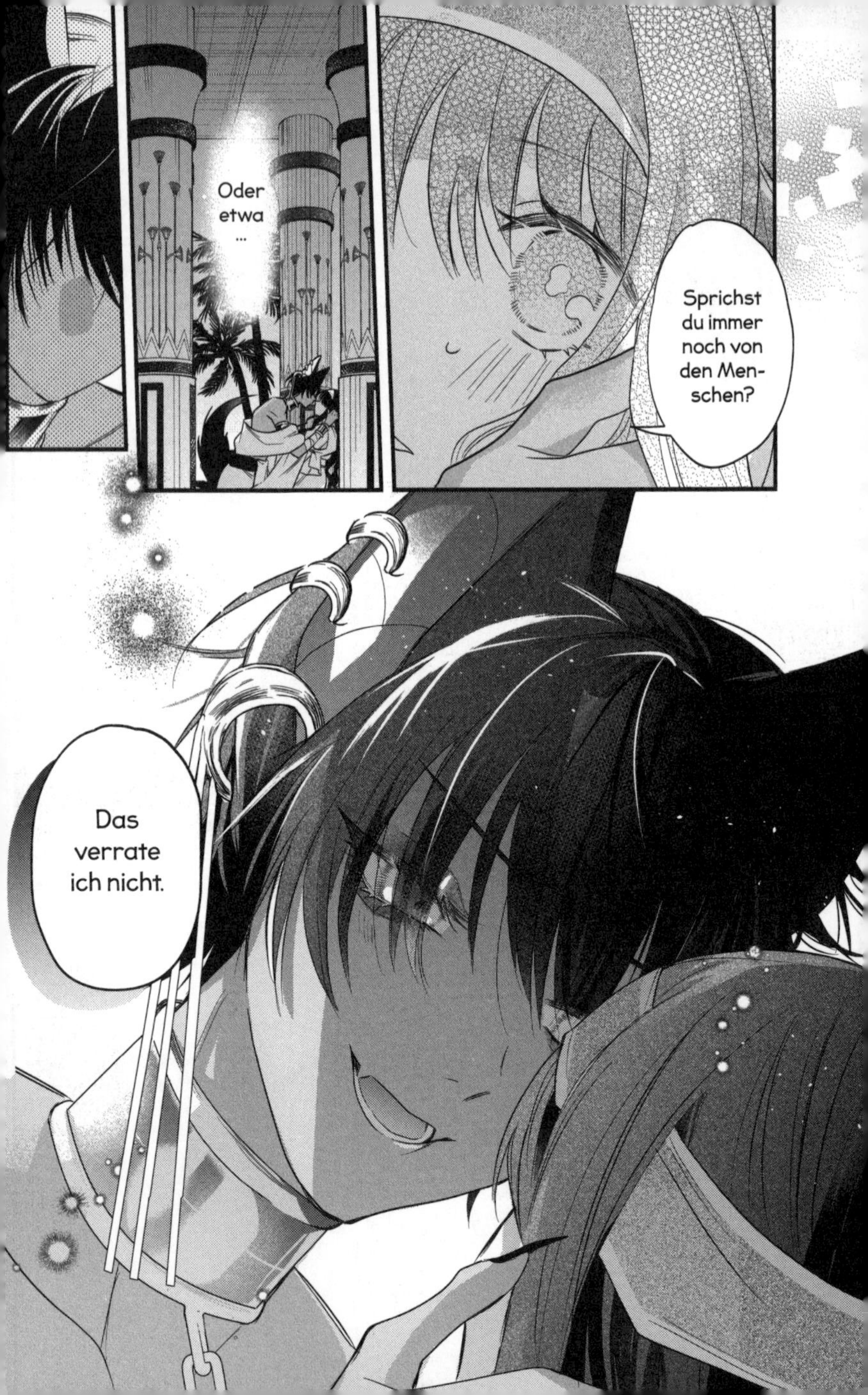
Sprichst du immer noch von den Menschen?
Oder etwa ...
Das verrate ich nicht.

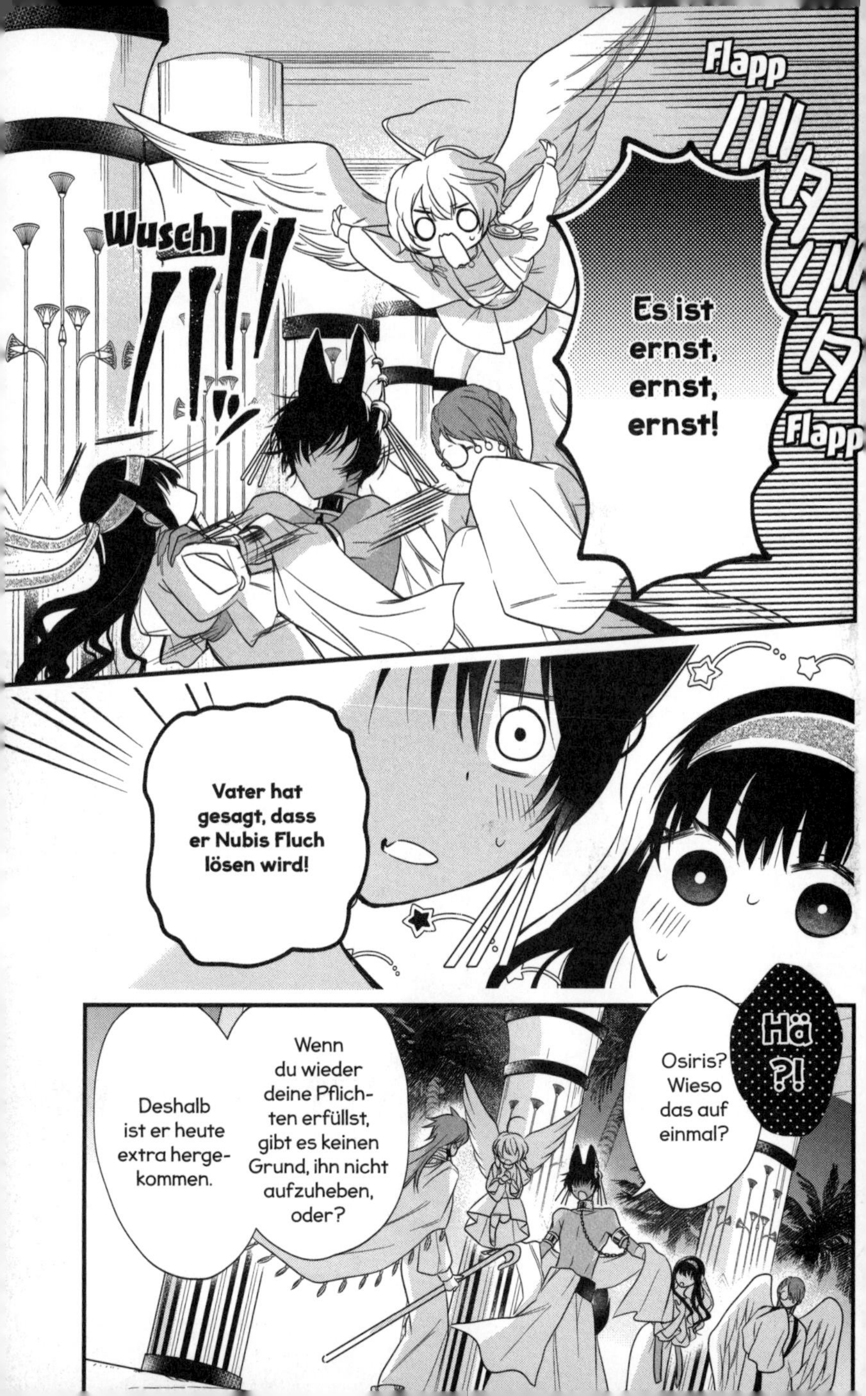
Flapp
Flapp
Es ist ernst, ernst, ernst!
Wusch
Vater hat gesagt, dass er Nubis Fluch lösen wird!
Hä ?!
Osiris? Wieso das auf einmal?
Wenn du wieder deine Pflichten erfüllst, gibt es keinen Grund, ihn nicht aufzuheben, oder?
Deshalb ist er heute extra hergekommen.

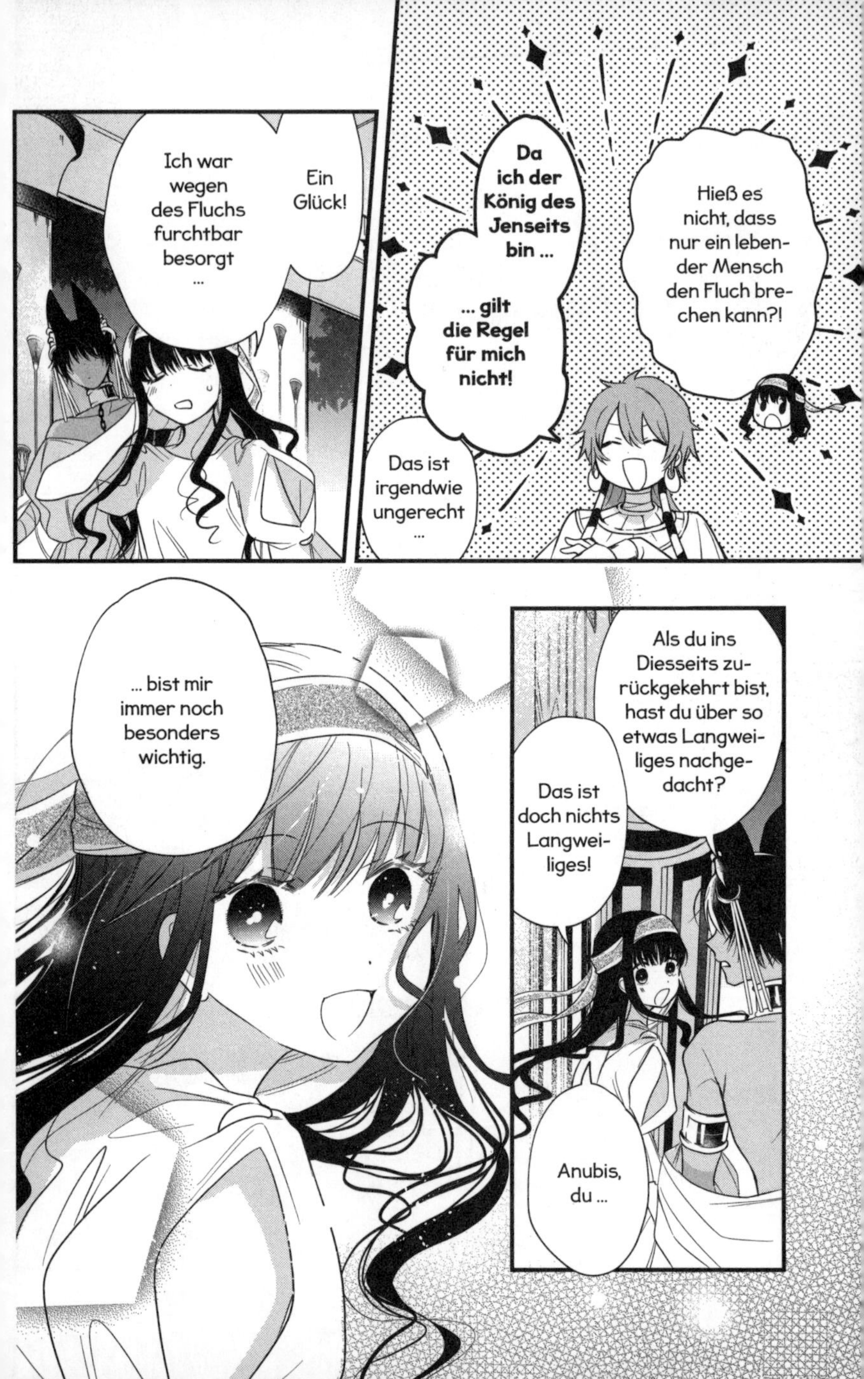

Hieß es nicht, dass nur ein leben-der Mensch den Fluch bre-chen kann?!
Da ich der König des Jenseits bin ...
... gilt die Regel für mich nicht!
Das ist irgendwie ungerecht ...
Ein Glück!
Ich war wegen des Fluchs furchtbar besorgt ...
Als du ins Diesseits zu-rückgekehrt bist, hast du über so etwas Langwei-liges nachge-dacht?
Das ist doch nichts Langwei-liges!
Anubis, du ...
... bist mir immer noch besonders wichtig.

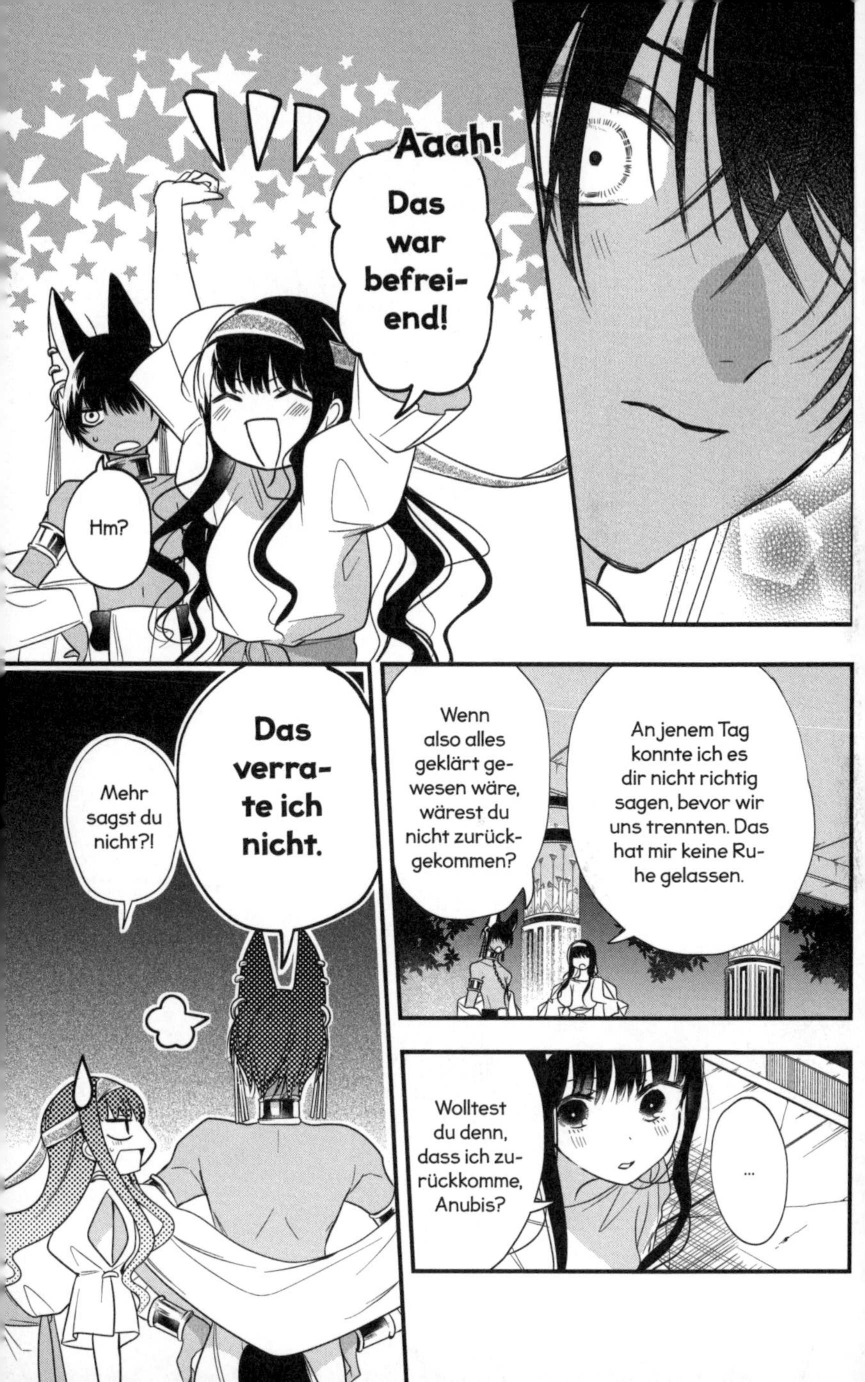
Aaah!
Das war befrei-end!
Hm?
Das verra-te ich nicht.
Mehr sagst du nicht?!
An jenem Tag konnte ich es dir nicht richtig sagen, bevor wir uns trennten. Das hat mir keine Ru-he gelassen.
Wenn also alles geklärt ge-wesen wäre, wärest du nicht zurück-gekommen?
...
Wolltest du denn, dass ich zu-rückkomme, Anubis?

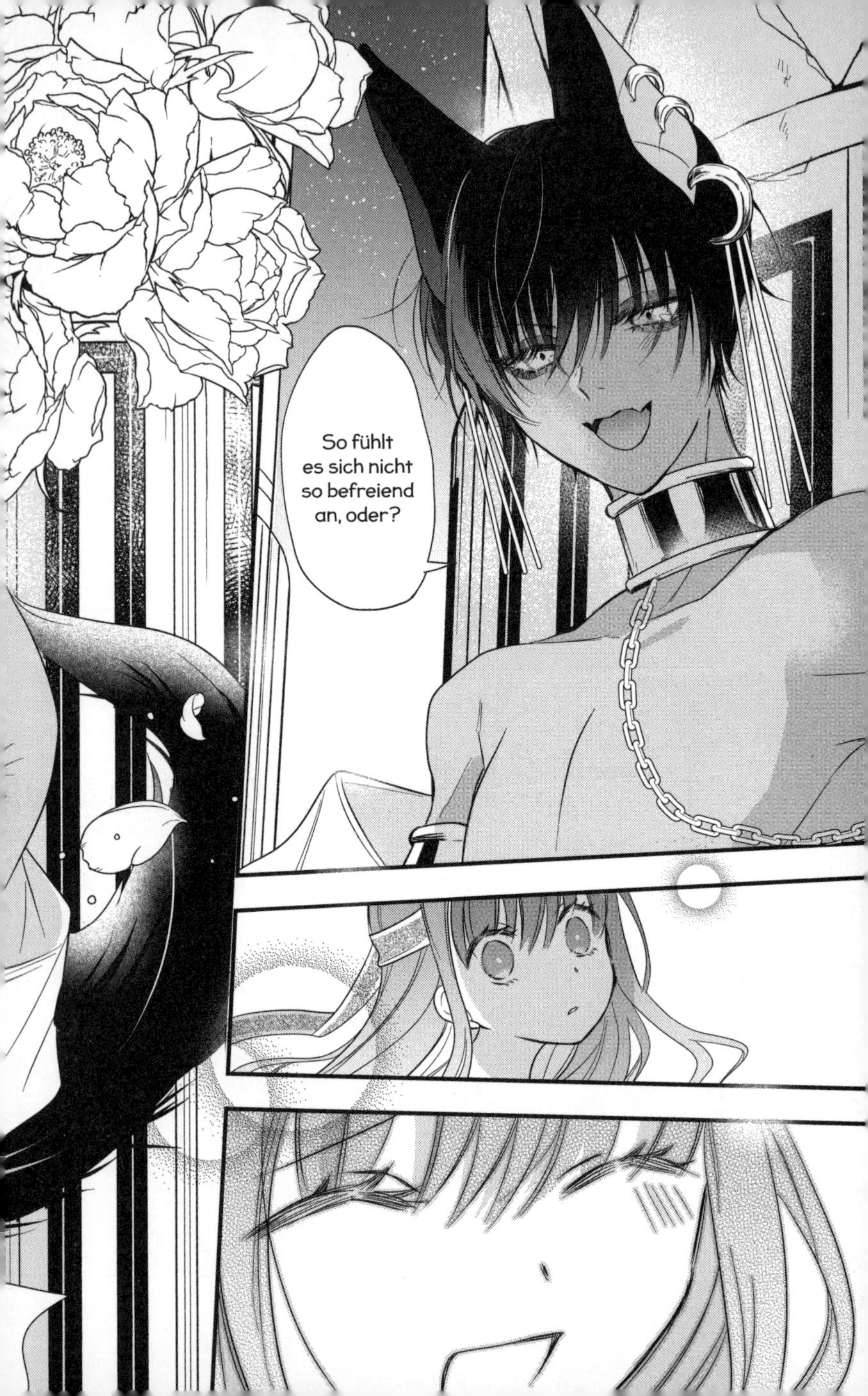
So fühlt
es sich nicht
so befreiend
an, oder?

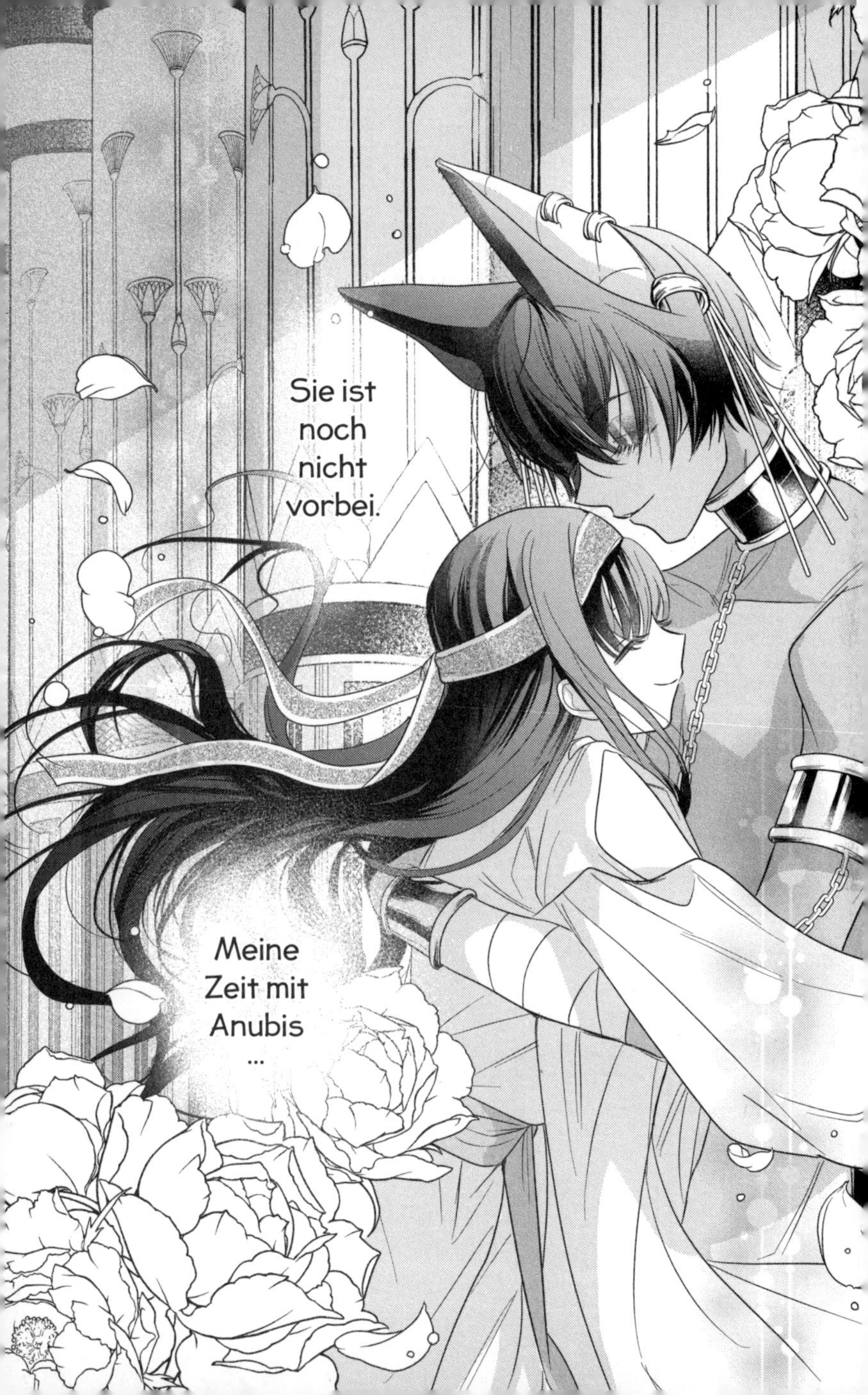
Sie ist noch nicht vorbei.
Meine Zeit mit Anubis ...

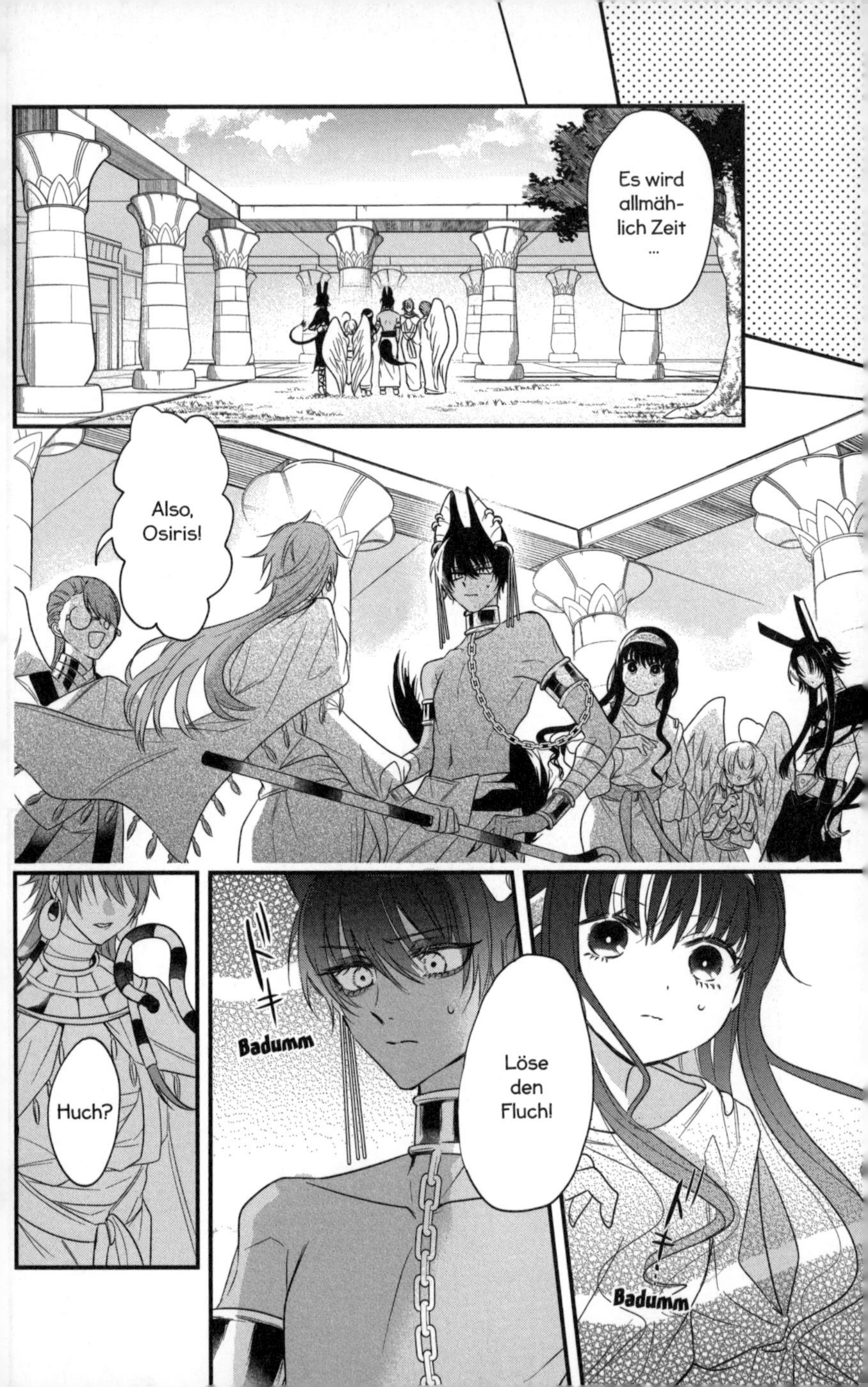
Es wird allmählich Zeit ...
Also, Osiris!
Badumm
Löse den Fluch!
Huch?
Badumm

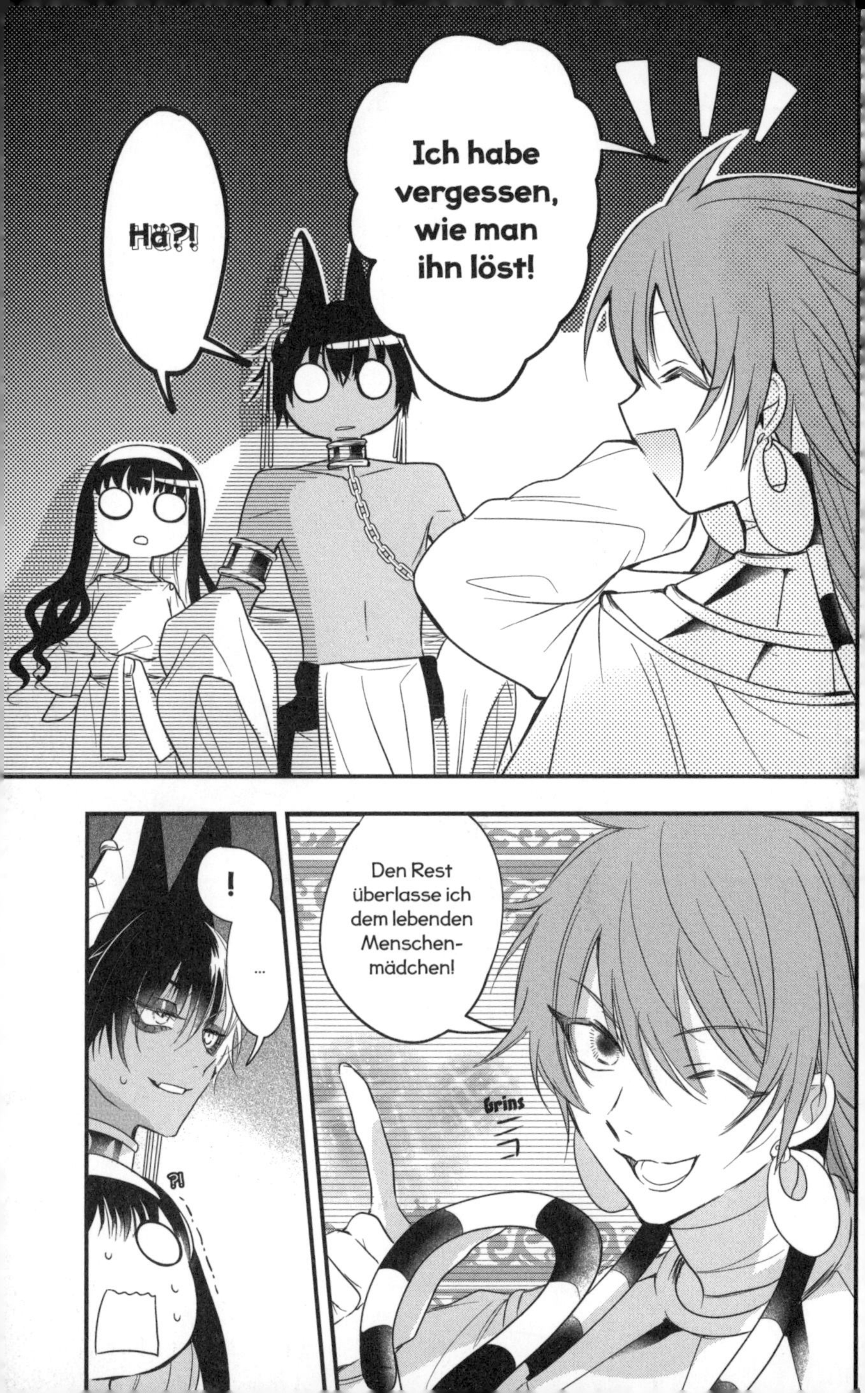

Ich habe vergessen, wie man ihn löst!
Hä?!
Den Rest überlasse ich dem lebenden Menschen-mädchen!
!
...
Grins
?!

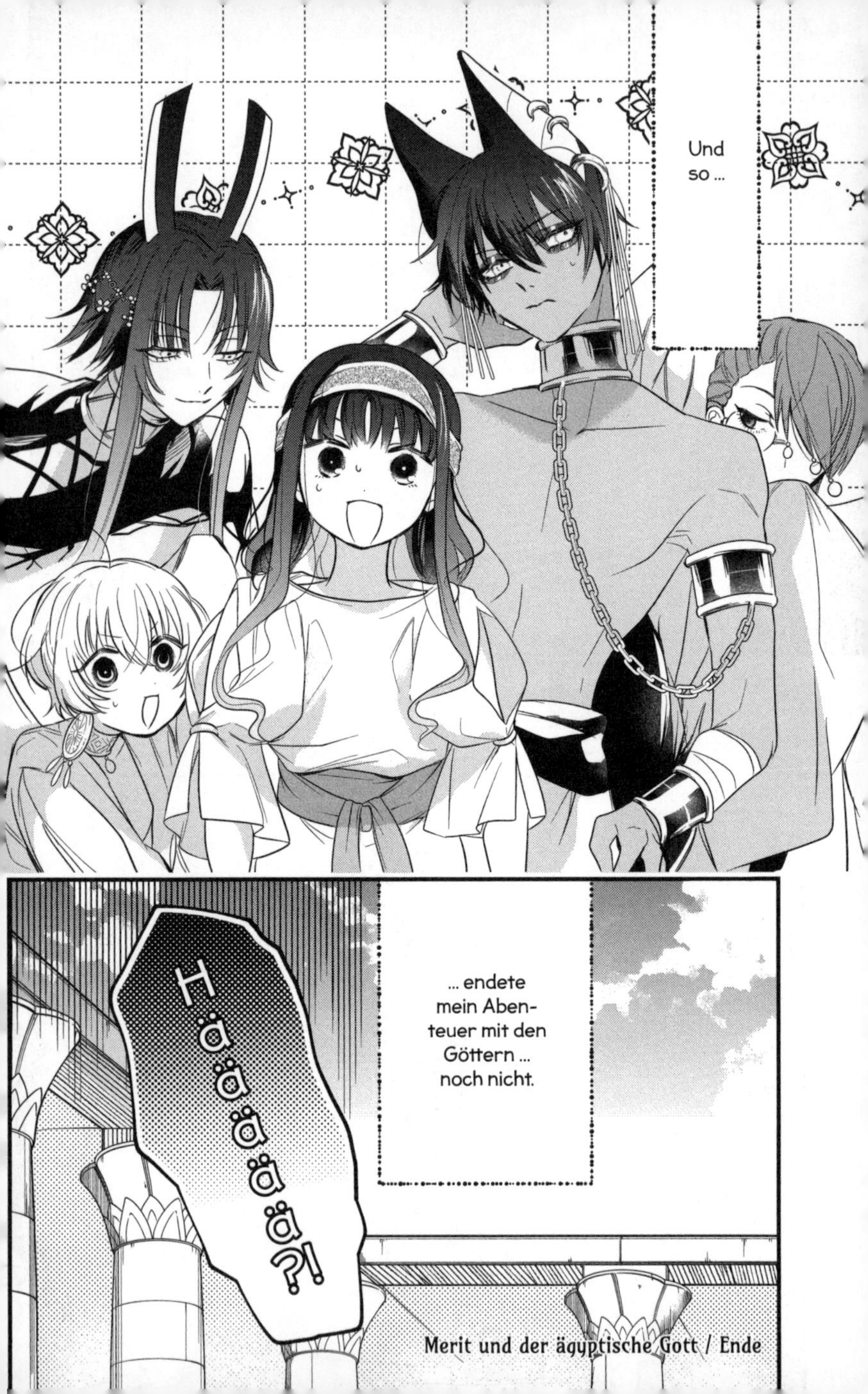
Und so ...
... endete mein Abenteuer mit den Göttern ... noch nicht.
Hääääää?!
Merit und der ägyptische Gott / Ende

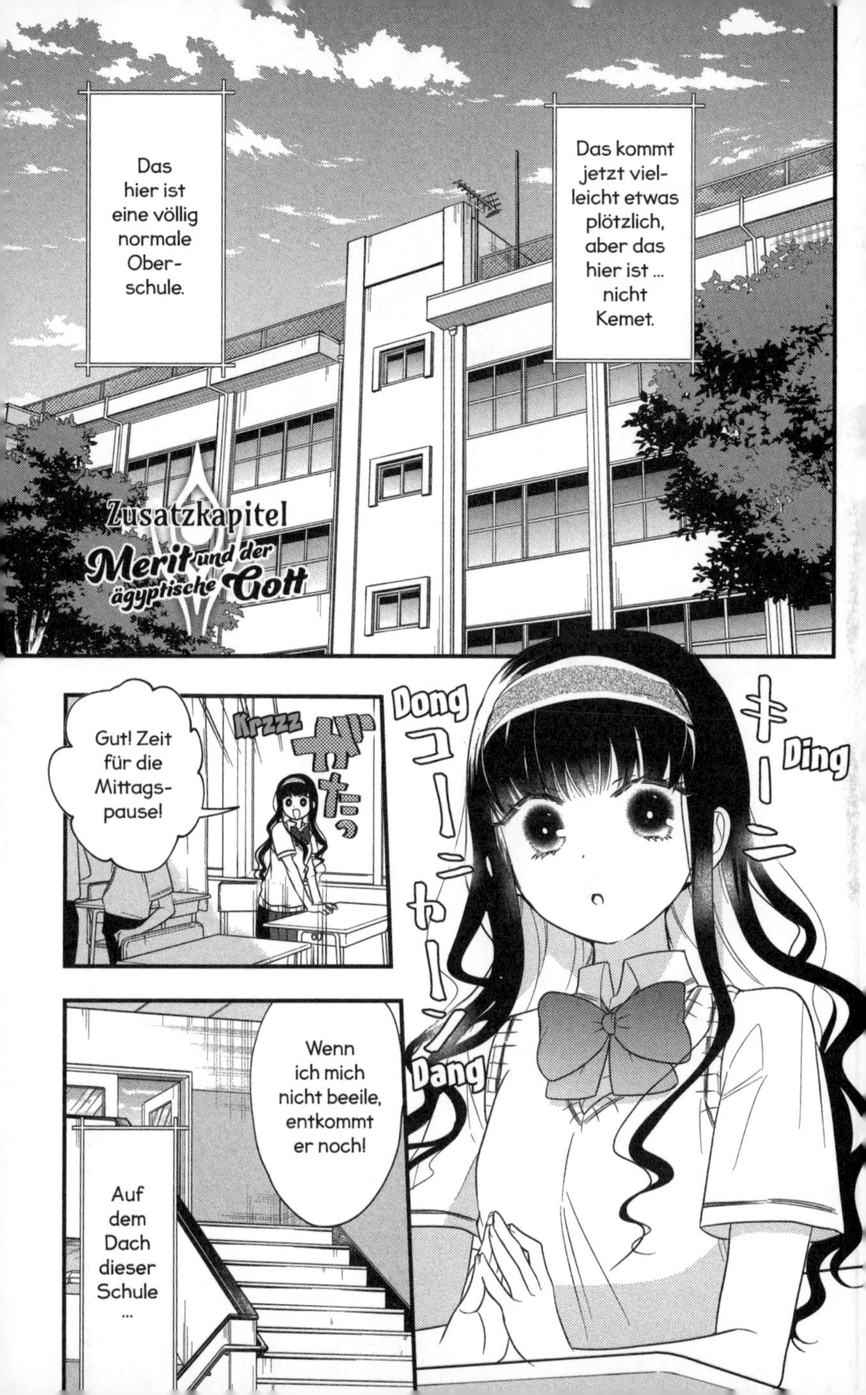
Das kommt jetzt vielleicht etwas plötzlich, aber das hier ist ... nicht Kemet.
Das hier ist eine völlig normale Oberschule.
Zusatzkapitel
Merit und der ägyptische Gott
Dong
Ding
Dang
Krzzz
Gut! Zeit für die Mittagspause!
Wenn ich mich nicht beeile, entkommt er noch!
Auf dem Dach dieser Schule ...

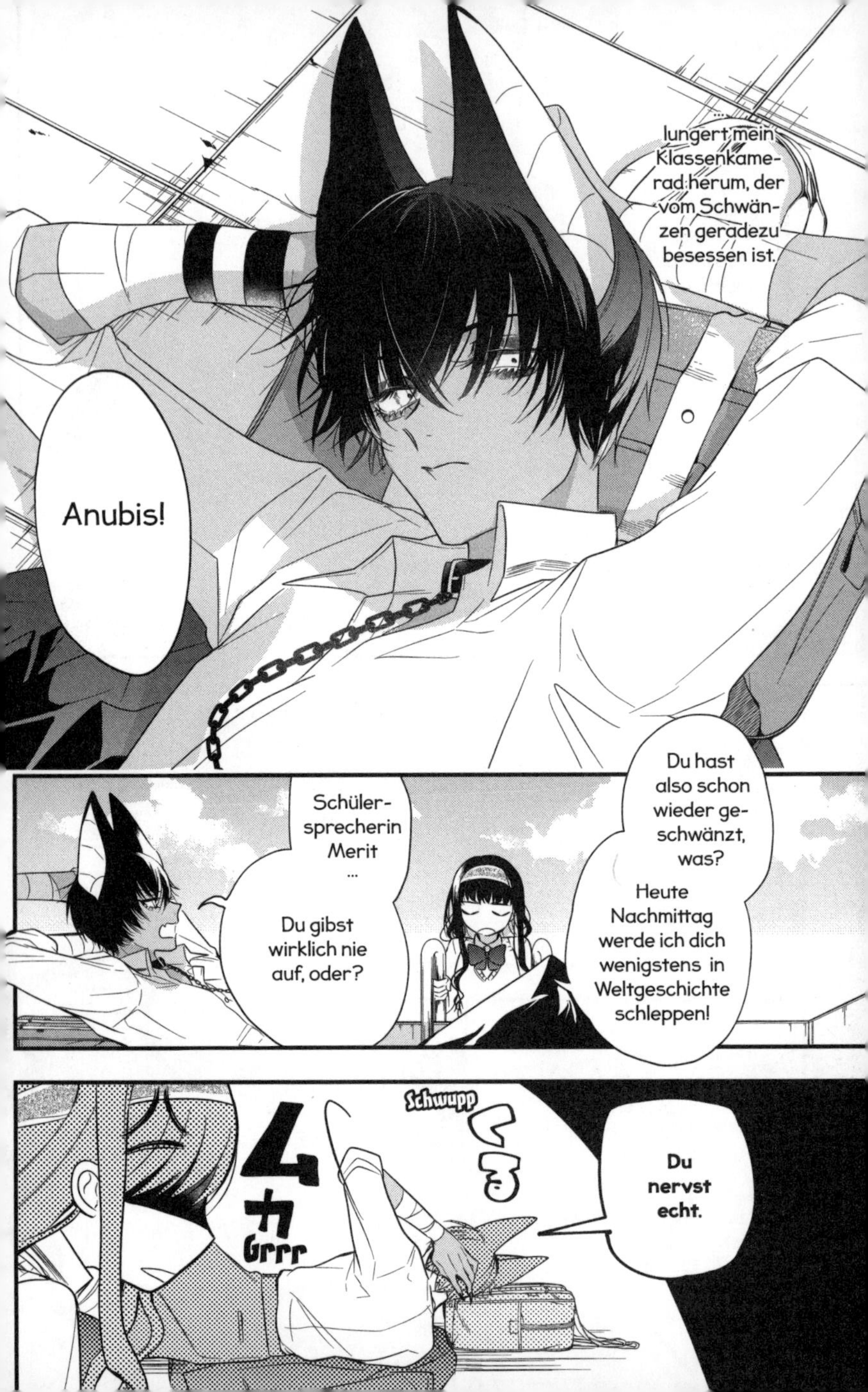

... lungert mein Klassenkamerad herum, der vom Schwänzen geradezu besessen ist.
Anubis!
Du hast also schon wieder geschwänzt, was?
Heute Nachmittag werde ich dich wenigstens in Weltgeschichte schleppen!
Schülersprecherin Merit ...
Du gibst wirklich nie auf, oder?
Schwupp
Du nervst echt.
Grrr

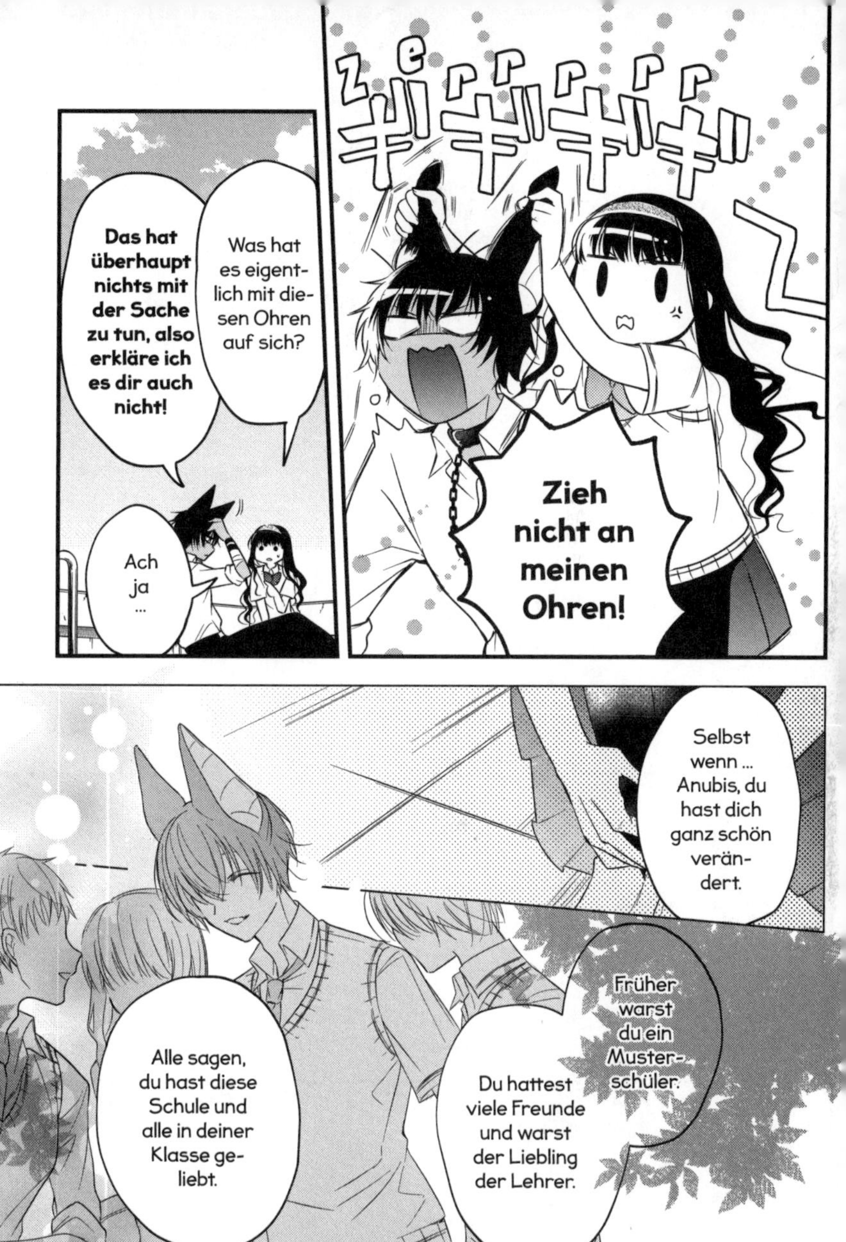

zerrrrrr
Zieh nicht an meinen Ohren!
Was hat es eigentlich mit diesen Ohren auf sich?
Das hat überhaupt nichts mit der Sache zu tun, also erkläre ich es dir auch nicht!
Ach ja …
Selbst wenn … Anubis, du hast dich ganz schön verändert.
Früher warst du ein Musterschüler.
Du hattest viele Freunde und warst der Liebling der Lehrer.
Alle sagen, du hast diese Schule und alle in deiner Klasse geliebt.

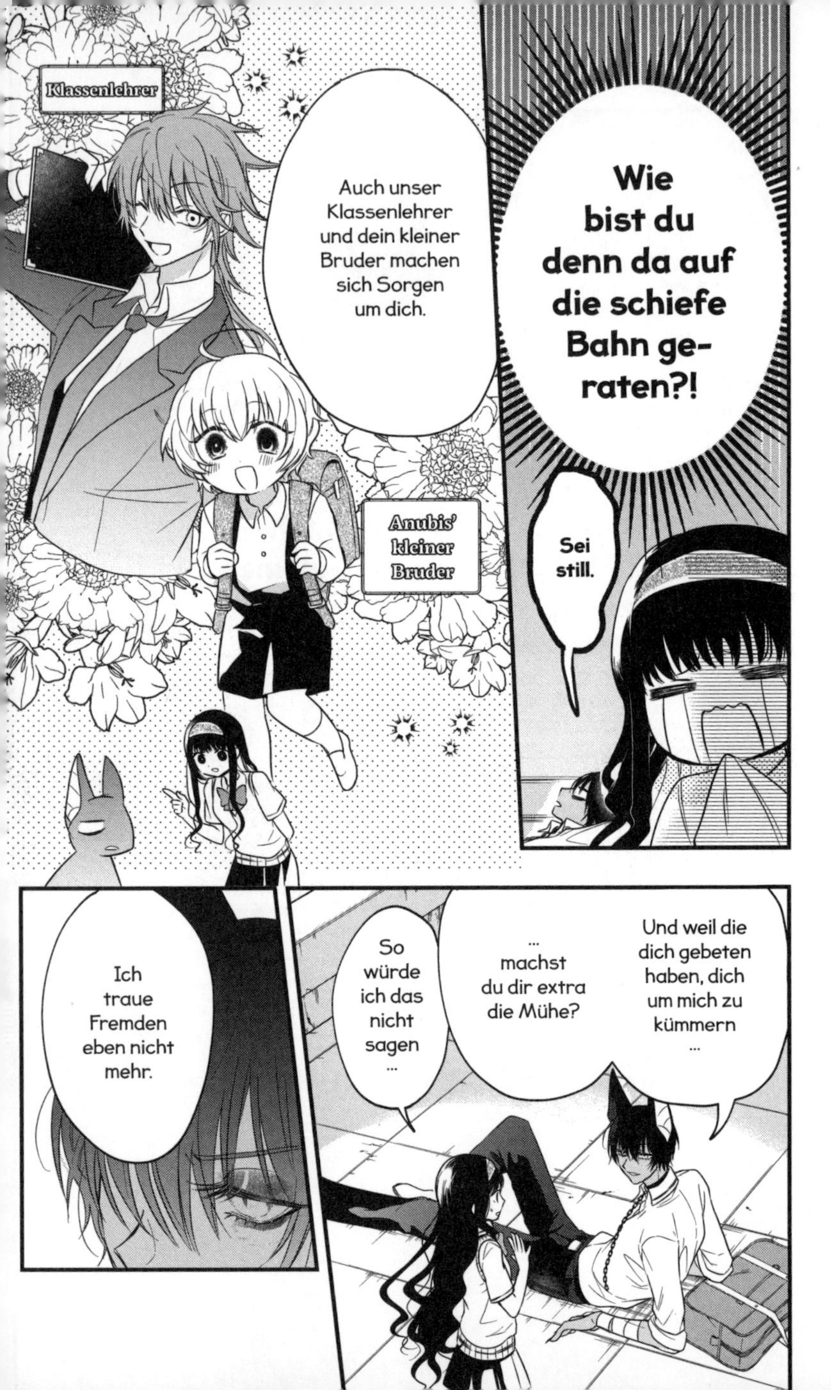
Wie bist du denn da auf die schiefe Bahn geraten?!
Sei still.
Auch unser Klassenlehrer und dein kleiner Bruder machen sich Sorgen um dich.
Klassenlehrer
Anubis' kleiner Bruder
Und weil die dich gebeten haben, dich um mich zu kümmern …
… machst du dir extra die Mühe?
So würde ich das nicht sagen …
Ich traue Fremden eben nicht mehr.

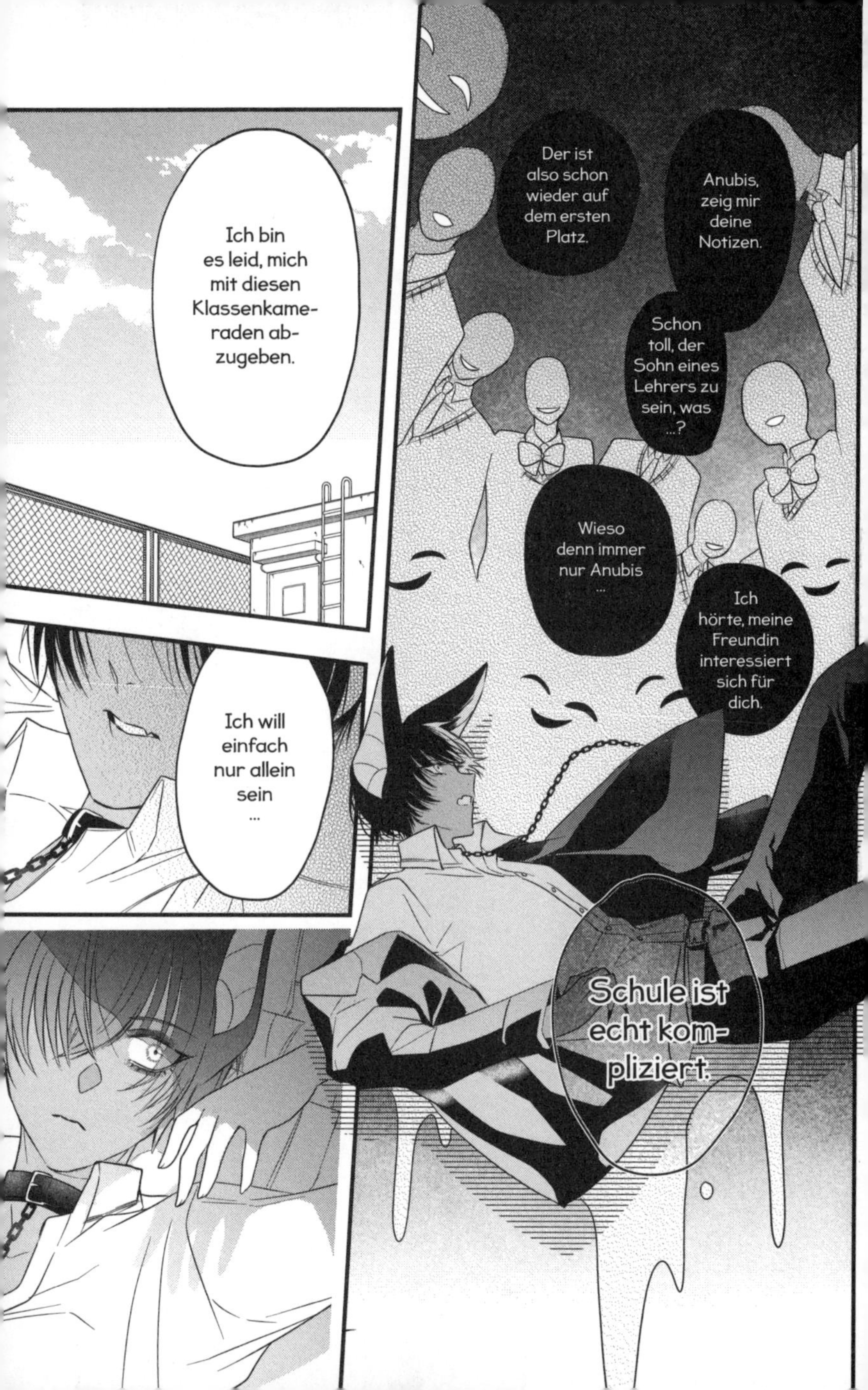
Anubis, zeig mir deine Notizen.
Der ist also schon wieder auf dem ersten Platz.
Schon toll, der Sohn eines Lehrers zu sein, was …?
Ich hörte, meine Freundin interessiert sich für dich.
Wieso denn immer nur Anubis …
Schule ist echt kompliziert.
Ich bin es leid, mich mit diesen Klassenkameraden abzugeben.
Ich will einfach nur allein sein …

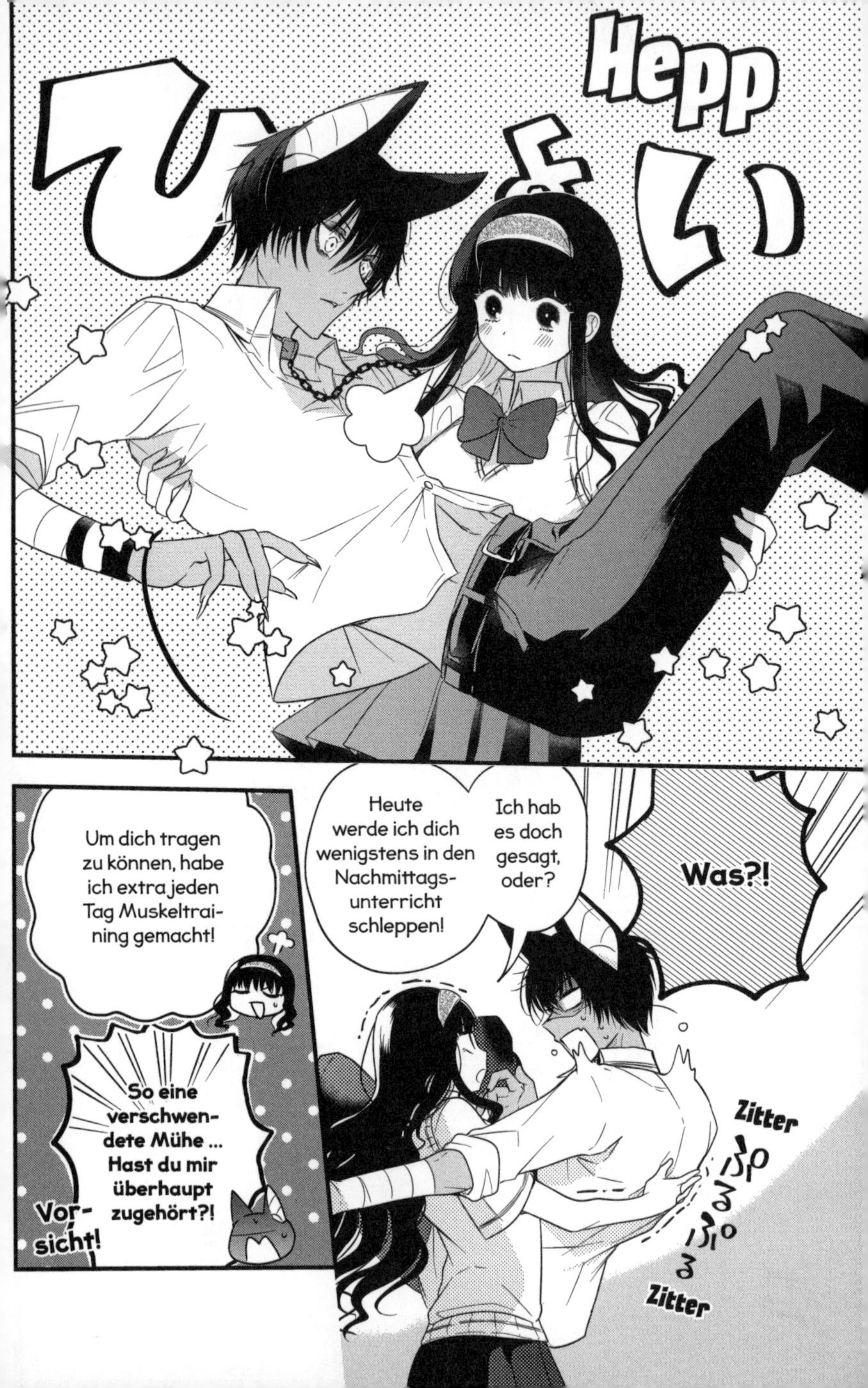

Hepp
Was?!
Ich hab es doch gesagt, oder?
Heute werde ich dich wenigstens in den Nachmittagsunterricht schleppen!
Um dich tragen zu können, habe ich extra jeden Tag Muskeltraining gemacht!
Zitter
Zitter
So eine verschwendete Mühe ... Hast du mir überhaupt zugehört?!
Vorsicht!

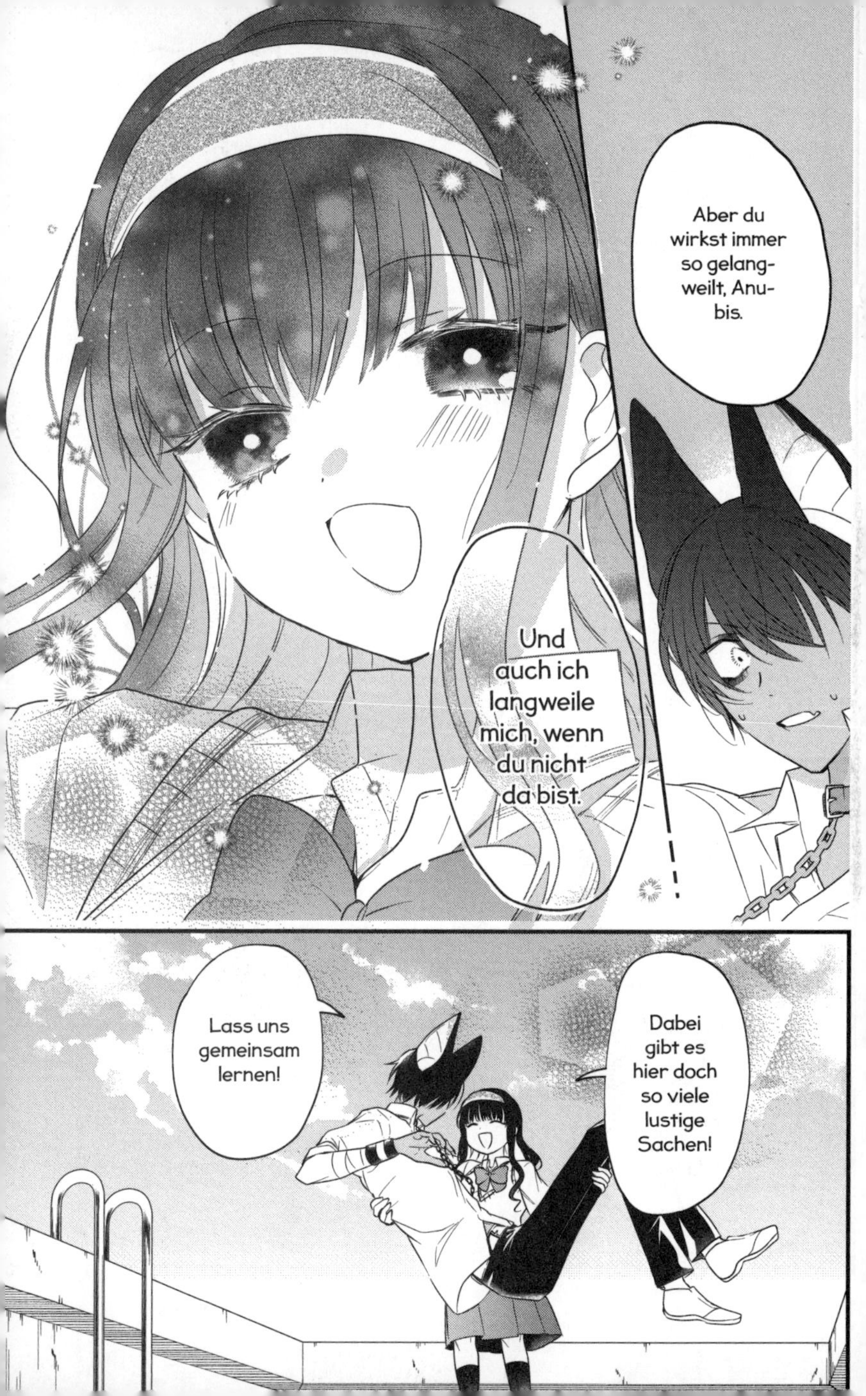
Aber du wirkst immer so gelang-weilt, Anu-bis.
Und auch ich langweile mich, wenn du nicht da bist.
Dabei gibt es hier doch so viele lustige Sachen!
Lass uns gemeinsam lernen!

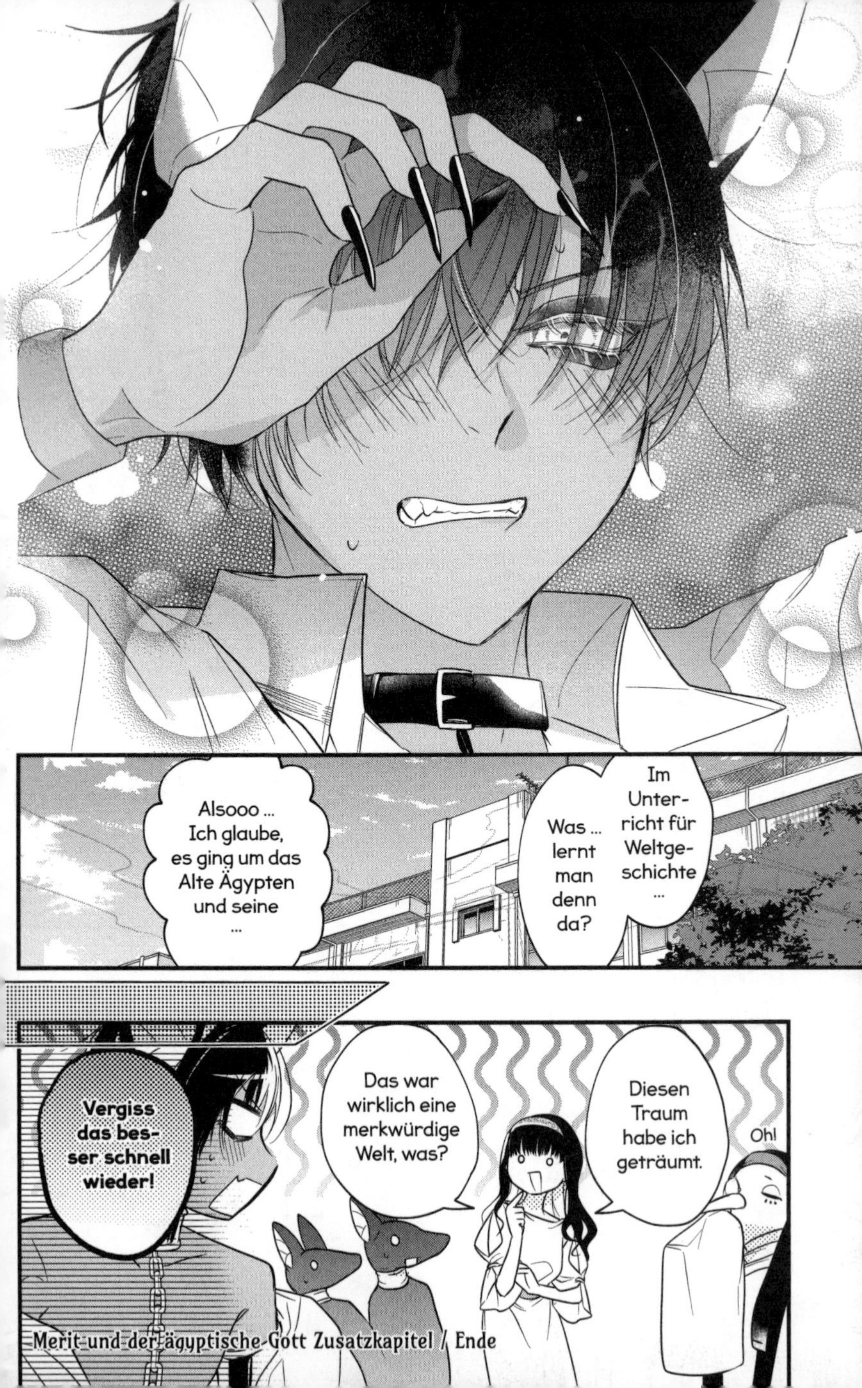
Im Unterricht für Weltgeschichte ...
Was ... lernt man denn da?
Alsooo ... Ich glaube, es ging um das Alte Ägypten und seine ...
Oh!
Diesen Traum habe ich geträumt.
Das war wirklich eine merkwürdige Welt, was?
Vergiss das besser schnell wieder!
Merit und der ägyptische Gott Zusatzkapitel / Ende

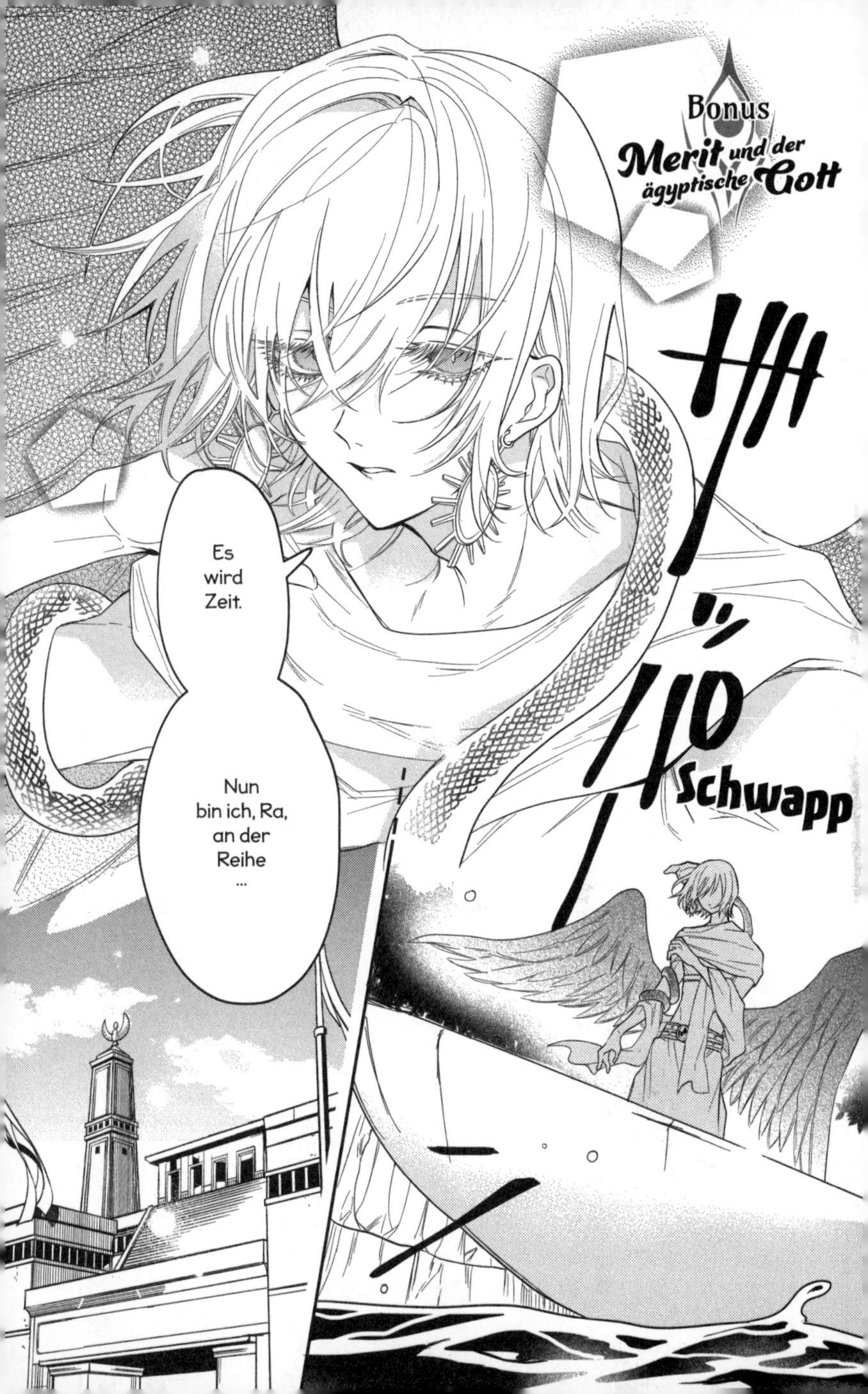
Bonus
Merit und der ägyptische Gott
Es wird Zeit.
Nun bin ich, Ra, an der Reihe …
Schwapp

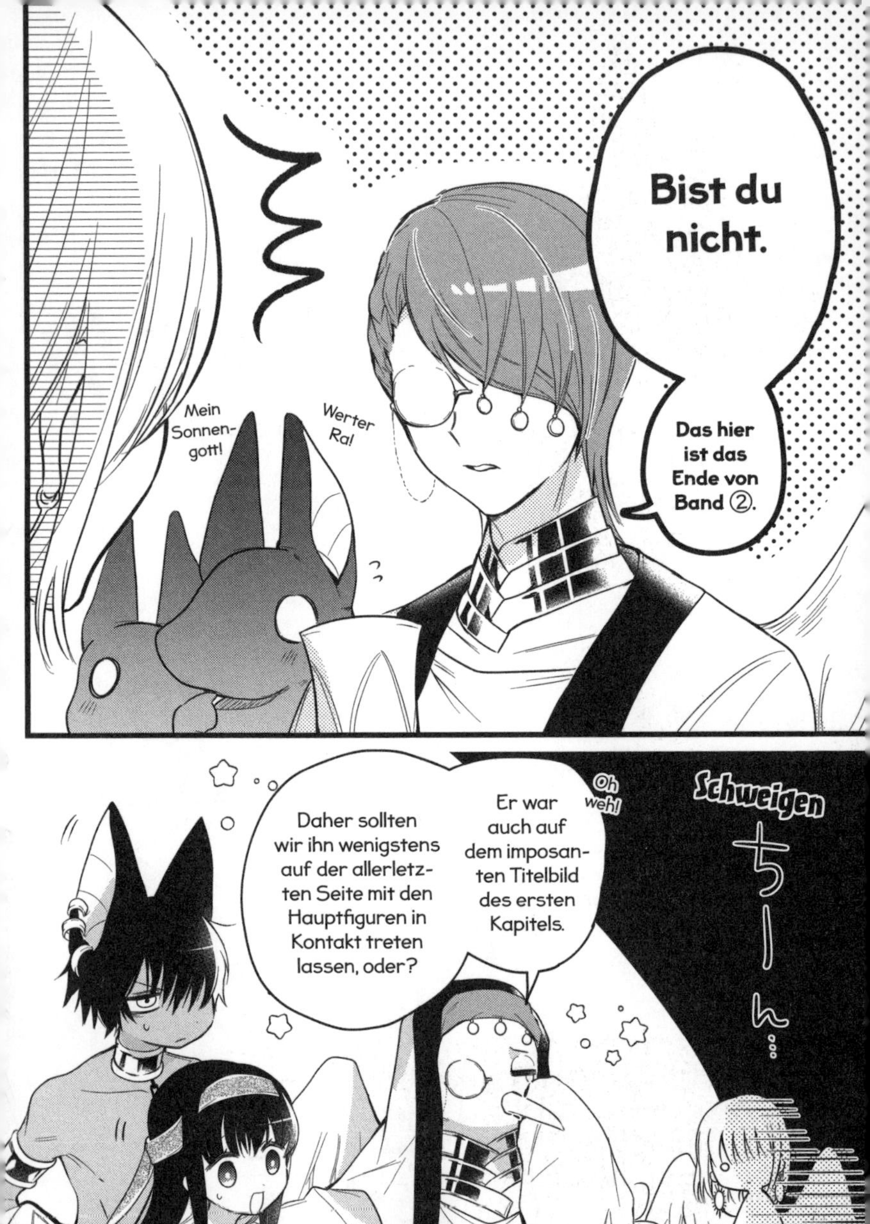

Bist du nicht.
Das hier ist das Ende von Band ②.
Werter Ra!
Mein Sonnengott!
Schweigen
ちーん…
Oh weh!
Er war auch auf dem imposanten Titelbild des ersten Kapitels.
Daher sollten wir ihn wenigstens auf der allerletzten Seite mit den Hauptfiguren in Kontakt treten lassen, oder?

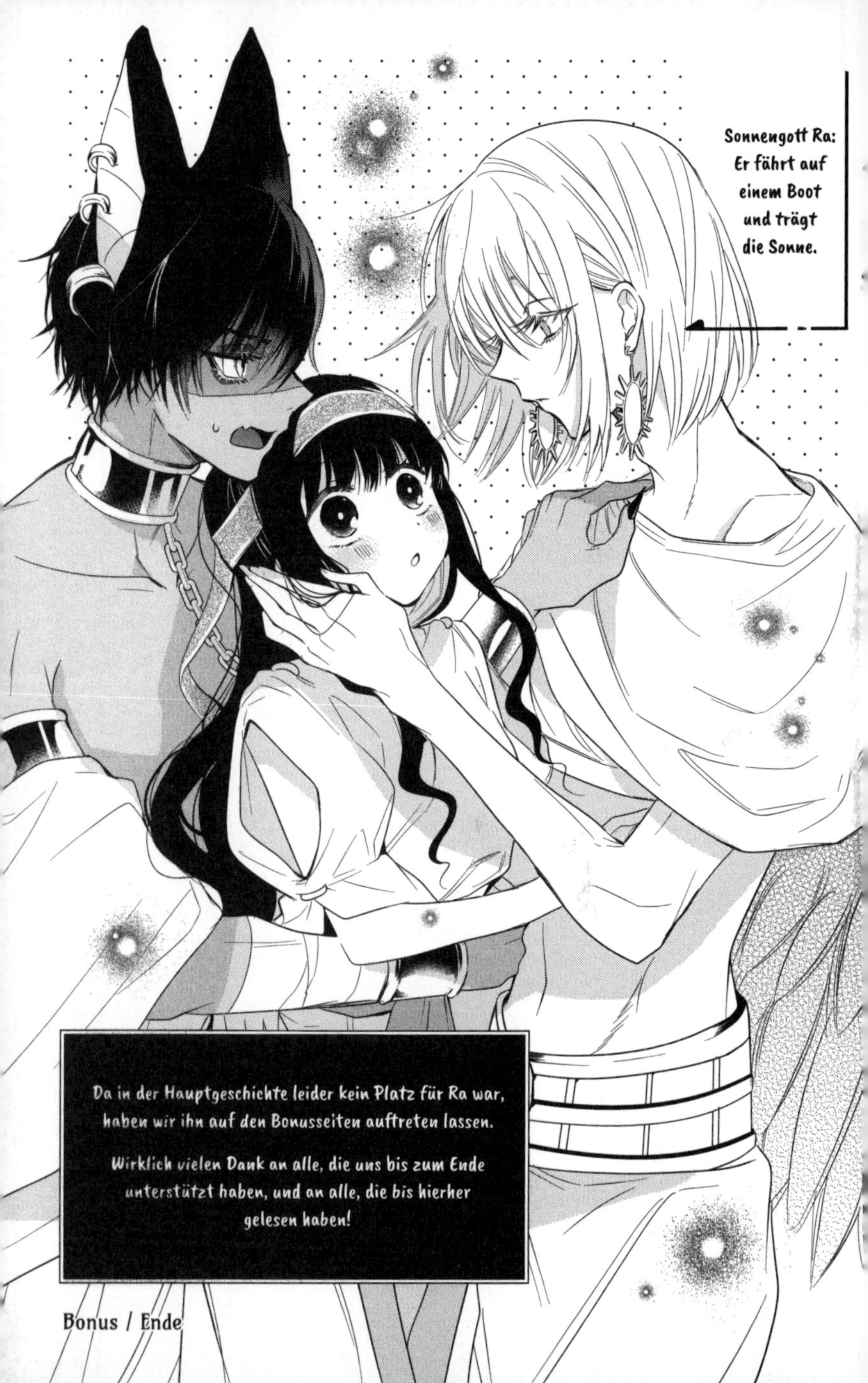
Sonnengott Ra:
Er fährt auf
einem Boot
und trägt
die Sonne.
Da in der Hauptgeschichte leider kein Platz für Ra war, haben wir ihn auf den Bonusseiten auftreten lassen.
Wirklich vielen Dank an alle, die uns bis zum Ende unterstützt haben, und an alle, die bis hierher gelesen haben!
Bonus / Ende

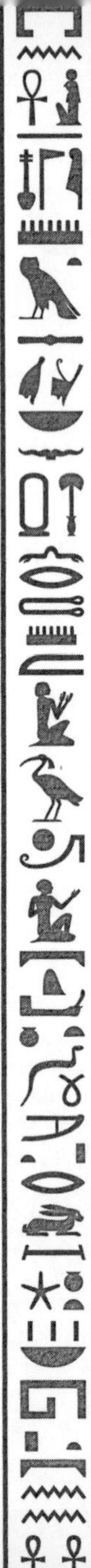

Yukari Sakai

Auch wenn wir bei
Merit und der ägyptische Gott
recht viel herumprobiert haben, haben wir es geschafft, Band 2 erfolgreich zu beenden! Ich bin dankbar, dass ihr ihn in die Hand genommen habt ... Zwar handelt es sich bei der Geschichte von Merit und Anubis um die Haupthandlung, aber in diesem Band hat dennoch der Tumult und das Herumgequassel der anderen Götter im Vergleich zu Band 1 zugenommen ... findet ihr auch?

Ich wünsche euch viel Freude an den Beziehungsgeflechten und Dialogen in diesem Abschlussband!

Fuyu Tsuyama

Vielen Dank, dass ihr nach Band 2 gegriffen habt. Allen, die den Band gelesen, und allen, die an dem Band beteiligt waren, wünsche ich nur das Beste!

Merit und der ägyptische Gott

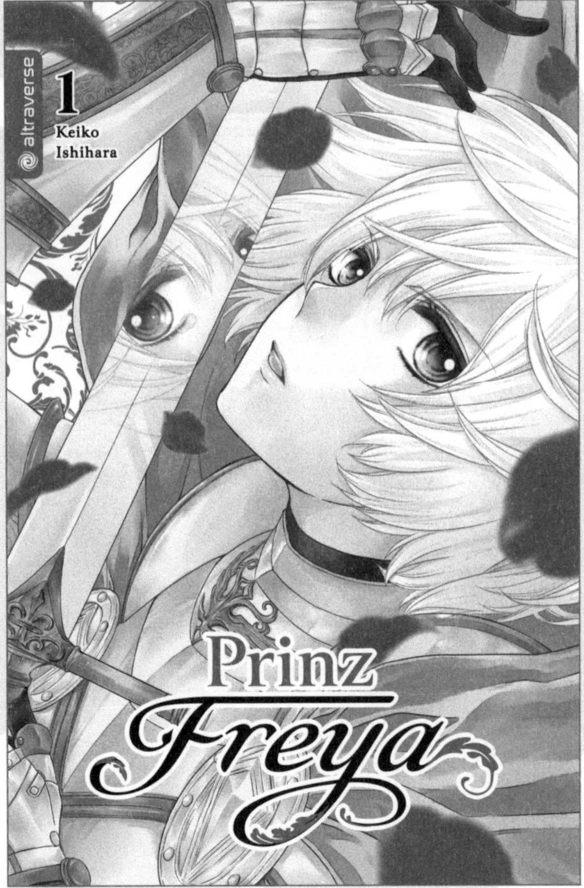

Prinz Freya

Keiko Ishihara

Das Land Tyr ist in großer Gefahr! Die ganze Hoffnung der Menschen ruht auf dem Prinzen, der sich dem feindlichen Nachbarland mutig entgegenstellt. Als er überraschend stirbt, nimmt die junge Freya, die dem Prinzen zum Verwechseln ähnlich sieht, heimlich seinen Platz ein. Zum Wohle des Landes muss sie über sich hinauswachsen. Von nun an ist ihr Leben ein einziges großes Abenteuer!

Fantasy 13 +

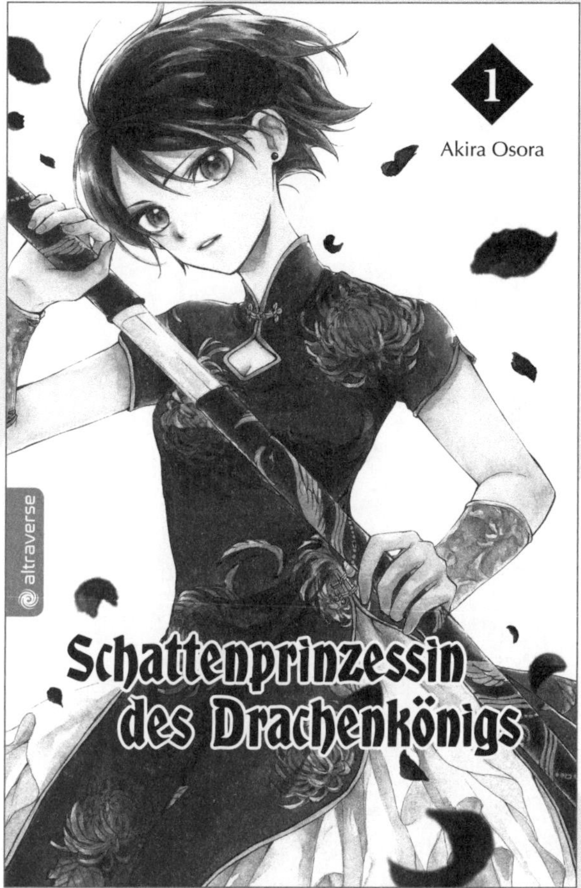

Schattenprinzessin des Drachenkönigs

Akira Osora

Vor einigen Jahren begrub der Wasserdrache, der eigentlich der Schutzgeist des Königreichs Ten'a ist, Kohakus Heimat unter wilden Fluten. Als letzte Überlebende schwört sie, Rache an Prinz Miaki zu nehmen, der als Einziger den Drachen kontrollieren kann. Entschlossen, ihn zu töten, schleicht sie sich am Königshof ein. Doch dann kommt alles ganz anders ...

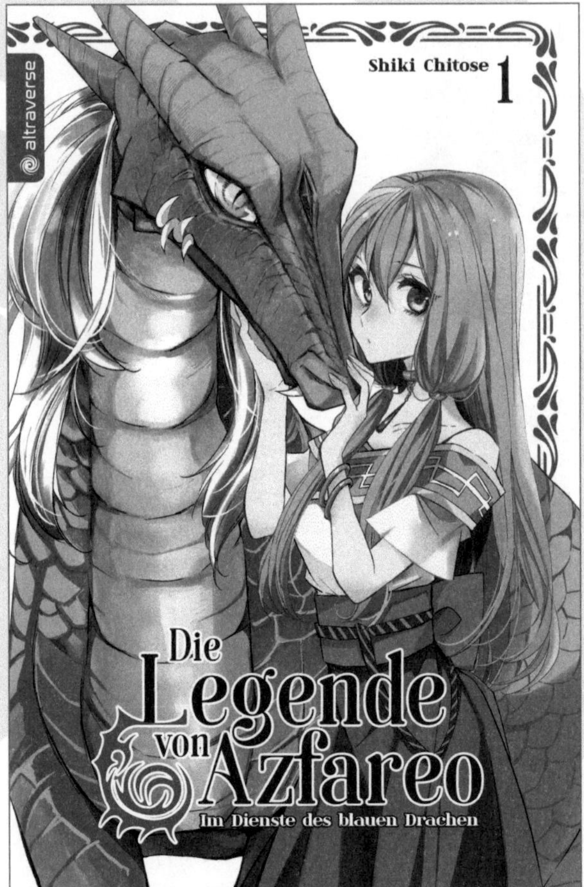

Die Legende von Azfareo

Shiki Chitose

Im Schloss des Königreichs Azfareo haust ein fürchterlicher Drache. Rukul wird auserwählt, ihm zu dienen. Das aufbrausende Temperament der Bestie verschreckt sie zunächst, doch sie bemerkt schnell, dass sich hinter seiner rauen Schale eine sanfte Seele verbirgt. Jedoch rankt sich um den Drachen und den verschwundenen König noch ein großes Geheimnis ...

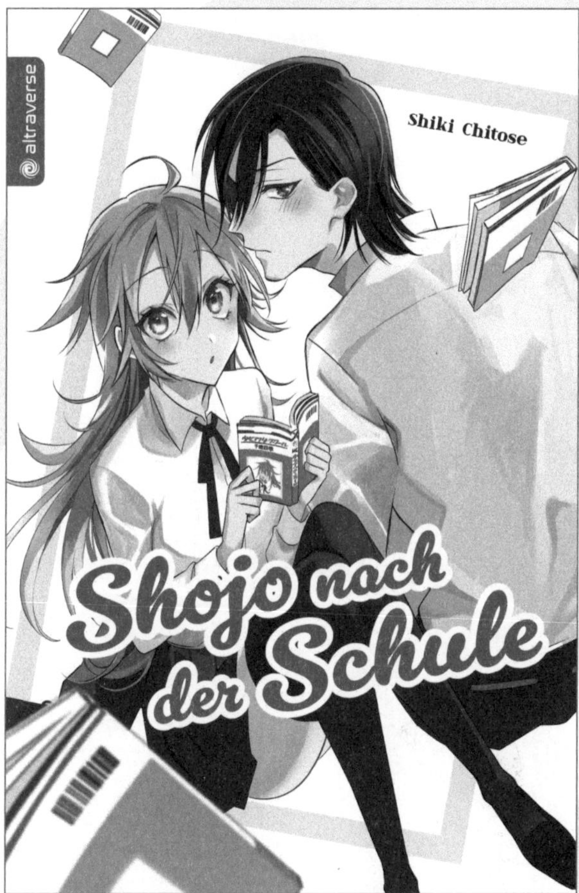

Shojo nach der Schule

Shiki Chitose

Hikaru liebt Shojo-Manga über alles. Leider gibt es niemanden in ihrem Umfeld, der ihre Liebe teilt. Bis sie eines Tages ausgerechnet den Rowdy der Schule Kotaro in der Shojo-Leseecke entdeckt! Doch die beiden müssen sich im Geheimen zum Lesen treffen, denn niemand darf erfahren, dass sich zwischen ihnen eine Freundschaft entwickelt ...

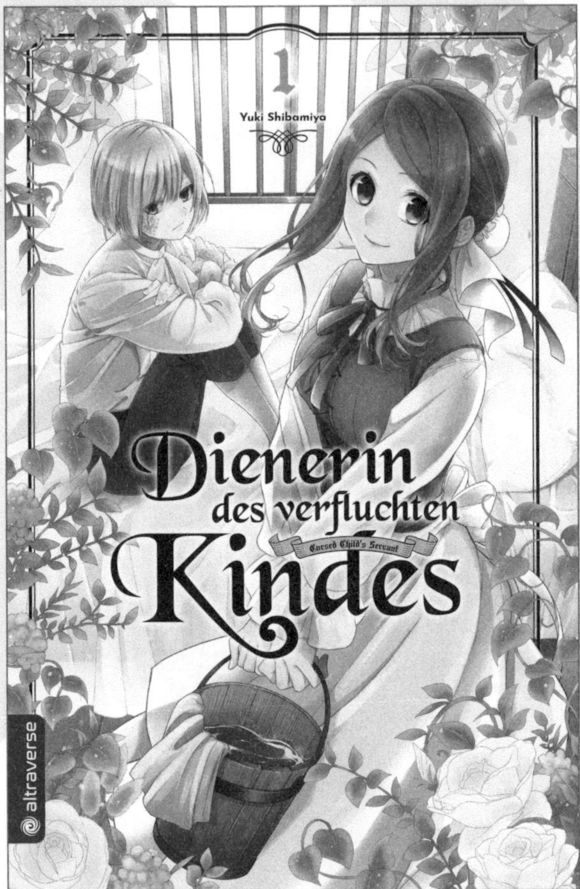

Dienerin des verfluchten Kindes

Yuki Shibamiya

Die junge Renée ist unsterblich. Was andere erstrebenswert finden würden, ist für das Mädchen zu einem Fluch geworden, der sie regelmäßig die Arbeitsstelle kostet. Aber das Schicksal meint es gut mit ihr und sie wird als Dienerin des einsamen Kronprinzen Albert angeheuert. Doch auch der ist mit einem Fluch belegt: Alles, was er anfasst, ist dem Tode geweiht. Ob sie ihr neues Leben gemeinsam meistern können?

Fantasy 13+

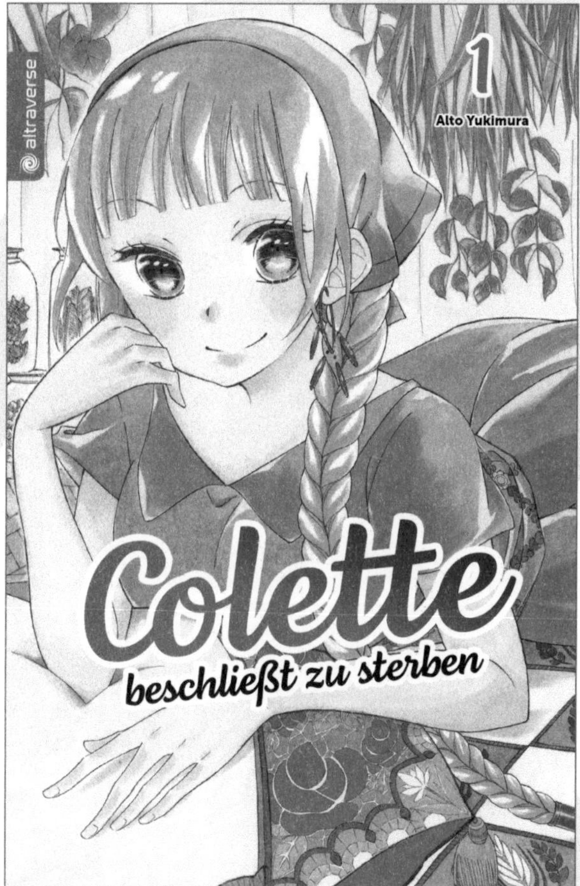

Colette beschließt zu sterben

Alto Yukimaru

Colette ist Ärztin, genauer gesagt die einzige Ärztin ihrer Stadt, und deshalb Tag und Nacht im Einsatz. Irgendwann ist sie so mit den Nerven am Ende, dass sie beschließt zu sterben! Aber so richtig will ihr das nicht gelingen. Stattdessen findet sie sich quicklebendig in der Unterwelt wieder, wo schon der nächste Patient auf sie wartet: der Herrscher über den Höllenkerker Hades!

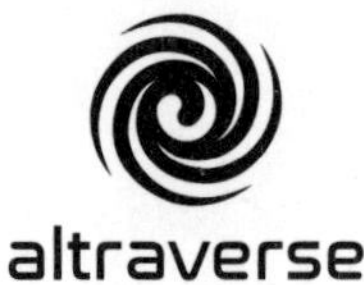

Deutsche Ausgabe / German Edition
Altraverse GmbH – Hamburg 2024
Aus dem Japanischen von Larissa Bamberger

MERIT AIKYU GOD by Yukari Sakai
© Yukari Sakai 2022
Story & Arrangement / Fuyu Tsuyama
All rights reserved.
First published in Japan in 2022 by HAKUSENSHA, Inc., Tokyo.
German language translation rights arranged with HAKUSENSHA, Inc., Tokyo
through Tuttle-Mori Agency, Inc.

Redaktion: Anne Faltin
Herstellung: Katharina Kaven
Lettering: Vibrant Publishing Studio

Druck: CPI books GmbH, Leck
Printed in Germany

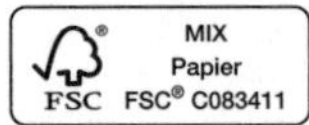

Alle deutschen Rechte vorbehalten.
ISBN 978-3-7539-1823-5
1. Auflage 2024

www.altraverse.de